KB041037

에드문트 훗설의
현상학의 이념
이영호 옮김

엄밀한 학으로서의 철학
이종훈 옮김

서광사

옮긴이의 말

에드문트 훗설의 《현상학의 이념》(*Die Idee der Phänomenologie*)은 지금부터 약 10년전 본인이 번역하여 1977년에 삼성 출판사에서 "세계 사상 전집" 제 38 권으로 출간된 바 있다. 지난 10년 동안 강의를 위해서 또는 현상학에 관한 논문이나 논의를 위해서 다시 읽을 기회가 있을 때마다 번역상의 불만족으로 인해 원서와 다시 대조하는 경우가 많았다. 또는 이 번역서를 강의 자료로 사용한 동학 선후배 교수들의 번역에 대한 친절한 지적도 있었다. 그럴 때마다 "번역은 반역"이라는 느낌이 드는 것은 어쩔 수 없었고 기회가 있으면 다시 정리하였으면 하는 심정 또한 간절하였다. 살아가는 이런저런 일로, 이런저런 핑계 속에 숨어서 차일피일 미루다 그 보완 작업이 이제야 이루어졌다.

여기 새로 내놓은 이 번역서는 이전의 것을 완전히 바꾸었다고는 할 수 없으나, 각 문장을 새로이 구성하였다. 특히 몇 가지 새로운 시도를 지적하면, 가능한 한 순수한 우리말을 사용하려고 하였다는 점과 번역문을 전과 달리 원문에 충실하기보다는 의미 전달에 치중하였다는 점, 그리고 의미상 어쩔 수 없는 경우를 제외하고는 문장을 단문으로 고쳤다는 점 등이다. 물론 잘못된 번역이나 인쇄 과정에서 빠진 부분들을 보완하였음은 더 말할 것도 없다.

이 번역서의 원본은 마르티누스 니호프(Martinus Nijhoff) 출판사에서 간행한 훗설 전집 제 2 권을 사용하였으며, 필요할 때마다 같은 출판사에서 출간된 엘스톤(W. P. Alston)과 나크니키안(G. Nakhnikian)이 공동 번역한 영역본을 대조하여 옮긴이 주에 첨가하였다.

이 책에 실린 훗설 현상학의 내용과 그의 철학이 전개되는 단계에서 차지하는 이 책의 위치 및 의미는 원서 편집자의 서문과 본인의 "해제"에 설명되어 있으므로 여기에서는 더 이상 언급하지 않겠다. 단지 이 책에서 논의되는 주된 맥락을 간략하게 지적하면, 그것은 '인식 비판'이며 그 비판은 칸트의 전통에 따라 이성 비판, 즉 이론 이성과 실천 이성 및 가치 설정적 이성의 비판을 통하여 이루어지며, 그러면서도 칸트와는 다르게 자연 과학의 학적 기초를 정립하는 것이 아니라 객관적 과학과는 다른 철학적 입장의 본성을 밝히는 것이다. 그리고 이 밝힘의 방법이 논리적 추론이나 경험 분석에 의존하는 것이 아니라 직관적인 방법, 즉 의식의 지향적 분석을 통한 방법이라는 점으로 요약된다. 한마디로 훗설이 이 책에서 해결하고자 했던 과제는 "진정한 의미의 철학적 작업이 본래 무엇이냐"는 물음을 현상학적으로 답하는 것이라 하겠다.

끝으로 이 보완 작업을 가능하게 해준 서광사에 감사하며, 특히 본인의 타고난 게으름을 참고 견디어 준 서광사 편집부 직원들에게 미안함과 동시에 감사함을 표하는 바이다.

1987 년 12 월

이 영 호

옮긴이의 말

훗설은 항상 새로이 시작하는 철학자로서 보편적 합리성을 획득키 위한 방법들을 '현상학적'으로 탐구하였다. 그러나 명석·판명한 지각에 의해 산출된 궁극적 명증성에서 자율적으로 형성되어 절대적으로 자기 책임을 지는 제 1 철학 (Erste Philosophie)의 이념은 결코 변함이 없었다. 《엄밀한 학으로서의 철학》은 비록 정교한 방법들이나 전문 용어들이 상세히 서술되고 있지는 않지만 자연주의, 역사주의 그리고 세계관 철학에 대한 철저하고도 적극적인 비판을 통하여 이러한 이념을 가장 분명하게 보여주고 있다. 따라서 이 책은 훗설 사상이 《논리 연구》의 기술적 현상학에서 《이념들 Ⅰ》 이후의 선험적 현상학에로 발전해 나감을 파악하는데 중요한 실마리가 된다.

"자연주의 철학"에서 그는 《논리 연구 Ⅰ》에서 치밀하게 논증한 논리학에 있어서 심리학주의의 모순을 간략히 밝히고, 실험적 방법만이 철학을 엄밀한 학으로 구축할 수 있다는 자연주의의 순수 의식의 자연화와 이념 (이상과 규범)의 자연화를 비판한다. 자연주의는 이론상 자기 모순이다. 왜냐하면 보편 타당한 이념적 규범은 경험적 사실을 통해 확인·반박되거나 정초될 수 없기 때문이다. 또한 자연주의는 실천상의 가치나 의미 문제를 삶으로부터 소외시키는 이론가의 자기 망각으로 인해 현대 문명의 위기를 증대시킨다.

"역사주의"에서 그는 역사주의는 인식론적 오류로서 이를 철저히 수행하면, 역사적 입장들이 모두 부당하다는 극단적인 회의적 상대주의가 됨을 지적한다. 왜냐하면 가치 평가의 원리들은 역사가가 단지 전제할 뿐 정초할 수는 없는 이념적 영역에 놓여 있으며, 경험적 정신 과학 일반은 이념과 그 이념 속에서 나타나는 문화 형태들 사이의 관계를 자기 자신으로부터는 긍정적이든 부정적이든 아무 것도 결정할 수 없기 때문이다.

"세계관 철학"에서 그는 세계관이 세계 경험과 역사 정신의 발견에 대한 애매하고 산만한 통일인 지혜를 그 시대 정신을 표현하는 것으로 간주하여 세계와 인생의 수수께끼에 대한 상대적 해결과 해명을 시도하는 것이라 밝히고, 세계관 철학은 각각의 역사적 사건들이 그 자신의 시대에서 인간 정신의 발전상 중요한 기능을 수행하므로 모두가 똑같이 타당하다는, 즉 보편 타당성이 상실된 비이성적·역사주의적 회의론의 산물이라고 비판한다. 왜냐하면 세계관은 엄밀한 학에 이르는 통로가 아니며, 순수한 학문적 이상이 단지 일시적으로 불완전하게 실현된 것도 결코 아니기 때문이다.

사실에 대한 맹목적 확신은 이들 모두에 일반적이다. 소박한 실증주의로 인해 야기된 현대의 위기는 참된 실증주의, 즉 미리 주어져 있는 어떠한 것도 받아들이지 않는 무전제성에서 의식에 명증적으로 직접 주어지는 사태와 문제 자체로부터 출발하는 참된 근원에 관한 학문인 선험적 현상학을 통해서만 극복될 수 있다고 훗설은 주장한다.

이 책을 옮김에 있어서 옮긴이는 가급적 원문에 충실하였다. 그러나 긴 문장은 필요에 따라 끊었으며, 문맥이 달라질 때는 줄을 바꾸었고 문장의 의미가 모호하거나 지시어가 불확실하거나 번역 용어가 마땅한 것이 떠오르지 않을 경우 옮긴이는 일러두기에서 밝힌 라우어(Q. Lauer)의 영역본을 참조로 하여 의역하였다. 그리고 본문에 나오는 인명이나 전문 용어 등은 일반 독자를 염두에 두고 가능한 한 상세히 주석을 달았다.

현상학에 대한 점증하는 관심에도 불구하고 훗설 원전의 번역이 거의 없는 현 상태에서 李英浩 은사님의 《현상학의 이념》과 합본으로 출판하게 된 것은 옮긴이에게 있어서 매우 커다란 영광이자 기쁨이다. 그래서 옮긴이는 나름대로의 심혈을 기울여 왔다. 그러나 역시 많은 문제점이 남아 있을 뿐이다. 이는 은사님의 자상한 지도와 대학원 세미나에서 번역 초고를 함께 검토해 준 동학들의 도움으로 많이 개선되었음에도 불구하고 여전히 남아 있다. 이에 대한 모든 책임은 옮긴이에게 있으며, 많은 선생님들과 독자들의 질책을 통해서 개선되기를 바랄 뿐이다.

끝으로 李英浩 교수님의 따스한 배려와 가르치심에 깊이 감사드리며, 이 책의 출판에 힘써 주신 서광사 여러분의 노고에 고마움을 표하고 싶다.

1987 년 11 월

이 종 훈

차례

일러두기

1. 이 책은 E. Husserl의 *Die Idee der Phänomenologie*(Haag : Martinus Nijhoff, 1973), 제 2 판과 *Philosophie als strenge Wissenschaft*, hrsg. v. W. Szilasi (Frankfurt a. M., Vittorio Klostermann, 1965)를 각각 완역한 것이다.

2. 원서에서 강조된 부분을 이 책에서는 고딕으로 했으며, 원서에서 사용된 부호 중 용어 강조는 ' '로, 긴 인용은 " "로 각각 처리하였다.

3. 이 책에서 참고로 한 영역본은 각각 W. P. Alston 과 G. Nakhnikian이 편집한 *The Idea of Phenomenology*(Haag : Martinus Nijhoff, 1970)와 *Phenomenology and the Crisis of Philosophy*, trans. Q. Lauer(Harper & Row, 1965)이다.

4. 이 책에서 원저자 주는 1)로, 옮긴이 주는 * 1)로 표시하였다.

5. 《엄밀한 학으로서의 철학》의 본문 수자(예 59/318)에서 첫째줄의 수자는 편집자 Berlinger 가 내용에 따라 순차적으로 단락지운 것이며, 둘째줄의 수자는 이 책이 발표된 *Logos* 지의 페이지를 나타낸다.

6. 《엄밀한 학으로서의 철학》의 옮긴이 주 중에서 2), 4), 18), 19), 20), 24), 25), 31), 32), 36), 37), 39), 40), 41), 42), 44), 51)은 영역본에 있는 각주의 내용을 참고로 한 것이다.

7. 내용 분석은 W. Szilasi의 것이다.

훗설의 생애와 사상

1. 생　애

"사상가에게는 오직 하나의 사상이 필요하고, 그 이외의 잡다한 사건은 설명할 필요가 없다"라고 밝힌 하이데거(M. Heidegger)의 입장은 그가 아리스토텔레스 강의에서, "그는 태어났고 일을 하였고, 그리고 죽었다"라는 간결한 문장으로 아리스토텔레스의 생애를 압축하여 소개하였을 때 더없이 선명하게 나타난다.

태어났고, 사색하였고 그 사색의 소산을 논리 과정을 통하여 하나의 사상 체계—철학—로 형성한 사상가에게 있어서 문제시될 수 있는 것은 우선 그의 사상일 뿐이다. 왜냐하면 사상은 사상가의 생애가 가장 정확하게 응결되어 이루어진 결정체이기 때문이다.

이 말은 특히 훗설의 경우에 있어서 조금의 예외도 없이 그대로 맞아 들어간다. 1859년 4월 8일 메렌 주 프로스니츠의 유대인 가문에서 태어나 1938년 4월 27일 프라이부르크에서 영면할 때까지의 79년의 생애는 한순간도 한눈 팔지 않고 오직 학문의 길에만 정진한 일생이었다.

수학자로 시작하여 철학자로 끝을 맺은 그의 평생은 외적인 측면에서 보면 화려하지도 않고 굴곡도 없는 평범한 평교수의 단순한 생애였으나, 사상 발전의 내적인 측면에서 보면 끝없는 모색의 과정이고, 그 과정 속에서 일어나는 자기 투쟁의 일생이었다. 그는 그의 사상 발전의 어느 한 단계에도 머물러 안주하려 하지 않았고, 반성과 재검토를 통하여 자기 모순이 발견될 때마다 주저하지 않고 새로운 영역으로의 탐구를 계속하였다.

그리하여 그의 철학은 계속되는 변신 과정을 겪었으며, 이 점이 후세 사람들이 그의 철학을 이해하는 데 어려움을 야기시키게 하였다. 그의 철학적인 주된 관심은 냉철한 분석의 방법에 의하여 형성된다. 그러나 어떤 면에서 그가 살아가는 태도는 거의 실존적 성실성의 표본 같은 느낌을 준다. 실로 그의 거의 80년에 걸친 생애는 프로메테우스적인 자기 극복과 자기 비판의 연속이라 하겠다.

이러한 그의 학문하는 태도의 일면은 그의 스승이었던 브렌타노(F. Brentano, 1838~1917)에게 보낸 1904년 10월 15일자 편지에 잘 나타나고 있다.

…나는 지금 45살이나 되었습니다. 그런데도 아직 나는 비참한 초보자에 불과합니다. 도대체 나는 내가 무엇을 믿을 수 있으리라는 희망을 가질 수 있을까요? 나는 많이 읽지는 않습니다. 단지 창조적인 사상가의 작품들을 읽을 뿐입니다. 그리고 거기서 무엇이든지간에 새로운 것들을 발견하기만 하면, 그것은 항상 나 자신의 입장을 수정하도록 (강요하는) 도전이 되고 있습니다.

그에게 있어 끝없이 자신의 이전 입장에 수정을 강요하는 것이 무엇이었을까? 그는 도대체 무엇을 찾아 그 긴 방황을 하였는가? 그가 평생에 걸쳐 찾아 헤매었던 것은 새로운 형태의 철학, 즉 현상학이었다. 현상학이란 무엇인가? 이 점이 이 글에서 우리가 어느 정도나마 밝혀 보려는 문제이다.

훗설에게 있어서 현상학은 일단 아무 전제에도 구애되지 않는, 소

위 무전제성(Voraussetzungslosigkeit) 위에 그 자체로 자명한 철학, 즉
"엄밀한 학으로서의 철학"(Philosophie als strenge Wissenschaft)을 구축
하는 방법의 발견이며, 후기에 가서는 그 자체가 선험적 관념론으로
서의 학문 자체이다.

그는 메렌 주(당시 오스트리아령) 프로스니츠(현재 체코슬로바키아
의 프로스초프)에서 출생하였다. 그는 1876년 올뮈츠에서 고등학교
졸업 시험에 합격하였고, 처음에는 라이프치히 대학에서 3학기를,
그리고 베를린 대학으로 옮겨서 6학기를 수강하였다. 그리고 1881년
에는 비인 대학으로 가서 수강하였다. 대학 시절에 그는 유명한 수학
자인 바이어슈트라스(K. Weierstraß) 교수 밑에서 수학을 공부했고,
파울센(F. Paulsen) 교수 밑에서 철학을 공부하였으며, 비인 대학에서
는 그의 일생을 결정짓는 브렌타노 교수와 만나게 되었다.

그는 1882년에서 1883년에 걸쳐, 변수 계산(Variatlonskalkül)에
관한 학위 논문을 완성했고, 그 후로도 오랫동안 바이어슈트라스 교
수의 조교로 베를린 대학에서 연구 생활을 했다. 이것이 그의 학창
시절의 결산이었고 수학자로서의 인생을 시작하는 과정이었다.

여기서 우리는 잠시 훗설의 수학에 대한 관심과 당시 수학계의 상
황을 알아 보아야겠다. 왜냐하면 이 점이 그가 왜 수학으로부터 철학
으로 전공 분야를 바꾸었는지에 대한 이유를 설명해 주기 때문이다.

그가 바이어슈트라스 교수의 지도하에서 수학을 연구하고, 그리고
한편으로는 크로네커(L. Kronecker)의 영향하에서 수학에 많은 관심
을 기울이던 1878년부터 1881년의 기간은 수학이 큰 발전을 하였던
시기였다. 그러나 수학의 기초에 관한 연구는 이제 바로 그 첫걸음을
내딛고 있던 상황이었다. 그의 스승인 바이어슈트라스 교수는 강의에
서 순수 수학은 단지 수 위에서만 성립될 수 있고, 그것 이외의 어떤
다른 전제도, 다른 요청도 그리고 어떤 다른 가정도 필요로 하지 않
는 학문이라고 강조한다. 그러나 도대체 수란 무엇인가, 어떻게 우리
는 수 개념의 의미를 명백히 할 수 있는가라는 문제가 젊은 수학자인
훗설의 관심을 끌었다. 이와 같은 상황에서 '명증성'을 마련함은 매우

필요한 일이었다. 그리고 훗설은 이 일을 평생의 과업으로 삼을 결심을 하게 된다.

이와 관련하여 당시의 수학계의 논의를 간략하게 소개하면, 칸토르 (G. Cantor)의 초한수(transfinite Zahl)론과, 그의 주요한 적대자인 크로네커의 정수(positive Zahl)론간의 논쟁이 있다.

수의 영역이 얼마나 넓게 확장될 수 있는가? 우리는 초한수도 유한수도 모두 타당한 것으로 인정하여야 할까? 우리는 어떤 특정한 경우의 수의 존재에 관하여 그런 수를 실제로 구성할 수 없음에도 불구하고 순전히 논리적 사유에 근거하여 주장되어야 한다고 상정하여야 할까? 이것이 칸토르가 대변하는 견해들이다.

이에 반하여 크로네커는 이와 같은 방법에 준한 초한수의 도입은 완전히 부당하다고 주장한다. 그의 논의는 모든 수학의 대상들은 정수로부터 구성함으로써 획득될 수 있고, 이 정수를 제외하고는 어떤 다른 기본수도 없다고 주장한다. 그러나 수학이 모두 정수나 자연수로부터의 구성을 통하여 유도될 수 있다고 할지라도, 이 자연수가 어떻게 설명될 수 있는가 하는 문제는 계속해서 미결로 남는다.

'자연수'란 무엇인가? 이 문제가 수학 자체로부터 답해질 수 없음은 분명하다. 이때야말로 순수한 구성주의적 시도인 수학에서 벗어나서 '비수학적인 전제'에 시선을 던져야 할 필요성이 엿보이게 된다. 이 점이 바로 초기에 훗설로 하여금 수학의 기초를 정립하기 위하여 비수학적 영역으로 관심을 돌리게 하는 기본적인 동기가 된다. 그러나 우리가 이때 기억해 두어야 할 사항은 이미 그의 관심은 '명증성', 즉 모든 과학의 기초 정립에 있다는 사실이다.

1884년 훗설이 25세가 되었을 때 훗설보다 11살 연상이며 당시 예나 대학의 수학 교수였던 프레게(G. Frege)가 《수학의 기초》(Die Grundlagen der Arithmetik)라는 저서를 출간했다. 이 책은 바로 위에서 말한 문제를 해결하려고 시도한 연구서이다. 그 당시 동일한 문제를 다루고 있던 훗설은 1887년 그의 교수 자격 논문인 "수 개념에 관하여―심리학적 분석"에서 자신의 견해를 피력했다. 이 논문이 후에

《산술의 철학》(1891)으로 확대되어 출간된다.

　이 논문의 서문에서 그는 왜 그가 수 개념에 관한 연구를 수행하였는가라는 자신의 의도를 밝힌다. "새로운 논리가 이전의 논리에 반대하여 그의 진정한 과제를 하나의 실제적인 원칙(정확한 판단 작용의 기술이라는 학설)으로 파악하고, 그의 가장 중요한 목적 중의 하나로서 학문의 보편적인 방법론을 달성하려고 노력한 이래, 이 새로운 논리는 수학적 방법의 성격과 수학의 기본 개념과 기본 명제들이 갖는 논리적 본성에 관한 물음에 특별한 시선을 던지는 다양하고 긴박한 동기들을 발견하게 된다"(앞의 논문, 4면)라고 쓰고 있으며, 곧 이어서 심리학의 결과(성과)는 또한 형이상학과 논리학에 대하여 중요한 의미를 지녀야 한다는 점을 자명한 것으로 가정한다. 즉 새로운 심리학 역시 이 영역에 관심을 표하고 있으며, 특히 "공간, 시간, 수, 연속성의 표상의 심리학적 근원"을 연구 테마로 설정하고 있다는 점을 지적하고 있다.

　요컨대 훗설은 수학의 기초를 공고히 하기 위하여 수 개념 분석에 착수하였으며, 이 작업에 종사하다가 당시의 가장 큰 논의의 대상이던 수학의 기초를 수학 이외의 분야, 즉 논리학과 심리학의 분석 방법을 원용하여 해결하려 하였던 것이다. 따라서 훗설이 처음부터 의도한 것은 논리학이나 심리학의 새로운 정초나 변경이 아니라, 오히려 논리적으로 또는 심리학적으로 극단에까지 설명된 기초에 근거한 수학의 엄밀한 건립을 목적으로 한 것이다.

　그리하여 이제 그의 일생에 걸쳐서 또는 그의 전 사상을 일관하고 있는 관심이 바로 보편학의 정초였음이 밝혀지고, 이 주된 관심이 이미 그의 학적 탐구의 출발점에 놓여 있음이 분명해졌다. 그러나 다시 반성해 보면, 수의 개념을 밝히기 위해서는 수학적 또는 논리적 해명이 더 유익할 것 같은 데도 불구하고, 심리학적 분석을 이용하였음은 다소의 의아함을 느끼게 한다. 실제에 있어서 이 심리학적 분석이라는 개념을 그는 브렌타노의 영향하에 도입한다.

　그리고 이 점은 후에 우리가 알아 보아야 할 중요한 사상적 전환점을 가져온다. 따라서 그의 교수 자격 논문의 부제가 "심리학적 분석"이라고 붙여져 있음은 전혀 우연이 아니다. 수 개념의 탐구는 그에게 있어서 이미 의식의 본질과 같은 어떤 것을 정확히 이해하기 위하여 근원적인 사고 현상의 분석을 목적으로 하는 것이다.

이 교수 자격 논문이 완성되는 1887년은 그의 학문 생활에서뿐만 아니라 그의 사생활에 있어서도 하나의 획기적인 출발점을 이룬다. 이 해에 그는 할레 대학에 사강사로 취임하여 대학 강단에 첫걸음을 내딛는다. 첫번째 강의 제목은 "인식론과 형이상학 입문"이었다. 이 시기에 그는 자주 흄(D. Hume), 특히 흄의 윤리학 강의를 하였다.

그리고 같은 해 8월에 보석 조각사인 말비네 샤로테(Malvine Scharotte)와 결혼을 하고 슬하에 3남매를 두었다. 그 중 첫째 아들인 볼프강(Wolfgang)은 제1차 세계 대전시 전사했고, 둘째 아들이 저명한 법학자인 게하르트 훗설(Gerhard Husserl) 교수이다. 딸 엘리자베드(Elizabeth)는 하버드 대학의 교수인 야코보 로센베르크(Jakobo Rosenberg)의 부인이 된다. 지금은 게하르트 교수도 작고하였다. 에드문트 훗설과 그의 부인은 프라이부르크 시 컨터스탈에 있는 한적한 동네의 교회 묘지에 나란히 누워 있다.

2. 사상의 발전 과정

할레 대학의 사강사가 되면서 시작되는 본격적인 그의 학자 생활을 사상 발전과 함께 다음과 같이 구분하고 있다.

(1) 제1기는 1887년에서 1901년까지 할레 대학 사강사의 시기로서, 이때의 저술은 《수 개념에 관하여》, 《산술의 철학》, 제1권, 《논리 연구—순수 논리학 서설》, 제1권, 《논리 연구—현상학과 인식 이론의 연구》, 제2의 1권이 있다.

(2) 제2기는 1901년에서 1916년까지 괴팅겐 대학 원외 교수 및 정교수를 지내던 시기로서, 이때의 저술은 《논리 연구—인식의 현상

학적 해명의 기본》, 제 2 의 2 권, 1905 년의 강의인 《내적 시간 의식의 현상학 강의》, 1907 년의 강의인 《현상학의 이념》(사후에 훗설 전집, 제 2 권으로 출간), 《엄밀한 학으로서의 철학》, 《순수 현상학과 현상학적 철학의 이념들》, 제 1 권이 있다. 현재 훗설 전집에 수록되어 있는 《이념들》은 사후 유고 편집을 통하여 1950 년에 증보된 것이다.

(3) 제 3 기는 1916 년에서 1938 년까지 프라이부르크 대학 시기 및 1929 년 정년 퇴직을 하여 79 세로 영면할 때까지의 시기로서, 이때의 저서로는 《이념들》의 계속적인 작업과 《형식 논리와 선험 논리—논리적 이성의 비판 시론》, 《데카르트적 성찰》, 《유럽 학문의 위기와 선험적 현상학》이 있다. 이 《위기론》의 1 부와 2 부는 1936 년 훗설 생존시에 출간되었으나, 이후 부분은 유고 정리를 거쳐 1954 년 훗설 전집, 제 6 권으로 출간되었다.

그 외 훗설 사후에 출간된 저서로서는 란트그레베 (L. Landgrebe) 가 편집한 《경험과 판단—논리학 계보의 연구》, 그리고 비멜 (W. Biemel) 이 편집한 《현상학의 이념》 및 1923 년에서 1924 년의 강의인 《제 1 철학》이 있다.

이상의 3 기를 사상 발전의 내용과 관련하여 다음과 같이 구분하기도 한다(슈피겔베르크 (H. Spiegelberg) 의 《현상학적 운동》 참조).

(1) 전 현상학기: 1887 년에서 1900 년경까지의 할레 대학 사강사 시절로서 수학의 기초를 정초하려는 관심이 성숙하여 완성되는 시기와 순수 논리학의 성숙기.

(2) 인식론적 기획으로 제한된 현상학기: 1901 년에서 1905 년경까지의 괴팅겐 대학 원외 교수로서 《논리 연구》가 출간된 시기.

(3) (철학과 과학의 보편적 기초로서의) 순수 현상학의 시기: 1906 년경부터 말년(?)까지의 시기. 이 시기에 선험적 현상학으로서 차츰 형이상학적 이론으로 그의 철학이 전개된다. 후기에 와서는 선험적 관념론이 형성되는데 그 극단적인 형태가 생활 세계의 존재론이다.

그러나 이상의 세 시기는 어떤 직선적 체계를 이루는 관념론적 대종합의 과정을 의미하는 것은 아니다. 오히려 이것은 나선형의 형체를 취하며 전개된다. 훗설의 철학하는 작업을 전통적 관념론과 비교할 수 있다면, 훗설의 그것은 전도된 체계라고 부를 수 있을 것이다. 그는 사상을 상향식으로 건립하는 것보다는 정확한 통찰을 형성하기 위한 확고한 기초를 얻기 위하여 계속하여 하향식으로 깊이 파고들어 가는 방식을 취한다. 이와 같은 태도는 위의 세 시기의 구분이 알려 주는 그의 사상 전개 과정에도 적용된다.

전 현상학기에서는 앞서 살펴보았듯이 수학을 주관적 심리학의 입장에서 해석하려는 시도가 이루어진다. 그러나 후에 그 시도가 잘못이라는 것을 깨닫고 심리학으로부터 완전히 해방된 순수 논리의 객관적 입장을 취하게 된다. 그리하여 그는 오로지 논리 구조를 해명하고 논리 영역을 경계짓는 과제에 몰두한다(《논리 연구》, 제1권).

그러나 논리학의 전제를 문제시하는 입장에서 그는 다시 자신의 탐구 분야를 확대하여야 할 필요성을 발견한다. 순수 논리의 기본 전제는 인식론적 탐구에 의해서만 비로소 그 해명이 가능하다는 것을 알게 된다. 그리하여 제3기의 순수 현상학(선험적 현상학)으로 발전되면서 모든 객관성의 근원으로서 주관적 측면의 중요성이 강조된다. 물론 이때의 주관성은 경험적·심리학적 주관이 아니라 '선험적'인 주관이며, 그의 표현을 빌면 환원된 주관성이다.

그러나 이와 같은 사상적 변신 과정 중에도 변치 않은 하나의 주된 목표가 있다. 그것은 "엄밀한 학으로서의 철학", 즉 모든 학문의 기초를 제시하는 보편학의 이념이다.

우리는 이와 같은 훗설의 현상학적 철학의 전 과정을 모두 다 소개할 수는 없다. 하나의 방편으로 각 단계에 나타나는 핵심적 개념의 설명을 통하여 그의 현상학을 개괄적으로 이해하는 방식을 취하기로 하자.

1. 심리학주의의 비판

심리학주의란 용어를 훗설은 스툼프(K. Stumpf)에게서 빌어온다.

스툼프의 고증으로는 할레 대학의 에르드만(J. E. Erdmann)이 사용한 용어라고 한다. 그러나 슈피겔베르크에 의하면, 브라운슨(O. Brownson)이 그의 논문 "존재론과 심리학주의"에서 먼저 사용하였다고 한다. 어쨌든 훗설의 이 개념은 스툼프에 있어서보다 더 넓은 의미로 사용된다.

앞서 알아 보았듯이 《산술의 철학》에 있어서 연구의 목표는 수학의 기본 개념을 일정한 심리학적 행위로부터 유도하려는 것이었다. 이 연구의 동기를 훗설은 브렌타노의 기술 심리학적 분석 방법으로부터 얻는다. 그러나 후에, 특히 프레게의 비판의 영향을 받아 심리학의 도움이 불충분하다는 것을 깨닫고 심리학주의에 대한 비판을 수행함으로써 스스로 극복하고 순수 논리의 연구에 전념했다. 프레게의 비판은 훗설의 처녀 저서 《산술의 철학》에 대한 비판적 서평에서 이루어진다.

프레게는 훗설보다 먼저 이미 논리학과 심리학이 근원적으로 상이한 연구 분야라는 점을 논의하고 있었다. 훗설의 심리학적 단초는 적당치 못하다는 확신은 부분적으로는 프레게의 영향임이 확실하나, 부분적으로는 그 자신의 수학 이론 분야를 연구하는 과정에서 부딪친 어려움의 결과였다. 그리하여 그는 그의 연구 방향을 변경시켜야만 한다는 것을 깨달았다. 이 결과가 1900년에 출간된 그의 유명한 《논리 연구》, 제1권이다.

그러나 그가 반심리학주의자가 되었다 하더라도 프레게의 입장을 그대로 따라가는 것은 아니었다. 프레게는 수학의 논리적인 전제에 대한 설명을 시도하였다. 그리하여 그는 우선 개념 정의에 관심을 갖는다. 그러나 훗설은 그의 논리적 개념 규정의 방법에 동의하지 않는다. 그는 심리학주의를 비판하면서 동시에 그의 기술적 의미 분석에 관한 작업을 '순화된' 현상학의 지평 위에서 계속하였다. 1901년에 출간된 《논리 연구》, 제2권에서 이 작업을 수행하여 철학의 현상학적 기초를 세운다. 이 책은 논리학에 있어서 심리학적 싹이 전혀 견디어 낼 수 없음을 확정적으로 증명한 저서로서 인정받게 된다.

22

심리학주의에 관한 훗설의 정의   훗설은 심리학주의를 "논리학(수학)의 구성을 위한 이론적 기초가… 심리학에 의하여, 특히 지식 심리학에 의하여 제공된다"는 견해라고 정의한다. 좀더 요점적으로 정리하면, 훗설에 있어서 심리학주의는 심리학이 논리학의 필요하고도 충분한 기초라는 견해를 대변하는 것이다.

그러나 훗설의 심리학주의는 이와 같이 논리학이나 수학과의 관계에만 국한되는 것이 아니라, 더 넓은 영역에까지 확대되어 사용된다. 예를 들면 그는 《형식 논리와 선험 논리》에서 이 개념을 '심리학화'라는 개념으로까지 확대시킨다. '심리학화'라는 개념은 모든 종류의 대상들을 심리학적 경험으로 개조하려는 의도를 나타낸다. 분명히 이런 넓은 의미의 '심리학주의' 형태는 논리학의 영역을 넘어선, 즉 윤리학, 미학, 신학 또는 사회학 등의 영역에도 적용될 수 있다.

심리학주의가 가지는 편견   (1) 사고나 사고 작용과 같은 작용은 심리학적 현상이다. 따라서 이와 같은 작용을 위한 법칙은 심리학에서 도출되어야 한다. (2) 논리학의 주제는 심리학적 현상 이외의 것이 아니다. (3) 자명한 확실성의 기준에 호소하는 논리학은 '느낌'의 특별한 형태를 취급하며, 이 느낌은 어떤 다른 '느낌'과 같이 심리학의 고유한 연구 대상이다.

심리학주의의 편견에 대한 훗설의 대답   (1) 우리의 심리학적 구조에 관한 진리뿐만 아니라 어떤 진리도 사고 법칙과 관계한다. 심리학적 법칙은 단지 그와 같은 법칙이 특히 인간 본성에 적용되어지는 기술적 지시가 적용되는 곳에서만 타당하다. (2) 수학은 계산하는 우리의 작용에 관계하는 것이 아니다. 수를 취급하듯이 수학과 자매학인 논리학도 우리가 개념이나 판단이 추리를 형성하는 조작에 관계하는 것이 아니라, 이와 같은 조작의 소산물들, 즉 개념, 명제, 판단 그리고 결론 등과 같은 관념적 실체를 탐구하는 것이다. (3) 논리학이 자명성의 느낌 그 자체를 취급한다고 생각함은 잘못이다. 기껏해야 논리학은 자명성의 현상이 일어나는 조건의 진술에 관심을 가질 뿐이다.

종합적 비판　(1) 훗설은 우선 심리학주의가 내리는 결론의 불합리성을 보여주고, 그런 후에 이것이 근거하고 있는 편견을 공격한다. 우선 그는 어떤 종류이든 심리학적 법칙이 갖는 논리적 법칙의 타당성에 관한 관계를 생각한다. 이때에 제기되는 문제는 심리학주의적 견해가 우리 자신의 사고 과정의 미래에 대하여 개연적 추론 이상의 것을 정당화시킬 수 없다는 점이다. 또는 가령 판단의 진, 위가 결정될 수 없는, 즉 판단이 진일 수도 위일 수도 없는 논리적 사항에 대하여 심리학이 무엇을 증명할 수 있는가 하는 문제가 발생한다. (2) 또 다른 논의는 심리학주의가 논리적으로는 회의적인 상대주의를 의미한다는 것이다. 상대주의는 그 자신의 진리는 긍정하면서 모든 지식의 가능성을 부정하는 것이다. 실제에 있어서 그것은 심지어 진리와 비진리의 의미마저도 파괴하여 버린다. 만일 우리가 논리 법칙을 인간 사고의 심리학적 특징에 의존해서 제정한다면, 그것은 곧 사고 주체에 상관적이 될 것이며, 따라서 결과적으로 불안정한 인간을 모든 것의 척도로 제정하는 것이 된다.

그리하여 그는 심리학의 도움을 거부한 후에 순수 논리, 즉 심리학적 혼합으로부터 정화된 순수 논리학의 이념을 형성하려 한다. 그러나 그의 사상 전개의 전 과정에서 보면, 그의 최초의 의도와는 달리 심리학과의 관계를 완전히 제거한 것은 아니다. 그는 단지 심리학주의적 입장을 배척한 것이다.

2. 순수 논리 영역

순수 논리를 형성·발전시키기 위하여 훗설은 우선 칸트(I. Kant), 헤르바르트(J.F. Herbart), 로체(R.H. Lotze), 라이프니츠(G.W. Leibniz) 등을 언급하고, 특히 거의 망각되었던 볼차노(B. Bolzano)의 논리에 깊은 신뢰를 표시한다. 훗설의 순수 논리는 우선 이중 구조로 되어 있다. 그 하나는 판단 논리이고, 또 하나는 사태 논리이다. 판단 논리는 의미와 이 의미의 다양한 배합의 조합체로서의 명제 또는

'진리'를 연구하는 것이고, 사태 논리는 이 판단이 언급하고 있는 사물들을, 즉 사태를 탐구하는 논리이다. 따라서 사태 논리는 관계, 복합체 그리고 어떤 다른 조합체들에 관하여 언급하며 이런 조합체는 훗설이 부르는 이른바 '형식적 존재론'이 탐구하는 분야이다.

실제에 있어서 이 두 분야는 순수 논리학 내에서 상호 작용을 하는 것이며 원래는 볼차노와 마이농(A. Meinong)에 의하여 각기 다르게 탐구되었던 것이다. 그러나 볼차노의 순수 논리학의 이념이 심리학적 혼합으로부터 독립하여 성립되었다고 하여 곧장 훗설이 심리학적 현상과의 모든 접촉을, 그리고 심리학과의 모든 접촉으로부터 논리학을 완전히 분리시키려 한다고 이해해서는 안 된다. 《논리 연구》, 제 2의 2권에서 그가 보여주고 있는 점은 바로 이와 같은 분리가 있을 수도 없고 있어서도 안 된다는 견해이다.

이념적 논리의 실체까지도 우리에게, 그것이 어떤 특정한 종류의 경험이긴 하지만, 하여튼 경험 속에만 주어진다. 따라서 어떤 종류의 철학적 · 비판적 논리도 이 경험을 무시할 수는 없다는 것이 《논리 연구》, 제 2권의 논지이다. 이 특정한 경험이 그의 현상학의 자명한 출발점이자 기초인 이른바 체험이다. 현상학은 따라서 체험의 분석으로부터 시작한다. 이런 태도를 심리학과 연관시켜 알아 보면, 우리가 그 안에서 논리학을 경험하는 심리학, 즉 '사고의 심리학'을 필요로 한다는 것을 알 수 있다.

그리하여 그의 연구의 새로운 장이 전개된다. 그러나 사고의 심리학은 궁극적으로 그가 원하는 탐구 영역에 크게 도움을 줄 수 없음이 곧 밝혀진다. 이 논리도 그가 문제시하는 "어떻게 우리는 논리 법칙을 알게 되는가"라는 의문에 분명한 답을 주기에는 불충분하고 적당치 못하다. 훗설이 원하는 것은 순수 논리학에서 탐구되는 실체가 제시되어지는 과정의 기술적 연구이다. 그리하여 그는 이 새로운 연구 분야를 《논리 연구》, 제 2권 서문에서 '기술 심리학'이라고 명명한다.

기술 심리학 그 자체는 기술 해부학이나 기술 지질학과 같이 단지 경험의 실질적인 사실에만 관심을 가진다. 말하자면 이 실질적인 사

실은 실질적인 경우들에 있어서 관찰될 수 있는 것들을 뜻한다. 이에
반하여 훗설의 의도는 관념적(실질적인 것이 아니라) 논리 법칙에 상
응하는 논리적 경험의 관념적 형태의 기술이었다. 다시 말하자면 그
의 관심은 여러 가지 형태의 사유, 직관적 의식의 여러 가지 형식 등
등인 것이다.

　요컨대 그에게 있어서는 이런 경험(체험)의 본질이 문제이지 실질
적인 경험 속에서 그런 탐구의 대상이 현존하는지의 여부와는 무관한
것이었다. 따라서 기술 심리학까지 포함하여 심리학과 같은 경험 과
학의 탐구 영역은 이제 그와는 무관한 것이 되고 만다.

　원래 훗설은 그의 철학을 하나의 철학적 분석 방법으로서 발전시킨
다. 이 방법은 우리가 앞으로 알아볼 것으로, 비록 그 자신에 의하여
후기에 와서는 단순한 방법 이상의 것으로 변형되기는 하지만, 모든
형이상학적 가정으로부터 자유로운 것이다. 그가 이해한 이 방법의
목적은 그가 '의미 작용의 체험들'이라고 불렀던 것의 내적 구조를 제
시하고 설명하는 일이었다.

　훗설은 특히 논리학에 큰 관심을 가졌고, 범주의 기본적인 개념을
해명하려 하였다. 그러나 그는 이 일을 수행함에 있어 우선 의미의
본질을 근원적으로 탐구하지 않고는 만족할 만한 결과를 얻을 수 없
다고 믿게 된다. 이 말은 우선 우리가 어떤 것을 생각하거나 의미 충
족적인 것으로서 경험하는 체험을 정확히 검토하고, 그 결과 이 체험
의 본질적 징표를 밝혀 낸다는 것을 뜻한다.

　이 과제에 열중하다가 훗설은 불가피하게 인식 일반의 문제에 더욱
더 집중하게 된다. 이때에 그는 그의 분석 범위를 확대하여야 할 필
요를 느끼게 된다. 그래서 그는 논리적 범주와 동시에 인식론적 범주
의 근원을 탐구하기 시작한다. 그리하여 자신의 탐구의 특징을 제시
하기 위하여, 그리고 일반적으로 심리학적 분석이라고 이해되는 것으
로부터 자신의 탐구를 근본적으로 구별시키기 위하여 그는 1903년경
에 '기술 심리학'이란 명칭의 부적당함을 수정하여 '현상학'이란 이름
을 택한다.

새로운 '현상학'의 과제는 단순히 실질적으로 존재하는 관계들의 탐구가 아니라 이런 실질적인 관계(그것이 경험적이든 실험적이든)들과는 독립적으로 이해될 수 있는 본질 관계의 탐구이다.

현상학이란 말은 원래 φαινομενον(현상)과 λογος(논리, 이성)란 그리스어의 복합어이다. '파이노메논'이란 그리스어는 나타난 것을 뜻한다. 그 중에서도 특히 '나타남' 자체를, 즉 주관적 현상을 표현하기 위하여 사용되었다. 나타난 모든 것은 어떤 일정한 체험 안에 나타난다. 체험되지 않은 현상은 없다. 이에 따라서 현상학의 목적은 체험의 탐구라고 할 수 있다. 따라서 이 탐구는 본질을, 즉 체험의 근저에 놓여 있는 이성을 밝혀 내는 것이다. 다시 말하자면 현실 속에서 이성을 밝혀 내는 것이 목적이다.

그러나 이와 같은 개념의 정의는 매우 일반적이어서 이 탐구가 어떤 형태로 수행되어지며 또는 수행되어져야 할 것인가에 관해서는 하나도 말해 주지 않는다. 이때 한 가지 분명한 것은 현상학적 탐구의 영역이 어디에 있는가 하는 점이다. 그것은 체험의 영역에 있다. 이때의 체험을 '사태'라고도 한다. 그리하여 "사태 자체로!"(Zu den Sachen Selbst)란 현상학의 모토가 이해되는 것이다. 이 말은 훗설 자신의 표현이 아니라 하이데거가 훗설의 《엄밀한 학으로서의 철학》, 305면에서 만들어 낸 것이라고 한다.

3. 지향성 개념

체험의 본질 관계 구성을 분석하다가 훗설은 다음과 같은 새로운 문제에 부딪친다. 순수한 개념적 분석은 충분하지 않고, 또한 단지 이론의 구조와 범주적 체계를 탐구하고 과학적 체계의 구성에 따른 기술적 문제 및 논리적 질의의 논리적 구조를 분석하는 것만으로는 충분치 않다는 것을 발견한다. 이 모든 것은 과학이 무엇을 의미하는 가에 관한 완벽한 이해를 돕기 위하여 유익하고 필요하다. 그러나 그것이 충분치 않다는 것도 또한 명확하다. 모든 것의 이면에 있고, 이론가들이 자명한 것으로 간주하는 행위의 본질과 근원이 설명되어야 한다. 훗설은 《형식 논리와 선험 논리》, 14면에 다음과 같이 쓰고 있다.

> 우리는 이론적 작업을 수행함에 있어서 주제와 이론과 방법에 몰두한 나머지 그의 작업의 내면성에 관해서는 아무 것도 모르는, 그리고 이 작업 속에 살면서도 이 작업을 수행하는 삶 자체를 문제 의식으로 삼지 않는 이론가의 자기 망각을 극복하여야 한다.

이 말을 다르게 표현하면, 우리가 이론적 작업을 수행하는 주관성, 즉 그의 용어를 그대로 사용하자면, '작용하는 주관성'(die leistenden Subjektivität)을 우리의 탐구 대상으로 삼아야 한다는 의미이다. 우리 자신의 '작용하는 삶'에 집중하여야 한다는 요구를 제기함으로써 훗설은 그를 프레게와 떼어 놓는 결정적 일보를 내딛는다. 그리고 이 일보를 통해서 그는 비록 변형된 형태이긴 하지만 그의 분석이 《산술의 철학》에서 취급하였던 몇 개의 기본 개념을 다시 받아들인다. 그가 심리주의와 인연을 끊었다고 하나, 그렇게 함으로써 인식의 주관적 조건에 대한 그의 관심을 포기한 것은 아니었다. 그리고 이 관심이 그를 근원적으로 지향적 관계와 연결시키는 요인이 되는 것이다.

지향성이란 개념은 우선 심리적 작용과 관계된다. 이 작용에 있어서 우리는 어떤 방식으로든지 어떤 '무엇'에 향하여 있다. 즉 이 말은 대상과의 관계 속에 있는 모든 체험, 즉 지적 체험 및 감성적 체험을 특징지어 준다. 다시 말하면 지향성은 의식의 본질적 구조를 대상과의 관계로서 정의한 개념이다. 따라서 의식은 '~에 관한 의식'으로 나타난다. 본질적으로 지향성에 관한 이런 파악을 현대 철학에 도입한 것은 브렌타노였다. 그러나 브렌타노는 이 지향적 관계를 순전히 심리적 관계로만 이해하여 '지향적 내재 존재'라는 심리적 현상과 물리적 현상을 구분한다.

훗설은 이에 반대한다. 그는 사실 철학자로서의 그의 인생 경력을 브렌타노의 입장으로부터 시작하였다. 그러나 논리학과 의미의 문제에 관한 치밀한 연구 결과, 인식에 있어서 객관적 요소가 심리학적인 전제로부터 설명될 수 없다는 확신에 도달하여 심리학주의에 대한 가장 격렬한 비판자가 된다. 설령 인식의 '주관적 측면'이 고려된다 할지라도, 그리고 주관성 개념이 사용된다 할지라도 훗설에 따르면, 주관성은 심리학적으로 이해된 주관성일 수는 없다. 그에게는 지향성이 객관적 진리의 '노에시스적'(noesis)인 조건을 설명하는 데 어떤 방식으로 봉사할 수 있는가를 밝혀 내는 것이 가장 중요하다.

그는 심리적 현상들에 관하여 이야기하지 않고, 지향적 체험에 관하여, 즉 심리학적인 의미가 아니라 순수히 현상학적 의미로 이해된 작용에 관하여 이야기한다. 지향적 관계에 관한 논구에서 그는 지향적 체험을 "자기 자신 안에 어떤 것을 대상으로서 갖고 있는 체험으로" 이야기함은 가장 잘못된 것이라고 지적한다. 또는 의식과 이 의식의 대상간에 있는 실제적인 본질적 관계로 이해될 수도 없다고 한다. 한걸음 더 나아가 우리가 우리의 작용과 지향적 대상을 동일한 방식으로 의식 속에 실제로 현존하는 것으로서 만날 수 있다는 생각을 할 수도 있다.

그러나 이런 생각은 위와 똑같이 완전히 잘못된 파악이다. 지향적 대상은 (심리적인, 경험적인) 의식 내에 있는 상도 아니며 관념도 아니다. 그것은 소박하고 단순하게 행동 속에서 지향되어진 것이다. 즉 분리되어 따로따로 있는 것이 아니라, 작용 속에서 바로 그 의식 작용을 구성하는 조건일 따름이다. 지향적 대상들은 어떤 경우에도 심리적이거나 물리적인 대상들과 혼동되어서는 안 된다. 이 지향적 대상은 바로 특정한 의미 부여적인 지향의 대상일 뿐이다. 따라서 훗설은 '심리적 내재 존재'(Psychische Inexistenz)라는 표현을 거부한다. 브렌타노도 역시 후에 가서 이 표현이 부적당함을 깨닫고 삭제한다.

요약하면 그는 모든 잘못된 심리학적 견해를 제거하려 하였으며, 그렇게 함으로써 그의 의미 분석을 위하여 현상학적으로 순화된 지향성 개념을 얻으려 했다. 결국 이와 같은 의도가 그를 선험주의적 입장을 취하게 했다. 그리고 그 결과 지향성 개념은 선험적인 의미로 해석되고, 이를 통하여 이 개념은 훨씬더 포괄적인 철학적 중요성을 획득하게 되었다.

훗설은 '선험적 의식', '선험적 주관성' 그리고 '선험적 자아'와 같은 개념을 그의 철학 속에 끌어들인다. 모든 종류의 상대주의에 대한 혐오감, 그의 지향적 작용의 이론으로부터 심리주의의 조그마한 자취도 지워 버리려는 욕구, 그리고 "객관적 인식의 가능성의 아 프리오리한 조건"을 치밀하게 연구하려는 그의 시도가 그를 그의 초기의 기술 심리학의 싹을 선험적 입장을 위하여 포기하는 마지막 목적으로 이끌어 간다. 그는 더욱더 칸트로 접근하게 된다. 그리하여 마침내 선험적 현상학 또는 순수 현상학이라는 그의 후기 철학이 형성된다.

4. 선험적 현상학

앞에서 살펴보았듯이 그의 주된 관심은 인식의 양 측면, 즉 주관적 측면과 객관적 측면, 더 일반적으로 말하여 의미의 이 두 측면의 관계를 설명하는 것이었다. 그런데 이제 그는 이것이 단지 선험적 기초로부터 성취될 수 있다고 믿게 된다. 이 결과가 '선험적 현상학' 또는 '선험적 관념론'이다. 즉 현실성의 상이한 여러 가지 측면을 현상학적으로 구성하려는 매우 야심적인 계획이다. 그러나 현상학적 구성은 칸트에게 있어서의 구성(Konstruktion)과 결코 같은 것이 아니다(이에 대해서는 이 책 46면의 옮긴이 주 3)을 참조하기 바람).

선험적 기획의 형성 과정   훗설의 선험적 현상학이 완전하게 진술된 저서는 흔히 1913년에 출간된 《이념들》, 제1권이라고 한다. 그러나 이 기획이 발표된 것은 이미 "제펠더 블레터"였다.

"제펠더 블레터"란 것은 1905년 여름, 훗설이 소위 뮌헨 현상학파라 불리우는 젊은 철학도들과 함께 지로르 알프스 산중의 휴양지 제펠트에서 열린 연구회에서 쓴 초고를 지칭한 것이다. 이 미간 원고에서 이미 환원(Reduktion)의 사상과 의식에 있어서 대상의 구성

(Konstitution)의 관계를 논하고 있다. 이 선험적 사상이 분명하게 서술되어진 것이 1907년 4월 26일부터 5월 2일까지 괴팅겐 대학에서 행한 "5개의 강의"에서이다. 이 "5개의 강의"가 후에 유고를 정리하면서 《현상학의 이념》으로 출간되었다. 따라서 선험적 현상학이 그 본격적인 모습을 나타낸 것은 1913년의 《이념들》에서라기보다 《현상학의 이념》에서이고, 따라서 이에 대한 일반적인 오해는 수정되어야 한다.

그러나 '선험적 현상학'이란 표현이 처음으로 사용된 것은 1908년의 미간 원고 B II 1(루뱅 대학의 훗설 아르키브의 소장 번호)에서라고 한다. 하지만 여기에서도 '선험적 관념론'이란 표현은 나타나지 않는다. 이 표현은 1905년 괴팅겐 대학 강의인, 《내적 시간 의식의 현상학》에서도 아직 나타나지 않는다. 본격적으로 나타난 것은 1923년경 《제1철학》을 강의하던 시기이다. 훗설은 선험적 관념론을 "관념론의 최초의 엄밀한 학으로서의 형태이고, 이것에로의 통로가 현상학적 환원이다"라고 말했다.

앞에서 우리는 훗설이 상대주의와, 극단적으로 표현하면, 회의주의를 피하고, 또 심리학주의를 제거함으로써 논리학의 인식론적 분석과 그들의 기초는 모든 경험적·실존적 고려로부터 자유로와야 한다고 이야기하였다. 이 점이 설령 완벽하지는 않더라도, 소위 '현상학적 환원'이 목적으로 하는 것이 무엇인가를 어느 정도는 알려 준다. 또 하나 위의 인용문이 알려 주듯이 환원은 결국 엄밀한 학의 기초를 발견하기 위한 유일한 방법이란 이해가 가능하다.

종합적으로 말하면 현상학의, 즉 훗설 철학의 궁극적인 목적은 아무 전제도 없는 엄밀한 학으로서의 철학의 건립에 있다. 이 말은 소위 그의 표현대로 하자면 보편학, 즉 제1철학의 건립에 있다고 하겠다. 그리고 이 보편학의 기초를 발견하기 위한 통로가 선험적 환원이다. 그런데 이 환원에는 여러 가지 단계가 있다. 선험적 환원이 그의 분석에 새로운 의미를 부여했다는 것은 의심할 여지가 없다. 다시 정리하면 《논리 연구》에서의 훗설의 동기는 현상학적이었지 선험적은 아니었다. 이때만 해도 그는 현상학을 아직 방법으로 파악하였지, 이론으로서 파악하지는 않았다.

이제 그는 현상학을 독립된 이론적 원칙으로서의 철학의 원리로 파악한다. 그의 현상학은 이제 두 개의 역할, 즉 인식 비판의 역할과 선험적 존재론이란 역할을 담당한다. 이 책 《현상학의 이념》은 바로 이 인식 비판 또는 원문에 있는 대로 이성 비판의 출발점을 제시하여 준다. 《논리 연구》에서 그는 논리학의 인식론적 전제를 '의미 현상'의 현상학적 분석의 도움을 받아서 설명하려 하였다. 이에 반하여 이제는 인식의 선험적 전제 일반을 설명하려고 시도한다. 그리고 동시에 앞에서도 살펴본 것인데 '객관적 세계'의 구조가 선험적 기초 위에서부터 선험적 범주의 도움을 받아서 어떤 방식으로 설명, 구성되는가를 보여주려 한다.

환원 방법   이 객관적 세계의 구조를 설명할 수 있는 기초를 발견하는 방법이 바로 환원 또는 판단 중지이다. 따라서 이 방법의 목적은 인식의 노에시스적인 조건의 정당한 철학적 이해를 위하여 마지막 장애를 제거하는 것이고, 그리하여 포괄적인 선험적 현상학을 위한 확고한 기초를 정립하는 일이다. 그리고 이 선험적 현상학이 앞에서 설명한 바와 같이 보편학의 구축을 목적으로 하는 것이므로 현상학적 환원의 목적도 당연히 보편학의 기초를 찾는 것이라고 할 수 있겠다.

우선 훗설의 환원은 일차 환원과 이차 환원의 단계가 있다. 그러나 이 단계의 순서가 꼭 명백히 구분되어 설명되는 것만은 아니다. 우리는 편의상 이 단계의 구분을 어느 한 입장에 서서 확립하여 보자.

일차 환원을 형상적 환원이라 부르는데, 이 단계에서는 실제적인 사물에서부터 경험적인 요소를 환원하여 사실의 본질을 그의 직접성, 또는 그 구체성에서 직관하는 것을 말한다. 우리는 직관함에 있어서 경험적으로 현존하는 측면의 이면에 본질이 나타나는 것을 본다. 즉 시간 공간적으로 매이지 않은 보편적 대상, 즉 본질을 본다. 가령 $2+5=7$ 이라는 진리가 기호의 현존에 의존하지 않으며, 그것이 이런 특정한 방식으로 표현되었다는 것에도 의존하지 않으며, 똑같이 나 자신의 현존이나 언급된 표현이 의미하는 바를 이해할 수 있는 나의 능력에도 의존하지 않는다는 것을 이해할 때, 비로소 2+5=7이 무엇을 의미하는가를 이해하였다고 주장할 수 있다. 더 간단한 예를 들면, 이 환원 과정에서는 실질적인 빨간 꽃에서 그 적색 자체를, '적색 뉘앙스'를 보는 입장이 생긴다. 따라서 이 일차 환원을 본질 환원이라고도 한다.

이차 환원은 선험적 환원이라 하는데, 이 환원에서는 일차 환원에서 발견된 초월적 본질에서 초월성이 환원 또는 배제되고 의식에 내재하는 본질이 된다. 이 본질이 이른바 그의 '내실적 내재성'인 의식의 본질이 된다. 이것을 좁은 의미의 현상학적 환원이라고도 한다.

에포케　　환원이 선험적 의미로 사용될 때, 그것은 통상 $\epsilon\pi o\chi\acute{\eta}$ 라는 그리스어로 사용되며, 이 개념을 우리는 판단 중지라고 번역하여 사용한다. 원래 이 말의 그리스어 뜻은 '괄호를 친다'는 뜻으로 로마 시대의 종교・윤리 철학가의 회의론자들에 의하여 철학적 개념으로 도입된 것이었다.

퓌론(Phyron)에 의하여 창시된 이 학파는 혼란한 시대에 사는 인간들 개개인이 어떻게 하면 이 난세에서 안심 입명할 수 있을까를 찾는다. 그 방책으로 제시되는 것이 바로 이 에포케라는 개념이었다. 그들에 의하면 이 세상에는 모든 분야에 있어서 절대적이고 객관적인 기준은 있을 수 없다. 따라서 인식의, 그리고 가치의 판단에 있어 객관적인 결정을 내리려 하지 말고, 오히려 이런 모든 판단을 '괄호침'으로써 그 속에 안주하는 것이 현자의 태도라는 주장이다. 요컨대 객관적 기준을 부정하는 입장이다.

이에 반하여 훗설은 아이러니컬하게도 이 회의주의적 개념을 사용하여 절대적이고 객관적인 모든 인식의 기준을 발견하려 한다. 이런 의미에서 훗설의 방법은 흔히 데카르트(R. Descartes)의 '방법적 회의'와 비교되는 수가 있다. 그러나 그 본질적 내용에서 보면 이 개념은 동일한 것이 아니라 큰 차이가 있다. 이 점은 나중에 알아 보기로 하고, 우선 이 판단 중지에서 무엇이 문제시되는가를 알아 보자.

훗설에 따르면 '판단 중지'는 자연적 입장의 배제 또는 변경을 뜻한
다. '자연적 입장'은 이 (경험적) 세계의 외적 현상을 자명한 것으로
서 받아들인다는 데에 그 본질이 있다. 이런 입장에서는 이 세계는
"내가 끝없이 나에 대하여 현존하는 것으로서 발견하며", "다른 모든
사람도 그렇듯이 나 자신도 그 속에 속하며", "내가 현존하는 것으로
서 발견하는" 그런 세계이다. 이 세계의 자명한 타당성을 괄호로 묶
어 그것에 대한 일체의 판단을 중지하는 것이 바로 판단 중지 개념의
핵심적인 내용이다. 그러나 이때 실제적 세계의 실존이 부정되는 것
은 아니다. 근원적으로 보면 이 세계의 어떤 것도 부정되지 않는다.
우리는 단지 "우리에 대하여 저기 있는" 사물들이 그들의 시간 공간
적인 질서 속에 있다는, 또는 우리가 그들을 그런 질서 속에서 만난
다는 모든 판단을 유보하는 것뿐이다.

데카르트의 방법적 회의와 '판단 중지' 방법의 차이   여기에서 이 '에
포케' 사상을 좀더 분명히 하기 위하여 그것을 데카르트의 방법적 회
의와 비교하여 보자. 데카르트도 이와 비슷한 철학적 실험을 한다.
그의 주된 관심은 우리가 무엇을 근거로 하여 실제로 확실성을 갖고,
어떤 것을 안다고 주장할 수 있는가를 발견해 내는 일이다. 그리하여
그는 명석성을 확보하기 위하여 회의를 순전히 방법적인 보조 수단으
로 사용하였다. 의심할 수 있는 가능성이 조금이라도 있다면 일단 그
의 존재를 부정하고, 더 이상 의심할 수 없는 어떤 것을 발견한다면
우리는 그것을 근거로 하여 더 이상 논의의 여지가 없는 지식의 체계
를 구축할 수 있으리라는 것이 그의 야망이었다. 이 기초가 그에게
있어서 회의하는 주체, 즉 cogito 라는 것은 주지의 사실이다.

그러나 훗설의 판단 중지는 이와 똑같은 기능을 갖는 것은 아니다.
우선 훗설의 데카르트 비판, 또는 그 차이의 일면을 살펴보자.

(1) 그의 자연적 입장의 명제를 배제하는 판단 중지에 있어서는 아
무 것도 부정되지 않는다. 세계의 존재는 처음부터 의심되지 않으며,
단지 세계 존재에 관한 우리의 판단이 유보될 뿐이다. 데카르트의 방
법과는 다르게 사물의 세계는 잠정적으로도 배제되지 않는다. 그것은

단지 우리의 입장을 변경하고 우리의 체험을 다른 시각에서 볼 수 있도록 그 가능성을 제시할 뿐이다. 그에 의하면 데카르트의 회의는 '보편적 부정'의 시도이다. 판단 중지는 자연적 입장의 명제를 작용 밖에 설정함이고, 그렇게 함으로써 훗설이 부르는 '세계 의미', 즉 이 세계의 선험적 근원을 명백히 하자는 데 있는 것이다.

(2) 그의 철학의 전체적인 국면에서 보면, 훗설은 데카르트의 성향에 따르고 있음에도 불구하고 계속하여 '데카르트적 환원'의 불완전함을 비판한다. 그의 의견에 따르면, 데카르트는 그의 cogito 사상을 잘못 해석하였다고 한다. 왜냐하면 데카르트는 자아를 세계에 귀속되어 있는 선험적 자아의 극으로 보지 않고, 이 자아를 실체적인 것 그 자체와 혼동하고 있기 때문이라고 한다. 훗설은 데카르트가 '나'와 '너' 간의 차이와 같은 차이가 절대적 자아의 내부에서, 그리고 외부에서 구성되어야 한다는 것을 인식하였더라면 좋았을 것이라고 쓰고 있다.

(3) 데카르트의 "나는 생각한다. 그러므로 나는 존재한다"라는 명제는 '아르키메데스의 기점'으로 세계의 이성적 해명이 그 위에 세워질 수 있는, 또 세워져야만 하는 공리 구실을 한다. 그러나 훗설의 의견에 따르면, 이 공리는 이와 같은 과제를 충분히 수행하지 못하였다고 한다. 그럴 수밖에 없었던 것은 이 공리가 설명하는 것보다 더 많은 것을 전제하고 있기 때문이었다. 그것은 현존하는 사고의 사태를 사고하는 존재의 실존이 유도될 수 있는 충분한 증거로서 전제한 데에 있다. 그리하여 데카르트에 있어서는 사고하는 실체와 단순히 연장을 가진 실체, 즉 정신과 물질이 양분되는 이원론적인 형이상학의 체계가 성립한다. 그러나 나의 사고의 어떤 대상이 있다는 것으로부터 실체적인 자아의 존재에 관한 어떤 이론도, 또 내 사고의 대상의 실제성에 관한 어떤 이론도 유도될 수 없다. 이 사실로부터는 단지 일정한 체험이 있다는 것만이 유도될 수 있을 뿐이다. 요약하면 일차 환원(형상적 환원)에서는 자연적 입장이 배제되며, 이차 환원(선험적 환원)에서는 형상적 태도가 배제된다. 따라서 이 두 환원을 통하여 자연적 입장의 사실 과학, 자연 과학의 타당성이 배제되어 결

국 본질 과학으로 이전하게 된다.

그러나 이 본질 과학, 즉 논리학이나 순수 수학도 형상적 입장이 환원되고 현상학적 입장으로 이행하는 좁는 의미의 현상학적 환원 또는 선험적 환원을 통하여 괄호로 묶어지고, 이제는 순수한 의식 현상만을 탐구하는 현상학이 모든 학문의 기초학으로 남게 된다. 우리는 선험적·현상학적 분석에 있어서 그들의 연역적 방법도 그리고 귀납적 방법도 사용해서는 안 된다. 이 모든 것은 우리의 경험적 자아와 함께 배제되어야 한다.

그러나 이와 같은 과학이 배제된다고 하는 것은 단지 그들의 이론적 타당성이 괄호로 묶어진다는 것뿐이지, 그 탐구의 대상이 부정된다는 것은 아니다. 이와 같은 극단적 환원을 통하여 모든 학의 엄밀한 기초를 발견하는 과정에서 잠정적으로 경험적 세계의 실재가 부인되는 것은 아니다. 단지 입장이 변경된다는 뜻이다.

선험적 자아   이와 같은 극단적인 환원을 통하여 도달한 것이 현상학적 잔여로 남은 소위 '선험적 자아', '순수 자아', '선험적 주관성'이라고 다양하게 불리워지는 개념이다. 다시 말하면 모든 입장을 환원하고 더 이상 환원될 수 없는, 그러나 경험적 자아에서 보자면 환원된 '자아'이다.

홋설에게 있어서는 체험 구조의 분석을 통하여 객관적 세계와 우리의 관계에 있어서 무엇이 문제로 제기되는가를 밝히는 것이 중요한 과제였었다. 그는 자연적 입장의 세계에 있어서는 이 구조가 우리에게 숨겨져 있다는 의견이다. 홋설은 이 연관 관계의 열쇠가 바로 현상학적 환원에 놓여 있다고 주장한다. 이 환원이 순수한 사실을 초경험적인 지평에서부터 서술할 수 있는 가능성을 제공한다. 그에 따르면 현상학적 환원은 보편적 판단 중지로서 우리를 철학적으로 '절대적 시초'로 되돌려 이끌어 준다. 즉 선험적 의식의 영역으로, 즉 '선험적으로 순화'된 체험의 영역으로 우리를 옮겨 놓는다. 그리고 이곳에서 '선험적 자아'는 바로 체험들의 통일성인 것이다. 그리하여 엄밀한 학으로서의 철학, 즉 보편학을 목적으로 하는 현상학은 그의 본래적인 탐구 영역에 도착한다. 그러나 이 영역의 탐구는 단지 명증성에만 의존할 수 있을 뿐이며, 소위 본질 직관에 의지할 수 있을 뿐이다.

이 선험적 주관성의 입장으로부터 우리는 세계가 선험적 구조를 가진다는 것을 인식하며, 따라서 이 구조의 완벽한 이해는 단지 이 입장에서부터 가능해진다. 그리하여 우리는 세계가 그의 모든 본질적 측면에서 아무 편견없이 타당하게 서술되어지는 영역, 선험적 의식의 영역을 발견한다. 그러나 문제는 이런 기초적 영역으로부터 경험적 세계가 어떻게 다시 구성될 수 있는가이다.

선험적 독아론의 위험　훗설은 환원의 기초 위에서 그 스스로 깊은 지적 위기를 겪었던 시기에 선험 철학의 이념을 기획한다. 나이가 47세가 되었는데도 그는 더욱더 자신의 사상 형성에 확고한 틀을 얻을 수 없었다(이 시기에 선험적 계획이 싹트고 그 결실 중의 첫번째 것이 바로 이 책이다). 그리하여 마치 그에게서 자신감이 사라져 버린 듯했다. 그는 그의 심리학주의에 대한 냉혹한 비판과 논리학의 인식론적 기초의 현상학적 분석을 통하여 완전히 철학계의 명성을 얻을 수 있었다.

그러나 그는 더 큰 목표를 설정하고 있었으며, 이것 때문에 시달렸다. 그에게 있어서는 현실성의 모든 기초적인 측면을 포괄하는 철학적 설명의 체계를 구성하는 일이 중요한 과제였었다. 하지만 이런 체계를 위한 열쇠가 항상 그를 피해 버리는 듯하였다. 그러다가 결국 이와 같은 계획을 위한 해결책이 선험적·현상학적 환원에서 발견된다. 그의 궁극적인 목적은 선험적 체계로 세계를 재건하는 일이었다. 그리고 그 기초로 선험적 자아가 발견된다. 그러나 이때에 이미 지적 독아론의 입장을 강요받는 위험이 도사리고 있다. 문제는 어떻게 선험적·현상학적 기초 위에서 나의 자연적 입장에 대하여 특징적인 '경험 세계'의 존재와 나와 유사한 타자아의 존립에 관한 가정을 설명할 수 있는가이다. 여기서 바로 세계의, 또는 타자의 현상학적 구성이라는 난제가 일어난다.

그러나 여기서는 이 모든 개념을 다 설명할 길이 없다. 그리고 그

럴 성질의 글도 아니다. 훗설은 타자아의 경험이 나 자신의 경험에서
분리될 수 없는 본질적 구성 요소를 형성한다고 주장한다. 그러나 우
리가 '선험적 자아'의 지평으로 이전한 후에 어떻게 '다중심적 상호 주
관성' (Polyzentrische Intersubjektivität)의 현상학적 구성을 완수할
수 있는가를 통찰하기는 매우 힘들다. 물론 그는 이 어려움을 해결하
기 위하여 '연상 작용', '감정 이입' 이론을 도입한다.
  여하튼 순수 자아의 현상학적 기초가 가지고 있는 지적 폐쇄성이
유발할 수 있는 독아론의 위기는 그의 구성 이론과 함께 훗설의 말년
을 계속하여 괴롭히는 어려움으로 남는다. 그러나 그는 70살이 넘은
고령임에도 불구하고 이와의 투쟁을 포기하지 않는다. 이 투쟁의 생
생한 기록이 《데카르트적 성찰》(특히 제 5 성찰)에서 이루어지며 그의
마지막 저서인 《유럽 학문의 위기와 선험적 현상학》에서 '생활 세계'
개념으로 나타난다.

5. 생활 세계

  이 생활 세계라는 개념은 그의 선험적 현상학이 역사적 현실에 확
고히 뿌리를 내리고 있다는 것과 '현상학적 구성'의 이념은 그것이 인
간 이성의 작용을 밝히는 한에 있어서 깊은 인간적 의미를 갖고 있음
을 제시하려는 것이다. 이에 의하면 "논리적 의미에 있어서 객관적
이론은 생활 세계에, 즉 이 생활 세계에 속하여 있는 근원적인 명증
성에 근거하여야 한다"는 것이다. 이 말은 실제의 의도에 있어서는
객관적 학문이 항상 생활 세계와 지속적인 의미 관계를 갖고 있다는,
즉 이런 의미 형성체도 역시 생활 세계에 속하여 있다는 사실을 보여
주기 위한 전제이다.
  '생활 세계'의 문제는 오늘날에도 많은 현상학 연구자간에 논란의
대상이 되고 있는 분야이다. 논의의 요점은 가령 훗설이 이 새로운
개념을 도입함으로써 자신의 이전 철학(현상학)적 입장을 포기한 것
이냐 또는 오히려 그것의 새로운 확대냐 하는 것으로 요약된다.

이 책의 편집자인 비멜의 한 논문, "생활 세계의 문제점에 대한 반성"(Reflexionen zur Lebenswelt-problematik)에 의하면, 이 문제를 이해하는 몇 가지 가능성이 분명해진다. 그에 의하면 생활 세계 개념은 위에서 지적한 바와 같이 궁극적으로 '구성'의 문제와 연결된 것이고, 구성은 단지 선험적 현상학의 입장에서만 파악될 수 있는 것이다. 따라서 생활 세계의 문제도 단지 선험적 현상학을 통하여서 접근될 수 있다고 한다. 또 하나는 이 생활 세계의 개념을 통하여 훗설 현상학에 새로운 탐구 분야가 열린다. 그것이 역사성의 지평 또는 문화 비평적인 지평이다. 세째로는 이 개념이 그의 철학의 일관된 주제 중의 하나인 명증성의 한 형태라는 이해 가능성이다. 다시 말하면 객관적·논리적 명증성으로부터 생활 세계의 근원적인 명증성으로 이행하여야 한다는 주장으로 이해하는 측면 등이다. 하여튼 이 책에서 훗설은 현대 학문의, 특히 자연적 입장의 학문인 현대 자연 과학의 위기를 논하고 있다.

현대 학문의 위기는 근대초의 갈릴레이(G. Galilei)의 객관주의와 데카르트의 주관주의로 소급된다. 이 두 주의의 분열이 바로 현대 학문(과학)의 위기를 조성한 원인이다. 그렇다고 하더라도 훗설은 이 위기를 치유할 수 없는 것으로 보는 것은 아니다. 오히려 그는 새롭게 구성된 철학, 그의 입장에서 말하자면 현상학적으로 재구성된 철학이 객관적인 과학자들로 하여금 그들이 사용하는 명백하게 증명되지 않은 기본 개념이나 가정들을 비판하여 정확히 하는 작업을 도와줄 수 있으리라는 낙관적 견해이다.

훗설의 현대 과학에 대한 비판은 두 개의 근본적인 논거에 의거한다. (1) 과학이 단순한 사실들만을 비철학적으로 연구하는 실증 과학으로 타락하였다는 비판이다. 이때에 비철학적 연구라는 의미는 실증적 연구가 인간의 삶 전반에 대한 그의 의미와 개개의 삶의 목적에 대한 의미를 상실하였다는 뜻이다. (2) 현대 과학이 갖고 있는 자연주의적 특징에 대한 비판이 그것이다.

그에 의하면 이 자연주의가 과학으로 하여금 절대적 진리와 그 타당성의 문제를 문제시할 수 없게 한다. 자연주의(또는 자연주의적 견해)는 세계 전체를 물리적 또는 심리적인 것으로서만 이해하는 견해를 뜻한다. 그리하여 이 세계를 자연 과학에 의해서만 설명될 수 있다는 견해를 뜻한다. 그렇다고 해서 훗설이 과학의 기술적 유용성을 부정하는 것은 아니다. 더군다나 과학을 폐기하자는 것은 절대로 아니다. 또는 그 당시 독일에서 폐기하자는 것도 절대로 아니다. 또는 그 당시 독일에서 유행하고 있던 자연 과학에 대한 적대 관계를 고집하자는 것도 또한 아니다. 이와는 반대로 과학을 도와서 인생의 좀더 기본적인 목적을 실현시키게 할 수 있도록 내적으로 보강하고 그의 역할을 증강시키자는 데 그 의도가 있다.

그에 의하면 실증 과학이 단순한 실제적 사실만을 연구할 수 있다고 스스로의 탐구 영역을 제한함으로써 가치나 의미 등과 같은 문제에 대처할 수 없는, 또는 대처하려 하지 않는 태도에 바로 현대 과학의 기본적인 위기가 있다는 것이다. 따라서 그의 입장은 단지 현대 과학의 귀납적 방법으로는 적용할 수 없는 영역, 즉 이념의 영역을 위한 보완을 요구하는 것뿐이다. 그리하여 그는 갈릴레이를 "발견과 은폐의 천재"라고 부른다.

자연 과학의 위기는 의미의 위기이다. 자연 과학적 기준을 모든 인간 중심적인 요소로부터 순화시키는 과정을 통하여 자연 과학 자체는 문자 그대로 최고도로까지 탈인간화되었다. 새로운 이상적인 과학인 진리와 과학적 객관성은 이루어졌으나, '주관성의 입장'은 그의 모든 인간적인 의미와 함께 '과학적 객관주의'의 압도적인 영향력 아래 간단히 제거되었다. 그리하여 경험을 비인칭적인 형식(수학)으로 해석하는 것이 자연 과학자들의 목적으로 남는다. 이와 같은 입장은 기껏해야 자연 과학을 역사적인 편견으로부터 자유롭게 하는 데 기여한다. 그러나 다른 면으로 보면 자연 과학과 인간과의 관계를 모호하게 한다.

실제에 있어서 자연 과학 자체가 철학에게 그것이 인간의 좀더 깊은 관심사와의 관계를 부활시켜 줄 것을 요구하는 있는 것은 아닐까? 훗설에 의하면 이 요청을 만족시켜 주는 것이 그의 이른바 엄밀한 학으로서의 철학인 '현상학'이다. 이와 같은 견해에서 그는 생활세계의 평범한 진리에, 가령 내가 육신을 가지고 인간 공동체 안에서 살고 있는 이 평범하고 자명한 생활 세계의 진리에 경청할 것을 요구한다. 일반적으로 생활 세계는 간과되어지고 망각되어지며, 또는 다른 경우에는 가능한 한 빨리 극복되어져야 할 부정확성과 불완전성의 원천으로 이해되어진다.

그러나 훗설에 의하면, 이와 같은 이해 태도가 자연 과학의 의미의 위기를 야기한다. 그 결과 과학적인 이념화의 본래적인 의미가 불명료하게 되는 것이라고 확인한다. 이와 같은 이념화와 역사적 배경 사이에는 긴밀한 연관이 존립한다는 사실은 쉽게 망각되어지며, 이와 관련하여 자연 과학의 의미의 측면에서 사람들이 느끼는 자연 과학의 구제 불가능성은 그들의 역사적 연관으로부터 떨어져 있다는 것에 기인한다.

그에 의하면 자연 과학의 입장은 비자연 과학적 전제의 불빛 아래서만 완벽하게 이해될 수 있다. 그리고 이런 전제는 생활 세계의 영역에 있다. 따라서 생활 세계는 이제 모든 객관적 과학의 근거로 등장한다. 과학은 생활 세계의 진리 위에 세워질 때 그들의 의미를 다시 찾게 된다. 이 생활 세계의 사실이 담겨 있는 《위기론》이 출간된 것은 1936년이다. 2년 후인 1938년 4월 27일에 79세의 나이로 그의 학구적 생애는 그 막을 내린다.

참고서적

E. Husserl, *Husserliana*.

H. Spiegelberg, *Phenomenological Movement*.

Edo Pivcevie, *Von Husserl zu Sartre*. 국내 번역본(훗설에서 사르트르에로).

W. Biemel, *Reflexion zur Lebenswelt-problematik*.

L. Eley, *Transzendentale Phänomenologie*.

현상학의 이념

편집자 서문

여기에 내놓은 다섯 개의 강의, 즉 《현상학의 이념―현상학과 이성 비판의 주요 부분에 관한 서론》은 훗설이 1907년 4월 26일부터 5월 2일까지 괴팅겐 대학에서 행한 것인데, 이 강의의 의미는 우리가 훗설의 정신적 발전의 어떠한 계기에서 이와 같은 이념이 발생하였으며, 그의 사상에 있어서 어떤 전환점을 대변하고 있는가를 명백히 할 때, 분명하게 드러난다. 말하자면 이 점을 해명하는 것이 본 서론의 과제이다.

《논리 연구》가*¹⁾ 출간된 후 6년 동안 훗설은 하나의 매우 심각한 위

---

*1) 《논리 연구》는 훗설의 현상학 초기의 주저로서 I, II 권으로 되어 있다. 제 II 권은 두 권의 책으로 분리되어 있다. 제 1권은 "순수 논리학을 위한 서설"이라는 부제하에 1900년에 출간되었고, 제 2권은 "현상학과 인식 이론을 위한 연구"라는 부제하에 6개의 연구로 나뉘어져 있다. 이 6개의 연구 중 1~5 연구는 II/1권에 수록되어 있으며, II/2는 제 6연구만으로 편찬되어 1901년에 출간되었다. 당시 훗설은 할레 대학 사강사로 있으면서 그의 교수 자격 논문인 "수 개념에 관하여"(1887)를 확대하여 《산술(算術)의 철학》으로 그 첫째권을 1891년에 출간하였다. 둘째권은 그 후에 출간할 예정이었으나, 생전에 출간되지 못하고 그냥 원고로 남아 있다. 이것이 그의 초기 사상 또는 전(前) 현상학적 사상을 대변한다. 이때에 그는 브렌타노(F. Brentano)의 영향하에 경험 심리학의 분석 방법을 사용하던 시기였다. 《논리 연구》는 이런 경험적 심리학의 입장을

기를 겪는다. 이 시기에 그는 또한 주 정부의 문교부가 그를 철학 정교수로 임명하려는 제안이 괴팅겐 대학 당국에 의하여 거절되는 굴욕을 겪는다. 이러한 '동료들의 멸시'는 스스로 견디어 내기에는 매우 힘든 큰

탈피하여 소위 심리주의 비판을 수행함으로써, 순수 논리의 형성과 인식론적 관심을 정립한 책이다. 1900년에 출간된 제1권은 사실상 1896년에 거의 완성이 되었다고 한다. 이 "순수 논리학을 위한 서설"에서 그는 논리학을 심리학에 의거하여 정립하려는 밀(J.S. Mill)이나 립스(T. Lipps)의 심리주의적 입장을 비판하여 극복하고, 브렌타노의 경험 심리학적 분석 방법마저도 불충분한 것으로 거부한다. 그러나 이 점은 그의 사상 발전 과정에서 보자면, 바로 자신의 전(前) 현상학적 시기를 어떤 면으로는 비판하고 극복한 의미를 가진다. 또 다른 면으로는 그의 모든 사상 체계 내용의 싹이 아직 완전히 드러나지 않았으나, 이 책 속에 모두 들어 있다는 주장이 있다. 따라서 이 책이 가지는 의미는 훗설 연구가에게는 기본적인 것이고, 훗설 개인의 측면에서 보자면 획기적인 전환기를 대변한다고 하겠다.

이 책에서 행한 그의 심리주의에 대한 비판의 성공이 당시 철학계에 그의 명성을 떨치게 하였고, 철학자로서의 그의 위치를 확고하게 해주었다. 개별적으로 살펴보면, 딜타이(W. Dilthey)와의 친분도 이 책을 통해서이고, 영국의 러셀(B. Russell)과의 관계도 이 책을 통하여 이루어진다. 1904년 딜타이는 그의 베를린 대학 철학 세미나에서 《논리 연구》를 극찬하였으며, 이 책을 평하여 "밀, 콩트(A. Comte) 이래의 근본적으로 새로운 철학의 한 부문을 대표하는 것이다"라고 했다 한다. 또 하나 중요한 개별적 결과는 소위 '뮌헨 학파'라 불리는 현상학의 일파가 이 책을 통하여 훗설의 지도를 받게 된다.

이 책에서 훗설이 접하고 있는 입장은 아직 현상학을 하나의 이론, 즉 철학적 이론으로 이해하기보다는 하나의 방법론으로, 기술적 분석 방법으로 이해하는 것이었다. 그러나 이때에 이미 칸트의 선험적인 요소가 싹트기 시작한다. 《논리 연구》, 제1권에 대한 나토르프(P.Natorp)의 서평에 대하여 훗설은 "내가 순수 논리학에 부과한 목적들이 칸트의 인식 비판학의 목적들과 본질적으로 동일하다고 논한 점에 있어서 나토르프는 옳다"라고 답하고 있다.

이와 같은 선험적 관념론의 이론이 전개된 것이 그의 《이념들》(1913)이라고 이야기된다. 그러나 이 번역서의 편집자인 비이멜(W.Biemel)이 그의 서문에서 밝히듯이, 훗설의 "《이념들》을 통하여 비로소 관념론으로 이행하였다는 주장"은 잘못된 것 같다. 그런 것이 아니라 오히려 1907년에 행한 이 "5개의 강의"에서 이미 관념론적 사상은 형성되었다고 보아야 할 것이다.

타격이었던 것 같다. 그러나 이와 같은 외부적인 실패보다 더 큰 타격
은 자기 자신에 대한 회의였고, 이 회의가 그를 매우 괴롭혀서 심지어
는 철학자로서의 그의 존재까지도 문제시하게 된다.

이런 절망으로부터 자기 자신과 자신의 과제에 관하여 무엇인가 명백
히 해야겠다는 결단이 내려진 것이다.

1906년 9월 25일에 그는 그가 가끔 일기 형식으로 기록했던 비망록[1]*[2]
에 다음과 같이 쓰고 있다.

우선 나는 내가 철학자라고 불리워질 수 있으려면, 나 스스로를 위하여
해결하지 않으면 안 될 일반적인 과제를 명명해야 하겠다. 나는 그것을 이
성 비판이라고 생각한다. 논리적 이성과 실천적 이성, 즉 가치 설정적 이성
일반의 비판이라고 생각한다. 일반적인 윤곽에 있어서 이성 비판의 주안점,

1) 이 비망록은 훗설 유고에 Xx5 라는 기호로 보존되어 있다.
*2) 훗설 유고 : 훗설은 생전에 원고를 속기로 썼다고 한다. 그가 1938년 4
월 27일에 병으로 사망하였을 때는 약 4,500장의 속기 원고와 약 1만 장
의 이기된 원고의 유고를 남겼다고 한다. 당시 정세는 1933년 나치의 폭
정이 시작되어 같은 해 5월 10일 밤 베를린에서 일어난 분서 사건을 기
화로 유대인계 저서의 말살 운동이 개시된다. 이와 같은 상황하에서 전
기한 엄청난 유고와 그가 소장하고 있던 2,700권이 넘는 장서를 벨기에
의 루뱅 대학에 무사히 이양하여, "훗설 아르키브"를 이룩한 장본인이 현
재 "훗설 아르키브"소장이며 프란체스코 회원인 반 브레다(H.L. Van
Breda) 교수였다. 훗설 유고 구출에 관한 보고는 《페노메노로기카》
(*Phänomenologica*)(니호프 출판사, 현상학에 관한 일련의 저술들의 모
음) 제2권 "훗설과 현대 사상"에 반 브레다 교수가 "훗설 유고의 구출
과 훗설 아르키브 설립"이라는 제목으로 상세히 설명하고 있다.
　이 루뱅의 "아르키브" 원전으로 하여 지금은 그 복사판을 찍어서 독일
프라이부르크와 쾰른 대학, 프랑스의 소르본느 대학, 미국의 버팔로 대
학에 그 지부가 설립되어 있다. 이 책의 "편집자 서문"에 나와 있는 유
고 번호는 바로 이 "아르키브"의 분류 번호를 뜻한다. 분류 기호를 살펴
보면, 우선 알파벳 기호는 훗설 자신이 사용한 것이 A부터 F까지의 6
개 기호이고 K, M, P, Q, R, X의 6개 기호는 "훗설 아르키브" 당
국이 정한 것이다. 그리고 다시 항목별 분류는 로마자(Ⅰ, Ⅱ, Ⅲ, Ⅳ)로,
각 편의 번호를 가리키는 기호는 아라비아 숫자로 나타내어 세밀하게 분
류되어 있다.

방법, 본질과 의미에 관한 것이 나에게 분명해지지 않고서는, 그리고 이 이
성 비판을 위한 객관적인 구상을 충분히 생각하여 계획하고 확정하여 정초
하지 않고서는 나는 진정코 진실하게 살 수가 없다. 나는 분명치 않음의 원
천을, 이리저리 주저하고 망설이는 회의의 원천을 음미하였다. 나는 내면
적인 확고함에 도달하여야 하겠다. 나는 이때에 중대한 것이, 가장 중대한
것이 문제시된다는 것을 알고 있으며, 위대한 천재들이 이 문제에서 좌초
되었다는 것도 알고 있다. 그리고 저 천재들과 나를 비교하여 보면 나는 앞
질러 절망할 수밖에 없으리라… (17면 이하).

이 글에서 칸트의 주요한 저서명이 연상되는 것은 전혀 우연이 아니
다. 이 시기에 훗설은 칸트 연구에 몰두하고 있었으며 이 연구로부터 **선
험 철학**으로서의 현상학, **선험적 관념론**으로서의 현상학이라는 사상이, 그
리고 현상학적 환원이라는 사상이 성숙하기 시작한다. 2) (여기에서 칸트
와 훗설의 사상적 차이를, 특히 '구성'이라는*3) 근본 사상과 관련하여 자

---

2) 이 시기에 훗설과 딜타이와의 교분이 생긴다. 그리고 이 교분은 훗설에
  게 매우 중요한 의미를 지닌다. 그러나 유감스럽게도 이 시기의 편지가
  지금까지 발견되지 않고 있다.
*3) 구성(Konstitution) : 훗설의 구성이란 개념은 칸트의 Konstruktion 개념
  과는 그 의미 내용이 다르다. 이 두 개념을 다같이 우리말로 '구성'이
  라 한다. 여기에 번역의 어려움이 있다. 훗설의 Konstitution 개념은 그
  것이 현상학적인 의미로 사용될 때에는 "칸트에 있어서와 같이 무질서하
  게 주어진 감성적 잡다를 주관의 선험적 형식에 의하여 지식으로 구성하
  는 것이 아니라 이미 있었던 것을 표상할 수 있게 밝혀낸다는 뜻이다" (한
  전숙, 《훗설에 있어서 객관성》 참조). 따라서 칸트의 '구성'과의 혼동을
  피하기 위하여 자주 '규정'(規整)이라는 일본어 번역이 사용되기도 하였
  다. 그러나 '규정'이란 표현은 우리의 일상 언어 속에도 그리고 철학적 전
  문 언어에도 없는 것이어서 약간의 무리는 있으나, 이번 번역에는 옮긴
  이 주를 붙여서 '구성'이라 하여 보았다. 더 좋은 번역이 훗설 연구가들
  에게 의하여 발견되기 바란다. 이를 위하여 그의 Konstitution 개념을 참
  고로 설명하면 다음과 같다. 그는 1902년 1월 25일 미국인 제자에게 보
  낸 편지에서 "어떤 작용에 의하여 대상이 구성된다고 하는 이 표현은 항
  상 대상을 표상하는 작용을 뜻하고 있다. 따라서 본래적인 의미의 구성
  은 아니다"라고 쓰고 있다. 이에 의거하여 비이멜은 "구성이란… 이미 현

세히 논하는 것은 포기해야겠다.)

　현상학적 환원은*⁴⁾ 선험적 고찰 방법에로의 **접근**을 형성시켜 주고 '의

존하고 있는 것이 주관으로 인하여 재확립되는 것"이라 정의한다. 요컨
대 훗설의 구성은 순수 주관성이 선험적 의식의 상관자인 지향적 대상에
의미를 부여함이다. 따라서 이는 심리적 의미의 산출은 아니다. 이미 승
인되어 있으나 아직 그 근거가 밝혀지지 않은 타당성을 밝혀내는 것이라
하여도 크게 잘못은 없겠다. 그리하여 칸트의 구성이 종합에 관계한다면
훗설의 구성은 분석이나 기술에 관계한다.
　훗설은 칸트나 신칸트 학파의 뜻으로 구성을 말할 때에는 Konstruktion
을 쓰고 현상학적 구성의 뜻으로는 Konstitution 을 사용한다고 한다. 칸
트는 Konstitution 을 《도덕의 형이상학》 (*Metaphysik der Sitten*) 등에서
헌법의 뜻으로 사용하고 있다.
　이 개념은 훗설의 선험적 현상학(소위 후기 현상학) 전체에 관련된 개
념이라서 위와 같이 간단히 설명되어 완결할 수는 물론 없다. 이와 관련
지어 제기되는 문제만 살피면, 세계의 구성 문제에서 '현상학적 구성'과
논리 실증주의자들의 '논리적 구성'의 비교는 어떤 면에서 이 두 학파의
기본적 차이를 알아볼 수 있는 관건이 된다. 타자의 구성 문제를 중심으
로 해서는 상호 주관성의 문제가 제기되어 훗설의 지적 현상학과 그 이
후의 실존적 현상학과의 차이 내지 그들이 왜 훗설과 결별하게 되는가를
알아볼 수 있게 된다.
＊4) 현상학적 환원 : 현상학이 갖고 있는 특수한 방법. 현상학의 대상인 현
상을 탐구하기 위한 방법이다. 이런 특수한 방법이 필요한 것은 우리가
일상적인 생활의 관습에 따라서 모든 것을 인정하고 사유하기 때문이며,
이런 관습(Habitus)을 전제로 한 '자연적 태도'(자연적 입장)가 모든 객
관적 학문의 전제로 남아 있기 때문이다. 따라서 현상학이 탐구하는 현
상은 우리의 체험 속에 있는 본질이다. 즉 순수 현상, 환원된 현상이다.
이 환원된 현상을 발견하기 위해서는 일정한 태도 변경이 필요하다. 이
태도 변경을 위한 것이 현상학적 환원이고, 이 환원에는 일정한 단계가
있다. 이 현상학적 환원의 특성을 설명하여 그것을 판단 중지(Epoché)
라고도 한다. 판단 중지는 자연적 태도(입장)에서 인정된 일체의 대상의
존재를 부정하지도 긍정하지도 않고, 단지 그 타당성을 '괄호로 묶고' 이
것을 '작용 밖에 설정'하여 '배제한다'는 것, 모든 판단을 중지함을 뜻한
다. 현상학적 환원은 형상적 환원(eidetische Reduktion)과 선험적 환원
(transzendentale Reduktion)으로 나누어진다. 이것이 좁은 의미의 현상
학적 환원이다. 그러므로 형상적 환원에 의하여 실제적인 대상의 본질이
직접적으로 구체적으로 직관된다. 이른바 본질 직관으로서 여기서 실제
적 대상을 초월적으로 이해하는 자연적 태도가 배제된다. 그 후 본질 직

식'에로의 귀환을 가능하게 한다. 의식에로의 귀환에서 우리는 대상들
이 어떻게 구성되는가를 본다. 왜냐하면 그의 사상의 중심에 있어서 의
식 내의 대상 구성 문제가, 또는 훗설이 스스로 표현하듯이 "의식 내에로
의 존재의 해소"(die Auflösung des Seins in Bewußtsein)가 선험적 관념론을
통하여 되돌아오기 때문이다.

훗설은 이 "5 개의 강의"에서 최초로 그의 후기 사상 전반을 결정지었
음에 틀림없는 이러한 사상을 공개적으로 발표하고 있다. 이 강의에서
그는 현상학적 환원을 명석하게 진술할 뿐만 아니라 의식 내에서의 대
상 구성이라는 근본적인 사상도 또한 명백하게 진술한다.

우리는 환원이라는 이념에로의 싹을 이미 1905 년 여름에 소위 제펠더
블레터에서도*5) 발견한다. 그러나 이 "5 개의 강의"와의 차이는 엄청나
다. 1905년에는 본래 확정되지 않아서 망설이는 탐색이 오히려 문제였
는데 반하여, 이 "5 개의 강의"에서는 이 사상이 그 모든 의미에 있어서
이미 공표되고, 구성이라는 본질적인 문제와의 관련이 또한 인지된다.

관(형상적 태도)에 의하여 포착된 대상의 본질은 선험적 환원의 환원을
통하여 의식의 내재적 본질로 환원된다. 이것이 현상학적 환원이다. 이
와 같은 현상학적 환원을 통하여 환원된 의식이 잔여로 남는다. 이 순수
의식에까지 도달하는 과정이, 특히 '이성 비판'이라는 인식론적 관심하에
서 서술된 것이 이 책의 주요한 내용이다.

그러나 현상학적 환원은 여전히 순수 의식을 잔여로 갖는다는 의미로
상호 주관적인 세계는 아직도 초월적이다. 그리하여 상호 주관적 환원
(intersubjektive Reduktion)이 필요하다는 주장이 생긴다.
*5) 제펠더 블레터(Seefelder Blätter) : 제펠트는 지로르 알프스 산중에 있는
휴양지의 이름이다. 1905년 훗설은 이 지방에서 후에 '뮌헨 학파'의 젊
은 현상학적 철학자가 되는 일군의 학생들과 연구회를 열었다. 이 초고
는 그 기회에 씌어진 것이며, 훗설 유고 부호로서는 A Ⅶ 25이다. 이 원
고에서도 환원의 사상과 의식에 있어서 대상 구성과의 관련이 논하여지
고 있다 한다. 그러나 환원의 이념과 선험적 견지가 뚜렷이 표현된 것은
이 책 《현상학의 이념》이다. 원래 뮌헨 현상학파는 립스의 지도하에서 공
부하던 일군의 철학과 학생들로 이루어져 있었던 것이다. 이들은 립스의
심리주의를 비판한 훗설의 《논리 연구》에 결정적인 영향을 받고 현상학 연
구에로 관심을 돌린다. 1906 년에는 셸러(M. Scheller)도 이에 참가하여
영향을 미치고 있다.

훗설은 보존된 원고가 우리에게 보여주듯이 "5개의 강의"가 갖고 있는 근본 사상을 더 이상 포기하지 않았다. 그리고 우리는 이 원고 중에서 가장 중요한 것과 직접적인 연관을 갖고 있는 것만을 아래에 인용하고자 한다. 1907년 9월과 1908년 9월에 나온 원고 B Ⅱ 1, B Ⅱ 2와*6) 1909년에 행한 강의 "현상학의 이념과 그 방법"(Idee der Phänomenologie und ihrer Methode, F Ⅰ 17), 1910년과 1911년에 걸쳐서 이루어진 "확대된 환원에 관한 강의"(Vorlesung über erweiterte Reduktion, F Ⅰ 43), 1912년의 "현상학적 환원에 관한 강의"(Vorlesung über phänomenologische Reduktion, B Ⅱ 19)와 마지막으로 1909년의 것과 유사한 강의인 1915년에 나온 "정선(精選)된 현상학의 문제들"(Ausgewählte phänomenologische Probleme) 등이 인용된 원고이다. 이 원고들 중의 한 원고에서 훗설은 그의 새로운 입장에 관하여 《논리 연구》와 관련지어서 다음과 같이 서술하고 있다.

《논리 연구》는 현상학을 기술 심리학(deskriptive Psychologie) *7)으로서 타

---

*6) *2) 참조.
*7) 기술 심리학 : 브렌타노의 용어를 받아들인 것이다. 초기 단계에서 훗설은 현상학을 '기술 심리학'이라 부르려고 하였다. 그는 처음에는 그의 현상학을 철학적 분석 방법으로 발전시켰다. 이 방법의 목적은 그가 "의미 작용의 체험"이라 불렀던 것의 내적 구조를 제시하고 설명하는 일이었다.
　　이 과제에 열중하다가 훗설은 불가피하게 인식 일반의 문제에 더욱더 깊게 관계하게 된다. 이때 그는 분석의 범위를 확대시켜야 할 필요를 느꼈다. 논리적 범주와 동시에 인식론적 범주의 근원을 탐구할 필요를 절감했다. 이와 같은 관심의 확대는 어느 면에서 그의 처녀 저서 《산술의 철학》에 대한 프레게(G. Frege)의 비판에 힘입은 바가 크다고 하겠다. 그 결과로 그의 심리주의 비판이 이루어진다. 그리하여 자신의 탐구의 특징을 제시하기 위하여, 그리고 통상 심리학적 분석이라고 이해되는 것으로부터 자신의 탐구를 근본적으로 구별시키기 위하여 '현상학'이란 명칭을 택한다. 훗설의 기술 개념은 초기의 브렌타노적인 경험 심리학적인 기술에서 순수 현상학적 기술로 발전하여 가는 개념의 변형을 참작하여야 이해된다. 이는 그의 사상 발전 단계와도 연관된다.
　　원래 브렌타노는 심리학을 기술 심리학(심리 형태학)과 발생 심리학으

당하게 하였다(설령 인식론적 관심이 이 책에서 결정적인 것이긴 했어도).
그러나 이 기술 심리학은, 다시 말하자면 경험적 현상학으로서 이해된 기
술 심리학은 **선험적 현상학**과는 구별되어져야 한다. …

나의 《논리 연구》에서 기술 심리학적 현상학으로서 지칭되었던 것은 그러
나 체험의 실제적인 내실에 따른 단순한 영역에 관계한다. 체험은 체험을
하는 자아(erlebender Ich)의 체험이다. 그러한 한에 있어서 체험은 자연적
대상 물들과 경험적으로 관계한다. 그러나 인식론적으로 남아 있으려는 현
상학에 대해서, 즉 (선천적인) 인식의 본질론에 대해서는 경험적 관계는 배
제되어 있다. 그리하여 **선험적 현상학**이 성숙하기 시작한다. 하지만 그것은
이전에 이미 있었던 것이고, 《논리 연구》에서 단편적이긴 하나 논술되었던
것이다.

그러나 우리는 이 선험적 현상학에서 선천적 존재론이나 형식 논리, 형
식적 수학, 선천적 공간론으로서의 기하학, 선천적 시간 측정법과 운동론

로 구분한다. 전자는 심적 현상을 구성하는 기본적 요소를 기술하여 명
백히 하는 것이고, 그 기술의 내적 경험을 반성하는 것이다. 이로 인하
여 경험 심리학이라 불리우기도 한다. 발생 심리학은 경험적이지만, 다
분히 생리학적 성격을 가져서 심리 현상의 발생, 지속, 소실의 인과 법
칙을 구명하는 것이다. 훗설은 초기에는(《논리 연구》, 제 1 권의 초판 당
시인 1900) 아직 기술 심리학적인 '기술'과 그의 현상학적 '기술'의 차이
를 분명히 자각하고 있지 못하고 있었다 한다. (《논리 연구》, 제 1 권의
초판과 가끔 제 2 판에서도 경험적 심리학의 기술을 현상학적 기술이라 부
른다.) 그러나 1913 년(《논리 연구》, 제 2판)에는 분명하게 채택되어 이
용어상의 구별이 확실하게 된 것은 아니나, '심리학적 기술'과 '현상학적
기술'의 차이를 분명히 밝히고 있다. 심리학적 기술은 내적으로 경험된
체험 자체를 그것이 경험 속에 내실적으로 주어져 있는 그대로 기술하여
분석하는—딜타이의 용어와 동일하다—것이고, 이에 반하여 '현상학적
기술'은 이와 같은 사실적 기술이 아니라, 실제적인 것을 모두 배제한 후
의 전적으로 관념적인 것의 기술이다. 그렇다고는 하나 이 두 입장의 차
이가 전적으로 1913 년경, 즉 그의 괴팅겐 시절에 형성된 것은 아닌 것
같다. 이미 1903 년에도 아직 확정된 것은 아니나, 분명히 다음과 같이
쓰고 있다. "현상학을 그대로 기술 심리학이라고 할 수 없다. … 현상학의
기술은 개인의 경험적 체험이나 체험 분류에 관계되는 것은 아니다. … 현
상학적 기술은 극히 엄밀한 뜻으로 '주어진 것'을 … 그리고 '주어진 것 자
체의 진정한 모습을' 바라보는 것이다."

또는 모든 종류(사물, 변화 등등)의 선천적·실제적 존재론과 연관되어 있
는 어떤 일을 하려는 것은 아니다.

선험적 현상학은 **구성하는 의식의** 현상학이며, 따라서 (어떤 의식이 아닌
대상들과 관계하는) 객관적 공리도 그 속에 속하지 않는다. …

인식론적 관심, 즉 선험적 관심은 객관적 존재와 객관적 존재에 대한 진
리의 정립에 관계하지 않는다. 따라서 객관적 학문에 관계하지 않는다. 객
관적인 것은 바로 객관적 학문에 예속한다. 그리고 객관적 학문에 있어 완
벽함이 결여된 것을 성취하는 것은 선험적 현상학의, 그리고 단지 선험적
현상학만의 일이다. 선험적 관심, 즉 **선험적 현상학의** 관심은 오히려 의식
그 자체에 관계하며, 그것은 단지 **현상에** 관계할 뿐이다. 다시 말하자면 다
음과 같은 이중 의미에서의 현상에 관계한다. 1) 객관성이 *8) 그 안에서 나
타나는 그런 현상(Erscheinung)이라는 의미에서, 2) 객관성이 현상 속에 나
타나는 한에 있어서만 고찰되어진, 다시 말하자면 모든 경험적 정립
(empirische Setzung)을 배제한 후의 '선험적'으로 고찰되어진 객관성이라는
의미의 현상이라는 뜻에서…

---

*8) 객관성 : Objektität 의 번역어이다. 보통은 Objektivität 로 사용하는데,
   여기서 번역한 책에는 Objektität로 되어 있다. 그러나 이는 인쇄상의 오
   식이 아니라 훗설 스스로가 직접 사용한 개념이다. Objektivität 와의 의
   미상의 차이는 없는 듯하나 아직은 잘 모르겠다. 단지 이 말이 추상적으
   로 사용될 때에는 '객관성', 구체적으로 사용될 때에는 '객관'이라 한다.
   케언즈(D. Cairns)의 《훗설 번역 지침》(*Guide for Translating Husserl*)을 보
   면 Objektität 를 objectiveness 와 object 의 두 경우로 옮기고 있다. 이
   에 대비하여 Objektivität 는 objectivity 와 that which is objective 의 두
   경우로 영역한다. 따라서 영어 사용에 있어 objectiveness 와 objectivity
   사이에 분명히 의도된 차이가 있다면, 이 두 개념(Objektität 와
   Objektivität)의 의미상의 차이를 알 수 있으리라. 그러나 훗설에 있어서
   더 중요한 구별은 Objekt 와 Gegenstand 의 차이를 알아보는 일이다. 영
   어에서는 모두 object 로 번역된다. 이 책에서는 Objekt 는 객관,
   Gegenstand 는 대상으로 구별하여 사용하였다.
      그러나 훗설의 개념 혼용은 유명하듯이, 이 경우도 그의 저서에서 항
   상 이와 같이 구별되어지는 것은 아니다. 단지 일반적으로만 이야기한다
   면, 객관성(Objektität, Objektivität)은 보편 타당성을 뜻하는 경우가 있
   고, 대상성(Gegenständlichkeit)은 인식 주관에 대하여 존재하는 대상의
   성격을 뜻하는 경우가 있다는 것을 부언하여 둔다.

진정한 존재와 인식간의 이러한 관계를 명백히 하고, 그리하여 작용(의식) 과 의미와 대상간의 상호 관계를 탐구하는 것이 선험적 현상학(또는 선험 철학)의 과제이다(원고 B Ⅱ 1, B Ⅰ 25 a 이하에서 인용).

이 원고가 바로 "5개의 강의"와 똑같이 1907년에 씌어진 것이므로, 훗설이 "순수 현상학의 이념들"(Ideen zu einer reinen Phänomenologie, 1913)을 통하여 비로소 관념론으로 이행하였다는 주장은 따라서 수정되어야 할 것이다.

이 "5개의 강의"는 1907년 여름 방학 동안에 행한 주(週) 4시간에 걸친 강의 "사물론"(Dingvorlesung)에 대한 서론으로서 수록된 것이다. "사물론"은 "현상학과 이성 비판의 주요 부분"(Hauptstücke aus der Phänomenologie und Kritik der Vernunft)이라는 일련의 연속 강의에 속하는 것이고, 이 강의에서 훗설은 '이성 비판'이 갖는 '일반적인 과제'를 완전히 해명하려고 시도하고 있다. 그는 이 "사물론" 강의 자체를 하나의 위대한 시도라고, 다시 말하자면 "사물성과 특히 공간성의 현상학의 시도"라고 부르고 있다(X x 5, 24 면). 이 "5개의 강의"에 있어 근본적인 목적을 이루는 사상은 바로 "대상들의 모든 기본적 종류에는 현상학이 탐구해야 할 특수한 구성의 문제가 속해 있다"는 구성 사상이기 때문에 훗설이 말하자면 이와 같은 구성적인 탐구의 수행으로서 사물 구성에 관한 강의를 부연한 것은 별로 이상할 것이 없겠다.

그러나 제자들은 이 사물에 관한 강의의 의미를 파악하였던 것 같지는 않다. 왜냐하면 훗설은 1908년 3월 6일에 아래와 같은 기록을 써 놓고 있기 때문이다. "그것은 하나의 새로운 시작이었으나 유감스럽게도 나의 제자들에게는 내가 바랬던 것같이 이해되지도, 받아들여지지도 않았다. 또한 어려움들이 너무 커서 당장 이 어려움을 극복할 수는 없었다"(X x 5, 24 면).

*   *   *

이 텍스트를 훗설 전집의 제2권으로 출판하게끔 제안한 것은 프란체
스코회 회원이며, "훗설 아르키브"(Husserl-Archiv)의 주간인 반 브레다
교수에 의해서이다. 이 지면을 통해 그의 친절한 응대와 충고에 대하여
감사를 드린다. 또한 카우프만(F. Kaufmann) 교수와 겔버(L. Gelber) 여
사와 나의 아내 그리고 슈트라서(S. Strasser) 교수에게도 감사하는 바이
다.

1947년 9월, 루뱅
발터 비멜

제 2 판의 출간에 즈음하여

　제 2 판은 본래의 내용에서 변한 것이 없이 출판되었다. 단지 인명 색인이 첨부되었고 혼란을 일으키는 오식은 제거되었다. 훗설 전집으로 후에 출판될 책에서 《논리 연구》에서부터 《이념들》에로의 발전을 밝혀 줄 것이 틀림없는 더 많은 원고들의 계속적인 출간이 예견된다. 이 출간될 텍스트가 이번의 다섯 개의 강의가 갖는 중요한 위치를 더욱 분명히 밝혀 줄 것이다.

　이 자리를 빌어 "훗설 아르키브"의 작업을 쾰른 대학에게 요구한 노르트라인 베스트팔렌 주(州) 연구 위원회에 정식으로 감사를 표하는 바이다.

1958 년 2 월, 쾰른

발터 비멜

강의의 사고 진행 과정

자연적 사고는 일상 생활에 있어서나 학문에 있어서 인식 가능성이 갖는 어려움에 관하여는 무관심한 사고이며, 철학적 사고는 인식 가능성의 문제들에 대하여 갖고 있는 입장에 따라 규정되는 사고이다.

사실 자체[*1]에 맞아떨어지는 인식(treffende Erkenntnis)의 가능성에 관한 반성이 부딪히는 어려움은 다음의 것들과 관련된다. 즉 어떻게 인식

[*1] 사실 자체(Sach selbst) : 현상학의 모토로서 '사실 자체로'(zu den Sachen selbst)란 표현이 자주 사용된다. 이때 Sache란 외적인 경험적 사실이 아니라 소위 '현상'이다(한전숙, 《훗설에 있어서 객관성》, 194면 참조). 따라서 현상학적 현상으로 육박하자는 것이다. 그러나 Sache라는 개념이 이런 의미로만 사용되는 것은 아니다. 실제에 있어서 "사실 자체로!"란 표현은 훗설 스스로가 사용한 것이 아니라 하이데거(M. Heidegger)가 편집한 훗설의 《엄밀한 학으로서의 철학》, 305면에서 만들어 낸 것이라고 라이너(H. Reiner)는 주장한다(같은 책, 194면 참조). Sache는 실제적, 경험적 사실을 의미하는 경우도 있고, 이제 말한 보편적 본질을 의미하는 경우도 있어서 훗설의 개념 사용의 애매성이 여기에도 나타난다. 이런 점이 훗설 연구가에게 큰 어려움이 된다는 것은 주지의 사실이다. 그리하여 Sache는 사실, 사상(事象), 사물 등으로 번역된다. 여기에서는 후자의 경우 사실로 하고 전자의 경우 사물로 번역하였다. 그러나 이런 구별은 재고할 필요가 있을 듯하다. 요컨대 그때그때의 문맥에 준하여 번역할 것이나 실제로는 그 구별이 모호한 때가 있다.

은 그것이 그 자체로 존재하는 사실과 일치함을 확신할 수 있게 되며, 이 사실들과 '맞아떨어질' 수 있는 것일까? 사실 그 자체는 우리의 사고 작용(Denkbewegung)과 이 작용을 지배하는 논리적 법칙에 관하여 어떤 관계를 갖는가? 그들은 우리의 사고 법칙이고 심리학적 법칙이다 — 생물학주의, 적응 법칙으로서의 심리학적 법칙.

불합리한 것(Widersinn)은 사람들이 인식에 관하여 자연적으로 반성을 하고 인식을 인식 작용과 함께 학문의 자연적인 사고 체계 속에 배열시키면서 우선 마음에 드는 이론에 도달한다. 그러나 이 이론은 항상 모순이나 불합리한 것으로 끝난다—명백한 회의주의에로의 경향.

이러한 문제들에 대한 학문적인 입장을 취하려는 이 시도는 이미 인식 이론이라 불리워질 수 있겠다. 어쨌든 이때 제기되는 어려움을 해결하고 인식의 본질과 인식 작용의 가능성에 대한 최종적이고 명석한, 따라서 그 자체 내에서 일관성있는 통찰을 우리에게 제공하여 주는 학문으로서의 인식 이론의 이념이 싹트기 시작하는 것이다 — 이런 의미에 있어서의 인식 비판은 형이상학의 가능성에 대한 조건이다.

인식 비판의 **방법**은 현상학적 방법이고, 현상학은 인식의 본질에 관한 학문이 그 속에 편입되어 있는 보편적인 본질학이다.

이것은 어떤 종류의 방법인가? 만일 인식 일반이 그들의 의미나 그들의 작용에 따라서 문제시된다면, 인식에 관한 학문은 어떻게 이루어질 수 있을까? 이때에 어떤 방법이 이 목적을 성취할 수 있을까?

1. 현상학적 고찰 : 첫째 단계

(1) 우선 첫째로 우리는 그와 같은 학문이 도대체 가능한지를 의심하게 된다. 만일 이런 학문이 모든 인식을 문제시한다면 출발점으로서 선정된 모든 인식도 인식으로서 함께 문제시될 것이므로, 그때 이 학문은 어떻게 시작할 수 있을까?

하지만 이것은 단순히 표면상의 어려움일 뿐이다. 인식은 그것이 '문제시된다'고 해서 **부인되는** 것은 아니며, 모든 의미에 있어 의심스러운 것으로 제기되지도 않는다. 문제는 인식에 무리하게 요구되는 특정한 과업에 관한 것이다. 이때 앞서 제시하였던 어려움들이 모든 가능한 인식 유형에 관련되는지의 여부가 여전히 해결되지 않은 채로 남는다. 어떤 경우이든 인식 이론이 인식 가능성을 탐구하려 한다면, 그것은 그 자체로 의심할 여지가 없는 인식 가능성에 관한 인식을 가져야 한다. 다시 말하자면 (대상과 인식이) 맞아떨어짐*2)을 갖고 있는 가장 정당한 의미에 있어서의 인식을 가져야 하며, 그것들의 맞아떨어짐이 절대로 의심할 여지가 없는 '그들' 자신의 인식 가능성에 관한 인식을 가져야 한다. 만일 인식의 (대상과) 맞아떨어짐이 어떻게 가능할까 하는 점이 불분명하고 의심스럽다면, 그리고 만일 우리가 그와 같은 것이 가능한지에 관하여 의심하는 경향이 있다면, 우리는 우선 그들의 인식 대상과 실제로 맞아들어가는 인식이나 또는 의심할 여지없이 맞아들어갈 가능성이 있는 인식의 경우들을 주목해야 한다. 우리는 처음부터 어떤 인식도 인식으로서 수긍해서는 안 된다. 그렇지 않으면 우리는 아무런 가능한, 즉 의미있는 목표를 갖지 못할 것이다.

이때 **데카르트**의 **방법적 회의**가 출발점을 제공해 준다. 체험을 하는 동안에는 그리고 체험에 대한 소박한 반성 속에는 체험하는 존재자, 즉 cogitatio*3)의 존재는 의심할 여지가 없다. 직관하면서 직접적으로 파악

---

*2) 맞아떨어짐은 Triftigkeit와 treffen을 번역한 말이다. 이성 비판을 주목적으로 하는 이 책에서는 결국 궁극적으로 '인식'의 문제가 요체이다. treffen이나 Triftigkeit는 인식 형성의 본질적 구조를 알려 주는 용어이다. 즉 인식과 그 대상과의 관계를 나타내 주는 술어이다. 적당한 말이 생각나지 않아서 궁리 끝에 순수한 우리말로 풀어 보았다. 훗설은 "객관적으로 타당한 인식, 즉 한편에서는 인식 작용으로서의 **주관적**이면서 다른 한편에서는 **객관적** 존재에, 다시 말하면 주관성에 의존하지 않는 존재 자체에 treffen하는 인식 …" 또는 "모든 사고와 인식의 움직임은 대상과 사태를 향하여 그들에 treffen 한다고 말할 수 있다"라고 이야기하고 있다. 이 점에서 우리는 하르트만(N. Hartmann)의 zutreffen이나 하이데거의 das Sichmeiden이라는 개념을(그들의 인식에 관한 이론을 중심으로) 비교하여 알아봄이 유익하겠다.
*3) 이는 이따금 영역본에서는 'pure thinking'(순수한 사고)이라 하는 모양인데, 원어를 그대로 살리는 것이 초보적 철학 지식만을 갖고 있어도 이

함과 cogitatio 를 갖는 행위는 이미 인식 행위이다. cogitationes 는 최초의 절대적인 소여성(所與性)*4)이다

(2) 이 점에 **최초의 인식 이론적 반성**이 당연히 연결된다.

이런 경우에 있어서 더 이상 의심할 수 없음을(Unfraglichkeit) 무엇이 규정하며, 이 의심할 수 없음에 반하여 가짜 인식의 경우에 있어 애매성은 또 무엇이 규정하는가? 왜 어떤 특정한 경우에는 회의주의에로의 경향이 일어나며, 어떻게 존재가 인식 속에서 만나질 수 있는가라는 회의의 물음이 제기된다. 그리고 이러한 회의와 어려움은 cogitationes에서는 왜 일어나지 않는가?

사람들은 우선—이것이 가장 손쉬운 대답인데—**내재성**(Immanenz)과 **초월성**(Transzendenz)이라는 한 쌍의 개념 또는 한 쌍의 말로써 대답한다. cogitatio 의 직관하는 인식은 내재적이고, 객관적 과학의 인식, 즉 자연 과학과 정신 과학의 인식은 초월적이다. 그러나 좀더 자세히 살펴보면, 수학적인 과학의 인식 또한 초월적이다. 객관적 과학에는 **초월성에 관한 의구심**이 있다. 즉 인식은 어떻게 자기 자신을 넘어설 수 있는가, 그리하여 어떻게 의식 영역 내에서는 발견되지 않는 존재를 만날 수 있는가라는 물음이 이에 속한다. 이러한 어려움은 cogitatio 의 직관하는 인식에서는 사라진다.

(3) 다음으로 사람들은 내재적인 것을 내실적 내재성(reelle Immanenz)*5)으로, 심지어 심리학적으로는 **실제적 내재성**(reale Immanenz)

해하기 쉬울 듯하고 최소한 오해는 피할 수 있을 것 같아 그대로 두었다. 이 개념은 말할 것도 없이 데카르트에서 온 것이다.

*4) 소여성은 Gegebenheit를 번역한 말이다. 경우에 따라서 번역을 달리하였다. 일반적으로 명사로 사용되었을 때는 소여성이라 하였다. 그러나 예를 들자면 Selbstgegebenheit 는 '자기 소여성'이라고도 하고 또는 "그 자체로 주어진 것"이라 풀어 쓰기도 하였다. 술어적인 의미로 이해될 때에는 가능한 한 풀어서 썼다. 영역본에서는 Data 로 통일하여 쓴 듯하다.

*5) 내실적 내재성(reelle Immanenz) : reell은 real과는 다르다. real은 ideal과 대립되는 특정한 공간적·시간적 규정을 가진 개체적인 것 일반의 성격을 뜻한다. 이에 반하여 reell은 지향적(intentional) 개념에 대립하는 뜻으로 사용된다. 내실적 내재성은 감각 여건을 말하는 것이다. 현

으로 해석하는 경향이 있고 이런 해석을 당연한 것으로 간주한다. 즉 인
식 대상 역시 하나의 실제적 현실로서의 인식 체험 속에, 이 체험은 하나
의 실제적인 현실성으로서의 인식 체험인데, 또는 체험이 속해 있는 자
아 의식 속에 있다고 해석하는 경향이 있다. 인식 행위가 동일한 의식과
동일한 실제적 현재 속에서 그의 대상을 발견하고 만날 수 있다는 것은
자명한 것으로 취급된다. 이런 시점에서 초보자들은 내재적인 것은 나의
내부에 있고, 초월적인 것은 나의 외부에 있다고 이야기할 것이다.

  그러나 좀더 자세히 살펴보면, **내실적 내재성과 명증성 속에서 자신을 구**
성하는 자기 소여성이라는 의미의 내재성은 구별된다. 내실적으로 내재적인
것은 의심할 수 없는 것으로서 타당하다. 그 이유는 바로 그것이 어떤
다른 것도 나타내지 않으며, 자기 자신 밖에 있는 어떤 것도 '지적하지'
않기 때문이다. 즉 이때에 의미되는 것은 역시 완벽하게 충전적(adäquat)
으로 자기 소여적이기 때문이다. 내실적 내재성 이외의 어떤 다른 자기
소여성도 아직은 시야에 등장하지 않는다.

  (4) 따라서 당분간은 어떤 구별*6)도 이루어지지 않는다. 그리하여 명
석성의 첫번째 단계는 다음과 같다. 내실적으로 내재적인 것, 다시 말
하자면 여기에서는 동일한 것을 의미하는데, 충전적으로 자기 소여적인
것은 아무런 의심의 여지가 없다. 나는 이것을 이용하려고 한다. 초월
적인 것(내실적으로 내재적이 아닌 것)은 이용해서는 안 된다. 그렇기
때문에 나는 **현상학적 환원을, 즉 모든 초월적 정립의 배제를 수행해야 한다.**

  왜 그러한가? 만일 인식이 초월적인 것을, 즉 그 자체로 주어진 것
(자기 소여적인 것)이 아니라 "자기 밖에 있는 것으로서 생각된 것"
(Hinausgemeintes)을 어떻게 만날 수 있는가 하는 것이 나에게 불분명하
다면, 분명히 초월적인 인식과 초월적 학문의 어떤 것도 명석성을 위하

상학에 있어서는 감각이란 뜻으로의 내용과 지각의 대상이란 의미의 내
용(지향적 내용)이 구별된다. 또 지향적 내용은 다시 작용의 지향적 대
상(대상 자체와는 다르다)과 그 지향적 질료의 지향적 본질로 구분된다.
reall은 영역본에서는 genuine으로 되어 있다. 내실적(reell)이라는 것은
따라서 의식 작용에 내재하는 것을 뜻한다.
*6) 내재성의 종류에 대한 구별.

여 나를 도와줄 수는 없다. 내가 추구하고자 하는 것은 **명석성**이다. 즉 나는 이(인식과 대상의) 만남의 **가능성**을 이해하고자 한다. 그러나 이 일의 의미를 숙고해 보면, 내가 원하는 것은 이 만남의 가능성의 본질을 분명하게 대면하고, 그것을 직접 눈으로 보면서 소여성으로 가져오려는 것이다. 눈으로 봄(Schauen)은 증명될 수 없다. 즉 보기를 원하는 맹인이 과학적(학문적) 증명을 통하여 그 일을 성취할 수는 없다. 다시 말해 물리학적·생리학적 색채 이론은 눈뜬 사람이 갖고 있는 바와 같이 색채 의미에 관한 직관적 명석성을 밝혀 주지 못한다. 따라서 이러한 것을 숙고해 볼 때 분명해지듯이, 만일 인식 비판이 계속해서 오로지 모든 종류의 인식과 인식 형태를 명백히 하려는 학문이라면, 그것은 어떤 종류의 **자연적 입장의 학문도 이용할 수 없다.** 인식 비판은 그것들의 (자연 과학적) 성과나 그것들의 존재 확인과는 아무런 연관도 없다. 이들은 인식 비판에 대하여 의문으로 남는다. 모든 학문은 이 인식 비판에 대하여 단순한 **학문 현상**(Wissenschaftsphänomen)에 불과하다. 그와 같이 연관시키는 모든 것은 결함이 있는 기초 이동(metabasis) *7)을 의미한다. 이것은 또한 잘못된, 그러나 매우 명백한 문제들의 **전위**(Ploblemver-schiebung)를 통하여, 즉 인식을 자연적 사실로서 설명하는 심리적·자연 과학적 설명과 인식을 인식 과제를 수행하는 본질 가능성에 따라 밝히려는 입장 사이의 전위를 통하여 성립한다. 따라서 전위를 피하고, 이 가능성에 관한 문제의 의미를 항상 기억하고 있기 위해서는 **현상학적 환원**이 필요하게 된다.

현상학적 환원은 다음과 같은 것을 뜻한다. 모든 초월적인 것(나에게 내재적으로 주어지지 않은 것)은 제로(零)의 지수표(指數標)로 지정된다는 것을, 즉 그것의 존재, 그것의 타당성은 그것 자체로 인정되는 것이

---

*7) μεταβασις 를 번역한 말이다. 기초(βασις)를 옮긴다(μετα)는 뜻이나 훗설에 있어서는 다른 유(類)로의 이행을 뜻한다. 이 개념을 통하여 훗설은 학문의 분야(또는 개념의 분야)를 혼동함으로써 이질적인 것을 혼동하는 위험을 지적한다. 그리하여 각 학문의 정의와 한계를 엄밀하게 규정할 필요성을 강조하는 것이다.

아니라 기껏해야 **타당성의 현상**(Geltungsphänomen)으로서 정립된다는 것을 의미한다. 나는 모든 과학을 단지 현상으로서 처리할 수 있을 뿐이다. 다시 말하자면 타당한 진리 체계나 전제로서, 심지어는 나에게 인식 비판의 단초로서 사용될 수 있는 진리의 가정으로서도 처리할 수 없다는 것이다. 예를 들면 모든 심리학이나 모든 자연 과학이 그렇다. 한편 **원리의 본래적인 의미는** 지금 인식 비판에서 문제시되는 사실에 머물러야 하며, 지금 **여기에서** 제시된 문제들을 전혀 다른 문제들과 혼동해서는 안 된다는 끊임없는 요청이다. 인식 가능성에 관한 해명은 객관적 과학의 도정(道程)에 있는 것은 아니다. *⁸⁾ 인식을 명증적 자기 소여성으로 가져오고, 그 속에서 그들의 작업의 본질을 직관하려는 것은 연역하거나 귀납하거나 산출하려는 것 등을 의미하지 않으며, 이미 주어진, 또는 타당한 것으로서 주어진 사실로부터 정당한 근거를 갖고 새로운 사실을 유도함을 뜻하지 않는다.

2. 현상학적 고찰 : 둘째 단계

현상학적 탐구와 이 문제의 본질을 더 높은 단계의 명석성으로 가져오기 위해서 이제 **고찰의 새로운 층이** 필요하다.

(1) 첫째, 데카르트의 cogitatio도 벌써 현상학적 환원을 필요로 한다. 심리학적 통각(統覺)과 객관화에 있어서 심리학적 현상은 실제로는 절대적 소여성이 아니라 오로지 **순수 현상만이**, 즉 환원된 현상만이 절대적 소여성이다. 체험하는 자아나 대상이나 세계 시간 내에 있는 인간, 여러 가지 사물들 중에 있는 사물 등은 절대적 소여성이 아니다. 따라서 그의 (자아) 체험으로서의 체험도 또한 절대적 소여성은 아니다. 우리는 심리학의 기반을, 심지어는 기술 심리학의 기반까지도 완전히 떠나는 것이다. 그렇게 함으로써 근원적으로 주도적인 물음이 **환원된다.** 즉 내가, 이 인간이 나 자신의 체험의 내부에서, 가령 나의 외부에 있다고 하는

---

*8) W.P. Alston과 G. Nakhnikian이 영역한 *The Idea of Phenomenology*에 의하면, 이 문장은 다음과 같이 옮겨져 있다. "인식이 그 안에서 가능한 길(ways)의 해명은 객관적 과학의 길에 의존하지 않는다."

존재 자체와 그러한 것들을 어떻게 만날 수 있는가 하는 물음이 아니라,
이러한 본래부터 다의적이고 그들의 초월적 부담에 문의하여 애매하게
된 복잡한 문제 대신에 이제는 다음과 같은 **순수한 기본 문제**가 등장한다.
즉 순수한 인식 현상이 그에게 내재적이 아닌 것을 어떻게 만날 수 있
는가? 그리고 인식의 절대적인 자기 소여성이 자기 소여적이 아닌 것
을 어떻게 만날 수 있으며, 이 만남을 어떻게 이해해야 할 것인가?

이와 동시에 **내실적 내재성**의 개념도 환원되어서, 그것은 더 이상 실
제적 내재성으로서 인간 의식 내에 있는, 그리고 실제적인 심리적 현상
속에 있는 내재성을 의미하지 않는다.

(2) 만일 우리가 직관되어진 현상을 갖고 있다면, 우리가 마치 현상학
을, 이러한 현상들에 관한 학문을 벌써 갖고 있는 듯이 보인다.

그러나 실제로 거기에 착수하자마자 곧 우리는 몇 가지 어려움이 있
음을 알게 된다. 즉 절대적 현상들의 영역은—이런 현상들을 개별적으
로 취한다고 해서—우리의 의도를 만족시키기에 충분치 않은 것 같다.
개별적 직관이 우리에게 cogitationes를 아무리 확실하게 자기 소여성으
로 가져온다 할지라도 도대체 이 개개의 것을 직관함이 우리에게 무엇
을 수행해 주어야 하는가? 이런 직관의 기초 위에서 논리적 조작을 하
게 되어 비교하고, 구별하여, 개념들 밑으로 이끌어들여 (어떤 것을) 자
세히 진술할 수 있다는 것이 우선은 자명한 듯하다. 그러나 후에 나타
나는 바와 같이 그 뒷면에는 새로운 객관성이 대기하고 있는 것이다. 그
러나 이 자명성을 당연한 것으로 인정하고 더 이상 숙고하지 않는다면,
우리가 여기서 필요로 하는 방식의 보편 타당한 확정이 어떻게 해서 이
루어져야 하는가는 알려지지 않는다.

그러나 계속해서 우리를 도와주는 것이 있다. 즉 **이념화하는 추상**
(ideierende Abstraktion)이 그것이다. 이 이념화하는 추상은 우리에게 통
찰적 보편성과 종(種)과 본질을 주며, 그래서 아래와 같은 해결의 말
(erlösende Wort)*9)이 표현되는 듯하다. 즉 우리는 분명히 인식의 본질

---

*9) 앞의 영역판에 의하면 '해결의 말'은 redeeming idea로 옮겨져 있다.

에 관하여 눈으로 보는 듯한 명석성을 구하고 있다. 인식은 cogitationes
의 영역에 속해 있다. 따라서 우리는 직관을 통하여 인식의 보편적 대
상성을 보편성 의식으로 고양해야 하며, 그리하여 인식의 본질학이 가
능하게 된다.

우리는 이 과정을 **명석하고 판명한 지각**에 관한 데카르트의 고찰과 연
관시켜서 수행한다. cogitatio 가 실제로 '존재함'은 그들의 **절대적인 소
여성**을 통하여, 다시 말하자면 그들의 **순수한 명증성** 안에서의 소여성을
통하여 보장된다. 만약 우리가 순수한 명증성을 갖는다면, 즉 객관성을
직접적으로 그리고 그 자체로 순수하게 직관해서 파악한다면, 이때 우
리는 자기 소여성과 같은 권리와 불가의성(不可疑性)을 갖게 된다.

이 과정이 우리에게 절대적 소여성으로서의 새로운 객관성을, 즉 **본
질 객관성**을 결과적으로 밝혀 준다. 그리고 직관되어진 것의 근거 위에
있는 언표 안에서 자신을 표현하는 논리적 작용이 주의(注意)되지 않고
머물러 있기 때문에 **본질 언표**(Wesensaussagen)의, 말하자면 순수 직관
속에서 주어진 보편적인 사태들의 분야가 이제야 곧 나타난다. 따라서
(이 분야는) 우선은 개별적으로 주어진 보편적 소여성과 구별되지 않는
다.

(3) 이렇게 함으로써 우리는 이제 모든 것을 갖는 것인가? 우리는 이
렇게 함으로써 우리가 인식 비판을 하기 위하여 필요로 하는 것을 소유
토록 하는 완벽하게 규정된 현상학과 명백한 자명성을 갖는가? 그래서
우리는 해결되어야 하는 문제들에 관한 명백성을 갖는 것인가?

그렇지 않다. 우리가 수행한 과정은 우리를 계속하여 더 멀리 이끌어
간다. 우선 이 과정은 우리에게 **내실적 내재성**(또는 초월성)이 **내재성 일
반**이라는 더 넓은 개념의 한 특수한 경우일 뿐이라는 사실을 분명하게 해
준다. 그리하여 **절대적으로 소여된 것**과 **내실적으로 내재적인 것**은 더 이상
자명한 것이 아니며, 조사해 보지도 않고 같은 종류의 것으로 간주할 수
도 없다. 왜냐하면 보편적인 것은 절대적으로 주어진 것이고, 내실적으
로 내재적인 것은 아니기 때문이다. 보편적인 것의 **인식**은 개별적인 어
떤 것이며 의식의 흐름 속에 있는 그때그때의 계기이다. 그러나 이 의

식의 흐름 내에서 명증적으로 주어진 **보편적인 것 자체**는 개별적인 것이 아니라 바로 보편적인 것이며, 따라서 내실적이란 의미에 있어서는 초월적이다.

결과적으로 **현상학적 환원**이라는 개념은 더 상세하고 깊은 규정과 더 명백한 의미를 얻게 된다. 즉 이 환원은 내실적으로 초월적인 것(가령 심리학적-경험적 의미에서조차도)의 배제를 뜻하는 것이 아니라 실재하는 것으로 받아들여진 초월적인 것 일반의 배제를 뜻한다. 다시 말하자면 진정한 의미에 있어서 명증적으로 주어진 것이 아닌 모든 것의, 즉 순수 직관의 절대적인 소여성이 아닌 모든 것의 배제를 뜻한다. 그러나 우리가 이야기한 모든 것은 물론 그대로 존립한다. 다시 말하자면 과학적으로 귀납되거나 연역되며 가정, 사실, 공리로부터 유도된 타당성, 현실성 등은 제외된 채로 남아 있고 단지 '현상들'로서만 받아들여진다. 그리고 어떤 종류이든지간에 모든 '지식'이나 모든 '인식'에로의 귀환도 이와 동일하다. 이 탐구는 바로 **순수 직관** 내에 머물러 있어야 한다. 그러나 바로 그렇기 때문에 내실적으로 내재적인 것에만 집착해서는 안 된다. 이 탐구는 순수한 명증성의 영역 내에서의 탐구, 즉 본질 탐구이다. 우리는 또한 이전에 이 탐구의 분야는 **절대적 자기 소여성 내부에 있는 선천성**이라고 이야기하였다.

이와 같이 하여 이제 이 탐구의 분야는 다음과 같이 특징지울 수 있겠다. 즉 그것은 절대적 인식의 분야이다. 그리고 이 분야에 있어서는 자아도, 세계도, 신도, 수학적 다양성도, 그리고 어떤 종류의 과학적 객관성일지라도 모두 유보되는 절대적인 인식 분야이다. 따라서 절대적 인식은 그들의 객관성에 의존하지 않으며, 그것(인식)은 사람들이 이 절대적 인식에 관하여 회의주의자인가 아닌가에 관계없이 독자적인 타당성을 보존하고 있는 것이다. 따라서 이 모든 것들은 존립해 있다. 그러나 절대적 소여성의 의미를 파악함이, 즉 모든 중요한 회의를 배제한 소여 존재의 절대적 명석성을, 한마디로 표현하자면 **절대적으로 직관하여 자신을 파악하는 명증성의 파악**이 모든 것의 기초이다. 어느 정도까지는 데카르트의 방법적 회의의 역사적 의미가 이와 같은 모든 것의 발견에 놓여 있다. 그러나 데카르트에 있어서는 발견한 것과 포기된 것이 동일하다. 우리는 이 오래된 의도 속에 이미 내재하고 있었던 것을 순수하게 파악하여 그것을 일관성있게 전개시켰을 뿐이며, 명증성의 심리학주의적인 감정 해석에 대한 논의도 우리는 이 같은 맥락하에 수행하였다.

3. 현상학적 고찰 : 세째 단계

현상학의 의미와 현상학적 문제성에 관하여 더 명백하게 이해하기 위해서 이제 또다시 사유의 새로운 층이 필요하게 된다.

자기 소여성은 어느 범위까지 확장되는가? 자기 소여성은 cogitatio 의 소여성에서, 그리고 이 cogitatio 의 소여성을 보편적으로 파악하는 이념화에서 완결되는가? 이 자기 소여성이 도달하는 데까지 우리의 현상학적 영역, 절대적 명백성 그리고 진정한 의미에 있어서의 내재성의 영역도 '확장된다.'

이와 같이 하여 우리는 좀더 깊은 부분으로 이끌려 들어가게 되고, 이 좀더 깊은 부분 속에는 애매함이 도사리고 있으며, 이 애매함 속에 문제들이 놓여 있다.

우선은 모든 것이 단순한 것같이 보이고, 거의 우리에게 어려운 작업을 요구하지 않는 듯하다. 마치 내실적 내재성을 바로 문제의 초점인 것처럼 생각하여 내재성을 내실적 내재성으로서 이해하는 편견은 무시될 수도 있을지 모른다. 그렇지만 적어도 어떤 특정한 의미에 있어서 우리는 이 내실적 내재성에 집착한다. 우선 본질 고찰은 단지 cogitationes 에 내실적으로 내재하여 있는 것을 보편적으로 파악해야 하고, 본질 속에 근거하고 있는 관계들을 확립해야 할 것 같다. 따라서 이 일은 쉬운 일인 것같이 보인다. 우리는 반성을 하며, 우리 자신의 의식 작용을 돌이켜 보고 그들의 내실적 내용을 있는 그대로 타당한 것으로서 받아들인다. 그러나 이런 작용은 단지 현상학적 환원 아래에서만 이루어진다. 따라서 이 점만이 유일한 어려움인 것같이 보인다. 그리하여 직관된 것을 보편성 의식으로 고양시키는 일만이 남는 것은 당연하다.

그러나 만일 우리가 소여성을 좀더 자세히 살펴보면, 문제는 그렇게 쉽지 않다. 우선 우리는 단적인 소여성으로서의 cogitationes를 전혀 신비스러운 것으로 간주하지 않는데, 바로 이 cogitationes가 모든 종류의 초월적인 것을 포함한다는 어려움이 있다.

예를 들어서 만일 우리가 어느 하나의 음조의 체험 내부에서 현상학적 환원 후에도 역시 **나타남**(Erscheinung)과 **나타난 것**(Erscheinendes)이 어떻게 **대립**하고 있으며 순수한 **소여성** 내에서, 다시 말하자면 진정한 내재성 내에서 어떻게 대립하고 있는가를 자세하게 고찰해 보면, 우리는 놀라게 된다. 가령 음조는 지속된다. 이때 우리는 음조 및 그 시간 지속(Zeitstrecke)과 현재의 국면 및 과거의 국면들이라는 시간 국면들 사이에 이루어지는 명증적으로 주어진 통일을 가진다. 다른 면으로 다시 반성해 보면, 음조 지속의 현상을, 이것 자체가 벌써 시간적인 것인데, 그때그때의 현재 국면과 바로 지나간 시간 국면을 가진 음조 지속을 우리는 가진다. 그리하여 현상의 현재 국면만을 따로 끄집어 내어 보아도 그 속에 음조의 지금 자체는 단지 대상적으로 있는 것이 아니라, 그 음조 현재는 음조 지속 안에 있는 하나의 점에 불과하다.

이와 같은 암시는—더 자세한 분석은 후에 우리가 해야 하는 특수한 과제에 속하는 것인데—이미 우리로 하여금 아래와 같은 새로운 문제에 주의를 기울이게 하기에 충분하다. 즉 음조 지각의, 다시 말하자면 명증적이고 환원된 이 지각의 현상은 내재성 내에서 **나타남**과 **나타난 것**의 구별을 요구한다는 문제이다. 따라서 우리는 두 가지 절대적 소여성을, 즉 **나타남**의 소여성과 대상의 소여성을 갖고 있는 것이다. 그러나 대상은 이 내재성의 내부에 내실적 의미로 내재적인 것[1]은 아니다. 그것은 나타남의 한 부분이 아니다. 다시 말하자면 음조 지속의 지나간 국면은 지금도 여전히 대상적으로 있으나, 나타남의 지금의 시점 속에 내실적으로 포함되어 있는 것은 아니다. 따라서 우리가 보편성 의식에서 발견한 것, 이것은 내실적인 것 속에 포함되어 있지 않고, 도대체 cogitatio

---

1) 본래 훗설 원고에는 초월적(transzendent)으로 되어 있다.

로서 발견되지 않은 자기 소여성을 구성하는 의식인데, 그와 같은 것을 우리는 지각의 현상 속에서도 발견한다.

고찰의 가장 낮은 단계에서, 즉 소박한 입장에서 보면, 우선 명증성이란 마치 단순한 직관, 정신의 내용없는 일별(一瞥)이고 모든 곳에서 동일하며 그 자체 내에서 아무런 구별도 갖고 있지 않는 것처럼 나타난다. 직관은 바로 사물들을 본다. 사물들은 단순하게 저기에 있으며, 진정한 명증적 직관에 있어서 그것들은 의식 속에 있는 것이다. 그리하여 직관은 단적으로 사물들을 향하여 시선을 던지는 것이다. 또는 다른 의미의 비유를 사용하여 보면, 직관은 단순히 있는, 저기에 있는 어떤 것을 직접적으로 파악함이고 취하는 것이며 또는 지적하는 것이다. 따라서 모든 구별은 독자적으로 있고 자기 자신에 의하여 구별을 갖는 사물 속에 '있는' 것이다.

그러나 더 자세히 분석해 보면 사물을 직관함은 위에서 알아본 것과는 매우 다르다는 것이 나타난다. 설령 우리가 주의를 집중한다는 명칭하에 그 자체로 서술할 수 없고, 아무 구별도 없는 직관을 고수한다 하더라도 그렇다. 단순히 저기에 있고 단지 직관되어지기만 하면 되는 사물에 관하여 이야기한다는 것은 본래적으로 아무 의미를 갖지 못하는 것이고, 이 "단순하게 저기에 있다"는 것, 그것은 말하자면 지각, 상상, 기억, 서술 등과 같은 특별하고 가변적인 구조의 특정한 체험이라는 것이 밝혀진다. 그리고 체험 속에는 가령 주머니나 그릇 속에 담겨져 있는 것처럼 사물들이 들어 있는 것이 아니라, 내실적으로 그 안에서는 전혀 발견되지 않는 사물이 **구성된**다는 것이 밝혀진다. "사물이 주어져 있음"은 그러한 현상 내부에서 이러저러하게 자신을 **진술한다**(표상되어진다)는 것을 뜻한다. 그러고 난 후에는, 가령 사물들이 또다시 독자적으로 저기에 있는 것도 아니며, "의식 속에 그의 대표자를 집어 넣는" 것도 아니다. 그와 같은 일은 현상학적 환원의 영역 내에서는 생각될 수 없으며, 오히려 사물들은 있고 나타남 속에 있으며 나타남에 의거하여 스스로 주어진다. 이러한 개별적 현상(소여성 의식)에서 문제의 실마리를 찾지 않는 한, 사물은 실로 개체로서는 나타남과 분리될 수 있고 또 그렇게 인정받는다. 그러나 본질적으로, 즉 본질에 따르면 분리될 수 없는 것이다.

이와 같이 **인식 현상**과 **인식 대상** 사이의 이 놀라운 상호 관계는 모든 곳에서 나타난다. 이제 우리는 현상학의 과제 또는 이 과제의 분야와 탐구의 분야는 마치 단순히 직관만 하거나 단순하게 눈만 뜨고 있으면 되는 것 같은 그러한 사소한 일이 아니라는 사실을 알게 되었다. 최초의 그리고 가장 단순한 경우들에 있어서, 인식의 가장 낮은 형식에 있어서도 이미 순수한 분석과 본질 직관을 행하는 데에는 커다란 어려움들이 대치하고 있다. 이 상호 관계에 관하여 일반적으로 이야기하는 것은 쉬운 일이다. 그러나 인식 대상이 인식에 있어서 어떻게 **구성되는가** 하는 양태(樣態)를 분명하게 밝히는 일은 매우 어렵다. 그런데다가 이제 과제는 순수한 명증성이나 자기 소여성의 범위 안에서 모든 **소여성 형식과 모든 상호 관계를 추적하는** 일이며, 그리하여 이 모든 형식이나 상호 관계를 분명하게 분석하는 일이다. 그리고 이때 개별적인 작용들만이 고찰되는 것은 물론 아니며 작용의 복합, 작용의 정합과 부정합 연관들 그리고 이들과 관련하여 나타나는 목적론들도 고찰된다. 이런 연관들은 아무렇게나 뭉쳐진 덩어리가 아니라 독특하게 연관되어진, 어느 정도까지 서로 합치하는 통일이며 인식의 통일이다. 그리고 인식 통일로서의 이 통일은 또한 그들의 통일적인 대상의 상호 관련자를 갖고 있는 것이다. 따라서 그들 자신도 **인식 작용**에 함께 속해 있고, 그들의 유형은 인식 유형이고, 그들에 내재하는 형식은 사유 형식과 직관 형식들이다. (여기서의 이 말은 칸트적인 의미로 이해되어서는 안 된다.)

이제는 소여성들을 모든 변형에 있어서 단계적으로 추적하는 일이 남았다. 즉 본래적 소여성과 비본래적 소여성, 단적인 소여성과 종합적인 소여성, 말하자면 한번에 구성되는 소여성과 그들의 본질에 따라서 단지 단계적으로 구축되는 소여성, 그리고 절대적으로 타당한 소여성과 무한히 발전하는 인식 과정 속에 소여성과 타당성의 충만을 소유하고 있는 소여성을 하나씩 단계적으로 추적하는 일이 중요한 과제로 남는다.

이러한 방식으로 우리는 마침내 초월적이며 실제적인 대상이 어떻게 인식 작용에 있어서 그것이 최초에 생각되어진 그대로 맞아떨어지며(자연이 인식되며), 어떻게 이 생각의 의미가 계속해서 진행되는 인식 연관에 있어서 (이 연관이 단지 경험 대상의 구성에 속하는 적당한 형식들을 갖고 있는 한에 있어서) 점차적으로 충족되는가 하는 이해에 도달하게 된다. 그렇게 한 후에 우리는 경험 대상이 어떻게 계속해서 구성되며, 어떻게 구성의 이런 방식이 바로 경험 대상의 본질에 의거해서 이와 같은 단계적 구성이 요구되게끔 경험 대상에게 미리 정해져 있는가를 이해한다. *10)

　모든 학문에 대하여 결정적이고 모든 학문적 소여성에 대하여 구성적인 방법적 형식들은 이러한 과정에 놓여 있음이 분명하다. 따라서 학문이론의 해명과 모든 학문의 해명이 은연중에 이런 방식 위에 있는 것이다. 그러나 이는 물론 단지 은연중에 그럴 뿐이다. 다시 말해 이 거대한 해명 작업이 수행된다면, 인식 비판은 개별 과학에 대한 비판을 실행할 수 있는 능력을 갖게 될 것이며, 그렇게 함으로써 개별 과학을 형이상학적으로 평가할 수 있는 능력을 얻게 된다.

　말하자면 이것이 소여성의 문제들이고, **인식함에 있어서 모든 종류의 대상성에 대한 구성**의 문제들이다. 인식의 현상학은 아래와 같은 두 가지 의미에 있어서의 인식 현상에 관한 학문이다. 즉 이러저러한 대상성들이 그 속에서 수동적으로든 능동적으로든간에 자신을 나타내며, 인식되는 나타남, 진술, 의식 작용으로서의 인식에 관한 학(學)이고, 다른 면으로는 자신을 그렇게 나타내는 이 대상성 자체에 관한 학이다. 현상이라는 말은 **나타남**과 **나타난 것** 사이의 본질적인 상호 관계에 의거하여 이중 의미를 지닌다. 파이노메논($\phi\alpha\iota\nu\acute{o}\mu\epsilon\nu o\nu$)이라는 그리스어는 본래 나타난 것을 뜻한다. 그러나 그 중에서도 특히 나타남 자체를, 즉 주관적 현상을 표현하기 위하여 사용되었다(이 거칠고 심리학적으로 오해되기 쉬

---

　*10) 앞의 영역판에 의하면 이 문장은 다음과 같이 옮겨져 있다. "… 이렇게 구성되어지는 방식이 어떻게 미리 정해져 있는가를 이해한다. 우리는 그러한 점진적 구성이 바로 경험 대상의 본질에 의하여 요구된다는 것을 이해한다."

운 표현이 허용된다면).

반성을 함에 있어서는 이 cogitatio 가, 나타남 자체가 대상이 되고 이것이 애매함의 형성을 조장한다. 마지막으로, 이것은 한번 더 강조할 필요도 없는 것인데, 인식 대상들과 인식 양태들의 탐구에 관해서 이야기되는 경우, 이 탐구는 항상 절대적 소여성의 영역 내에서 그 최종의 의미, 가능성 그리고 "인식의 대상성과 대상성의 인식이 가지는 본질"을 보편적으로 들춰 내는 본질 직관으로서 이해된다.

물론 이성의 보편적 현상학은 또한 가치와 평가 등의 상호 연관에 대한 평행적인 문제들을 해결해야 한다. 현상학이란 말이 모든 자기 소여성의 분석이 그 속에 포괄되는 정도로 넓게 사용되어지면, 그런 경우 이 말로써 감성적 소여성을 그들의 상이한 유(類)에 따라서 분석하는 등등의 서로 아무 연관도 없는 자료들도 총괄될 것이다. 이때 공통점은 직접적 명증성의 영역 내에서의 본질 분석이라는 방법적인 면에 있다.

제 1 강의

1. 자연적 사고 태도와 자연적 학문

나는 앞에서 행한 강의에서 **자연적 학문**과 **철학적 학문**을 구별하였다. 전자는 자연적 정신 태도에서 일어나며, 후자는 철학적 정신 태도에서 발생한다.

자연적 정신 태도는 인식 비판에 대하여 아직 관심을 갖고 있지 않다. 자연적인 정신 태도에 있어서 우리는 직관을 할 때나 생각을 할 때, 비록 인식의 원천과 인식 단계에 따라서 서로 다른 방식과 서로 다른 존재 양식으로 주어짐에도 불구하고, 그때그때마다 우리에게 주어지고 또한 자명하게 주어진 **사물**을 향하여 있다. 예를 들면 지각함에 있어서 어떤 한 사물이 자명하게 우리들의 눈 앞에 있는 것이다. 즉 그것은 생명이거나 무생명체, 또는 영적(靈的)인 것이나 비영적인 것이거나간에 다른 사물들 사이에 있다. 다시 말하자면 세계의 중간에 있다. 그리고 이 세계도 개별적인 사물과 동일하게 부분적으로는 지각 속에 떨어지고, 부분적으로는 기억의 연관 속에 주어지며, 거기서부터 무규정적인 것으로 그리고 알려지지 않은 것으로 확대된다.

우리의 판단은 이 세계와 관계를 가진다. 사물들, 사물들의 관계, 그것들의 변화, 그것들의 기능적 변화의 의존성과 변화 법칙 등에 관하여 우리는 어떤 때는 단칭적(單稱的) 언표로 표현하기도 하고, 어떤 때는 전칭적(全稱的) 언표로 표현한다. 우리는 직접적인 경험이 우리에게 제공하는 것을 표현하며, 경험 동기에 따라서 직접적으로 경험하게 된 것(지각되어진 것과 기억되어진 것)에서부터 경험되지 않은 것을 추론한다. 우리는 일반화하고 그런 후에 다시 일반적 인식을 개별적인 경우에 전용하기도 하며, 또는 분석적 사유에 있어서 일반적 인식에서부터 새로운 일반성을 연역하기도 한다. 인식은 단순한 병렬의 방식처럼 단순하게 인식이 인식을 뒤따라 일어나는 것은 아니다. 그들은 논리적 연관 속으로 같이 들어가, 그 속에서 분리되기도 하고 서로 '합쳐지기도' 한다. 그들은 서로가 서로를 보증하여, 말하자면 그렇게 함으로써 그들의 논리적 힘을 강화한다.

다른 한편 그들은 서로 모순과 대립의 관계 속에 떨어져서 서로 합치하지 못하고, 확정된 인식에 의하여 폐기되고 순전히 가장된 인식으로 전락하고 만다. 대개 모순들은 순수한 술어적 형식의 합법칙성의 영역에서 생기는 것이다. 다시 말하자면 우리는 애매성에 굴복하여 잘못된 추론을 행하고, 잘못 계산하거나 잘못 생각하게 되는 것이다. 형편이 이렇게 되면, 우리는 형식적 정합성을 다시 세우고 이 다의성과 그와 같은 것들을 해결한다.

또는 모순들은 경험을 성립시키는 동기 관계를 교란시킨다. 즉 경험 근거들은 서로 싸운다. 그런 경우 우리는 어떻게 도움을 청할 수 있는가? 이제 서로 다른 규정과 설명의 가능성을 위한 근거들을 신중하게 하나씩 따로 떼어서 검토해 보자. 약한 근거는 강한 근거에게 양보해야 하며, 강한 근거는 또 그들의 입장에서 그들이(바로 위와 같은) 지반을 확보하고 있는 한, 즉 확대된 인식이 야기하는 새로운 인식 동기에 대항하여 위와 유사한 논리적 싸움을 완전히 수행하지 않아도 되는 한, 타당성을 보유한다.

자연적인 인식은 이렇게 계속하여 진행된다. 이런 인식은 계속해서 더욱더 넓은 범위로 확대되면서 미리부터 자명하게 존재하며, 주어져 있는 현실을 그리고 단지 범위와 내용, 그의 요소들, 관계들, 법칙들에 준하여 더 자세히 탐구되어야 할 현실을 지배한다. 이렇게 하여 서로 다른 여러 종류의 자연적 입장의 학문들인 물리적·심리적 자연에 관한 학문으로서의 자연 과학, 정신 과학, 또 한편으로 수(數), 다양체(집합) 관계 등과 같은 것에 관한 학문인 수학적 과학 등이 성립되고 성장한다. 수학적 과학에 있어서는 실질적인 현실성이 문제되는 것이 아니라, 그 자체로 타당하고 그 밖의 다른 점에 있어서도 처음부터 아무 의문이 없는 관념적인 가능성이 문제시된다.

　자연적 태도의 학문적 인식의 각 단계에 있어서는 많은 어려움들이 생기고 또한 해결된다. 그리고 이 어려움은 순수하게 **논리적으로** 또는 **실제적으로** 바로 사태 안에 놓여 있는, 말하자면 사태라는 이 소여성을 인식에 제기하여야 한다는 **요청**으로서 사물로부터 기인한 것처럼 보이는 사고 계기나 동기에 근거해서 해결된다.

2. 철학적(반성적) 사고 태도

　우리는 이제 **자연적 입장의 사고 태도** 내지는 자연적 사고 계기와 **철학적 사고 태도**를 대비시켜 보자.

　인식과 대상과의 상호 관계에 관한 반성이 일어나면 곧 깊이를 헤아릴 수 없는 심각한 어려움들이 생겨난다. 자연적 사고에 있어서는 가장 자명한 사태였던 인식이 즉시 미스테리로 나타난다. 그러나 나는 더 자세하게 알아보아야 하겠다. 자연적 사고에 있어서 인식 가능성의 문제는 **자명한** 것이다. 이 자연적 사고는 끊임없이 결실이 풍부한 활동을 계속하고 더욱더 새로운 학문(분야)에서 발견과 발견을 거듭하여 나아가기는 하지만, 인식 가능성 일반에 관한 물음은 제기할 아무런 동기도 갖지 않는다. 실로 자연적 사고에 대하여는 **인식** 역시 이 세상에 나타나 있는 모든 것과 같이 **어떤 특정한 방식**으로 문제가 되며, (그리하여) 자연적 탐구 대상이 된다. 인식은 자연 안에 있는 하나의 사실(Tatsache)이고, 어떤 종류의 것이든 인식하는 유기체적 존재의 체험이며 심리학적 사실(Faktum)이다. 그리하여 그 밖의 모든 심리학적 사실들과 동일한 방식으로 인식도 그 종류나 연관 형식에 따라서 기술될 수 있으며, 그들의 발생 관계에서 탐구될 수 있다. 그러나 다른 면에서 보면 인식은 본질적으로 **대상성에 관한 인식**이다. 그리고 인식은 대상성에 내재하고 있는 의미를 통하여 인식이 되고, 이 의미에 의하여 대상성과 **관계를 맺는다.** 그리고 이러한 관계 속에서도 이미 자연적 사고는 활동하고 있는 것이다. 이 사고는 의미와 의미 타당성의 선천적인 상호 관계를, 즉 대상성 **그 자체**에 속해 있는 선천적 합법칙성을 **형식적** 보편성에 있어서 탐구 대상으로 한다. 그리하여 **순수 문법**이 성립되고, 좀더 높은 단계에서 보면 순수 논리학(그의 서로 다르고 가능한 한계에 의하여 분과된 과학의 모든 복합체)이 성립된다. 더군다나 그것도 사고의 기술학(技術學)으로서의, 특히 과학적 사고의 기술학으로서의 규범 논리와 실천 논리가 성립한다.

위와 같은 한, 우리는 아직도 **자연적인** 사고의 기반 위에 머물러 있는 것이다. [1]

그러나 인식 체험과 의미와 대상간의 상호 관계를 위에서 언급한 것은 인식의 심리학과 순수 논리와 여러 종류의 존재론을 대비시키기 위한 것이었는데, 이 상호 관계야말로 가장 심원하고 가장 어려운 문제들의, 요컨대 인식 가능성에 관한 문제들의 원천인 것이다.

3. 자연적 입장에 있어서 인식을 반성할 때 일어나는 모순

인식은 그것의 모든 형성에서 보더라도 심리적 체험이다. 다시 말하자면 그것은 인식하는 주관의 인식이다. 인식에 대하여 인식되는 대상이 대립한다. 그러면 도대체 어떻게 인식은 자신이 인식되는 대상과 합치된다는 것을 확신할 수 있으며, 어떻게 자기 자신을 넘어서서 그의 대상과 틀림없이 맞아떨어질 수 있는가 ? 이리하여 인식을 하는데 있어서

---

1) 부록 1 을 참조.

자연적 사고에 대해서는 자명하였던 인식 대상의 소여성이 수수께끼가
된다. 흔히 지각 작용에 있어서 지각되어진 물건은 직접적으로 주어진
다고 이야기한다. 이때 물건은 그것을 지각하는 나의 눈 앞에 있으며,
나는 그것을 보며 잡는다. 그런데 나의 지각은 지각하는 주체의 단순한
체험에 불과할 뿐이다. 이와 똑같이 기억과 기대도 주관의 체험이며 이
런 것들 위에 세워진 모든 사고 행위, 이 행위를 통하여 실제적인 존재
의 간접적인 정립과 존재에 관한 모든 종류의 **진리**의 확립이 이루어지는
것인데, 이 행위도 또한 주관적 체험인 것이다. 그러면 인식하는 자인
나는 나의 체험들, 즉 인식 행위만이 존재하는 것이 아니라, 체험이 인
식하는 것도 또한 존재한다는 것, 다시 말하자면 일반적으로 인식 대상
으로서 (주관에) 대립하여 정립될 어떤 것이 존재한다는 것을—그것이
어떤 종류이든간에—어디서부터 알며, 그때마다 어떻게 틀림없이 알 수
있단 말인가?

  나는 단지 현상만이 인식하는 자에게 참으로 주어지며 인식하는 자는
그의 체험 연관을 절대로 넘어설 수 없고, 따라서 그가 정당한 권리를
가지고 이야기할 수 있는 것은 "나는 존재하지만 나 아닌 비자아(非自我)
의 모든 것은 단순한 현상에 지나지 않고, 모두 현상적 연관 속에 해소
된다"는 것일 뿐이라고 말할 수 있는가? 그렇다면 나는 유아론(唯我論)
의 입장에 설 수밖에 없지 않은가? 이것은 하나의 냉혹하고 부당한 요
청이다. 나는 흄과 더불어 모든 초월적인 객관성을 심리학에 의거해서
는 설명되나, 이성에 맞추어서는 정당화되지 못하는 허구로 환원시켜야
할까? 그러나 이것도 역시 일종의 냉혹하고 부당한 요청이다. 모든 심
리학과 같이 흄적인 심리학도 역시 내재성의 영역을 초월하는 것이 아
닐까? 흄의 심리학은 실제적인 '인상'이나 '관념'을 초월하는 일을 모두
허구로 타락시키는 목적에로 향하고 있는 반면 습관, 인간성, 감각 기
관, 자극 등등의 명칭하에 초월적(그의 심리학 자체가 승인하는 대로의
초월적인) 실재를 취급하는 것이 아닌가?[2]

---

2) 부록 2를 참조.

그러나 만일 **논리학 자체가** 의문시되고 문제가 된다면, 이러한 모순들을 증거로 제시해 보아야 무슨 소용이 있겠는가？ 실제에 있어 자연적 사고에 대해서는 모든 의문의 외부에 있던 **논리적 법칙성의 실제적인 의미가** 이제 **문제시되는** 것이며, 심지어는 **의심스러워지기까지** 하는 것이다. 그리하여 일련의 생물학적 사상이 등장하게 된다. 현대의 진화론을 생각해 보자. 이 이론에 따르면, 가령 인간은 생존 경쟁 속에서 자연 도태를 거쳐서 진화되며, 이런 인간과 함께 그의 지성도, 그리고 이 지성과 함께 그에 속하는 모든 형식, 더 자세히 말하면 논리적 형식도 당연히 진화된다는 것이다. 이런 이론에 따르면 논리적 형식이나 논리적 법칙도 인간이라는 종(種)의 우연한 속성, 즉 지금과는 다른 것일 수도 있고, 미래의 진화 과정 속에서 또한 다르게 될 수도 있는 우연적 속성을 표현하고 있는 것이 아닌가？ 그렇다면 인식이란 단지 **인간의 지성 형식**에 매여 있는 **인간적 인식**에 지나지 않으며, 사물의 본성 자체, 물자체에 들어맞을 능력도 없다.

그러나 그와 함께 곧 또 다른 모순이 등장한다. 즉 위와 같은 그러한 견해가 취급하는 인식과 심지어는 그런 입장을 생각할 수 있는 가능성 자체는 논리적 법칙이 이처럼 상대주의에 떨어져 버린다고 해도 여전히 어떤 의미를 가질 수 있을까？ 그리고 또 이러저러한 가능성이 존립한다는 진리는 그것에 의거하여 진리와 반대되는 것이 제거되는 모순율의 절대적 타당성을 암암리에 전제하고 있는 것은 아닌가？

이 정도의 실례(實例)로 충분하리라. 요컨대 인식 가능성의 문제는 여러 곳에서 수수께끼로 남는다. 만일 우리가 자연적 학문 속에서 생활한다면(그 정도로 자연적 학문과 친숙해진다면), 이 학문이 정확하게 전개되고 있는 정도로 우리는 모든 것을 명확히 이해할 수 있는 것으로 생각하게 된다. 우리는 객관성과 실제로 합치하는 틀림없는 방법에 근거하여 객관적 진리를 소유할 수 있다고 확신한다. 그러나 우리는 반성을 하자마자, 대단한 오류와 혼란에 빠지고 만다. 우리는 분명히 무익함, 심지어는 모순 속에 휩쓸리고 만다. 그렇다면 우리는 언제나 회의주의에 빠질 위험이 있으며, 더 정확하게 말해서 회의주의의 여러 가지 형

태 중 어느 것이든지간에 하나의 형식에 빠질 위험에 우리는 항상 직면
해 있고, 이 회의주의의 상이한 형식의 공통된 특징은 유감스러운 일이
긴 하나 동일한 것인데, 그것은 불합리라는 것이다.

　이러한 불분명하고 모순에 가득찬 이론들의 싸움터, 그리고 이 이론
들과 연관된 끊임없는 논쟁의 싸움터가 **인식 이론**이고, 이 인식 이론과
역사적으로 또 실제적으로 연루되어 있는 것이 **형이상학**이다. 인식 이론
이나 이론적 이성의 비판이 가지고 있는 과제는 무엇보다도 비판적인 과
제이다. 비판적 과제는 인식과 인식의 의미, 그리고 인식 대상들의 상
호 관계에 관한 자연적 반성이 거의 불가피하게 빠져들어가는 잘못된 혼
란을 잘못된 것이라고 분명히 밝혀야 하며, 따라서 인식의 본질에 관한
명백한 회의론이나 잠재적 회의론을 그들이 갖고 있는 불합리한 점을 지
적해 냄으로써 논박해야 한다.

　다른 면에서 보면 인식 이론의 적극적 과제는 인식의 본질을 탐구함
으로써 인식과 인식의 의미, 그리고 인식 대상의 상호 관계에 속해 있
는 문제들을 해결하도록 하는 것이다. 그리고 인식 가능한 대상성, 즉
대상성 일반의 본질-의미를 밝혀내는 일도 역시 이런 문제들에 속한다.
다시 말하자면 인식과 인식 대상성에 의거하여 대상성 일반에 선천적으
로 (즉 본질적으로) 귀속해 있는 의미를 밝혀내는 일도 역시 이런 문제
에 속한다. 그리고 이것은 또한 인식의 본질을 통하여 미리 지정된 대
상성 일반의 모든 기본 형태(존재론적 형태, 형이상학적 형태 및 판단
론적 형태)에 적용되는 것도 당연하다.

4. 진정한 인식 비판이 갖는 이중의 과제

　인식론은 바로 이런 과제의 해결을 통해서 인식 비판이라는 자격을,
더 자세히 말하면 모든 자연적 학문에 있어서 **자연적 인식의 비판**이라는
자격을 얻는다. 다음으로 인식론은 우리로 하여금 존재자에 관한 자연
적 학문의 탐구 결과를 정당하고 결정적인 방식으로 해석할 수 있게 한
다. 왜냐하면 인식 가능성에 관한 (인식의 가능한 대상과의 맞아떨어짐

에 관한) 자연적 (전인식론적인) 반성이 우리를 그 속으로 잘못 인도한 인식론적 혼란은 단순히 인식 본질에 관한 잘못된 견해를 초래할 뿐만 아니라 근본적으로 잘못된 견해를 초래하기 때문이다. 근본적으로 잘못되었다는 것은 이것이 자연적 학문에서 인식된 존재에 관해 근본적으로 전도되고 자가당착적인 해석을 초래하기 때문이다. 이와 같은 자연적 반성의 결과, 필요한 것으로 인정된 각각의 해석들에 따라서 동일한 자연 과학은 물질주의적・정신주의적・이원론적・심리 단원론적, 또는 실증주의적 등등 여러 가지 다른 의미로 해석된다. 그리하여 인식론적 반성이 비로소 처음으로 자연적 입장의 학문과 철학을 분리시킨다. 그리고 이 인식론적 반성을 통하여 비로소 자연적 입장의 존재 과학들은 궁극적인 존재 과학이 아니라는 점이 밝혀진다. 절대적인 의미에 있어서의 존재자에 관한 학문이 필요하게 된다. 우리가 형이상학이라 부르는 이 학문은 개별 과학에 있어서의 자연적 인식에 대한 '비판함'을 통하여 성장하며, 이 비판은 인식과 인식 대상성의 본질을 그들의 서로 다른 근본적인 형태에 따라서 통찰함에, 즉 인식과 인식 대상성간의 서로 다른 근본적 상호 관계의 의미를 통찰함에—이 통찰은 보편적 인식 비판에서 얻어진 것인데—근거하여 이루어진다.

5. 인식의 현상학으로서의 진정한 인식 비판

만일 우리가 인식 비판의 형이상학적 목적을 도외시하고 순전히 인식의 본질과 인식 대상성의 본질을 해명하려는 과제만을 생각하면, 인식 비판은 인식과 인식 대상성의 현상학이며 이 비판이 현상학 일반의 최초의 기본적 부분을 형성한다.

현상학, 그것은 학문을 그리고 학문적 분과들의 상호 관계*1)를 나타내는 말이다. 그러나 현상학은 동시에 그리고 특히 하나의 방법과 사고 태도를 나타낸다. 즉 특수한 철학적 사고 태도, 특수한 철학적 방법을 나타내는 말이다.

---

*1) 앞의 영역본에 의하면, 이 부분은 "학문적 분과들의 체계"(a system of scientific disciplines)로 옮겨져 있다.

현대 철학에 있어서 그것이 진지한 과학이기를 요청하는 한, 모든 학문에 공통되고, 따라서 철학에도 역시 공통되는 하나의 인식 방법이 존재할 수 있다는 것은 거의 상식적인 말이 되었다. 이런 확신은 17 세기 철학의 그 위대한 전통에 완전히 부응하는 것이다. 그리고 이 17 세기 철학도 역시 철학의 구제는 모두 철학이 정확한 학문을, 특히 수학과 수학적인 자연 과학을 방법적인 모범으로 받아들이는 데 의존한다고 생각하고 있었다. 철학과 그 밖의 다른 학문을 실제적으로 동일시하는 것도 역시 방법적인 면과 연관이 있는 것이다. 그리고 현대에도 여전히 철학, 더 자세히 말해서 최고의 존재론과 학문 이론은 그 밖의 모든 학문에 단순히 연결되어 있을 뿐만 아니라, 그 학문들의 성과 위에 근거하고 있을 수 있다는 의견이 지배적인 것으로 지적되어야 한다. 다시 말해서 마치 그 밖의 다른 학문들이 서로간에 근거지워지고, 어느 한 학문의 결론이 다른 학문을 위한 전제로서 작용할 수 있는 것과 동일한 방식으로 될 수 있다는 것이다. 나는 인식론을 인식 심리학과 생물학을 통하여 자의적으로 정초하려던 일을 기억하고 있다. 오늘날에 와서 이러한 치명적인 선입견에 대항하는 반동이 쌓이고 있으며, 실제에 있어서도 그것은 선입견인 것이다.

6. 철학의 새로운 차원 : 과학에 대립하는 철학 고유의 방법

자연적 입장의 탐구 영역에 있어서는 어떠한 학문이 다른 학문 위에 주저함이 없이 곧장 세워질 수 있으며, 또한 어느 한 학문이 다른 학문을 위하여 방법적인 모범으로서 봉사할 수도 있다. 다만 그때그때의 탐구 분야의 성질에 따라서 규정되고 제한된 한도 내에서이기는 하지만 말이다. 그러나 철학은 전혀 새로운 영역 속에 있다. 그것은 전혀 새로운 출발점을 필요로 하며, 모든 '자연적' 학문과 자신을 원천적으로 구별시키는 완전히 새로운 방법을 필요로 한다. 이 점에 바로 자연적 학문에 통일을 제공하는 논리적 수행 방식이, 학문과 학문들 사이에 변해 가는 특수한 모든 방법이 있음에도 불구하고, 원칙적으로 하나의 통일적 성격을 갖고 있으며, 이 통일적 성격에 대하여 철학의 방법적 수행 방식이 근본적으로 새로운 통일로서 대립하는 이유가 있다. 그리고 또 이 점에 모든 인식 비판과 '비판적' 분과 일반 내에 있는 순수 철학이 자연적 (입장의) 학문과 학문적으로 조직되지 않은 자연적인 지혜나 지식에서 수행된 모든 지적인 성취를 도외시해야 하며, 그것들을 어떤 종류로도 이용해서는 안 된다는 이유가 있다.

이런 견해는—더 자세한 정초는 앞으로의 논술에서 할 테지만—우선 다음과 같은 생각을 통하여 이해하기가 더욱 쉬워질 것이다.

인식 비판적 반성(나는 이때에 최초의 반성, 즉 학문적 인식 비판 이전에 있는, 그리하여 자연적 사고 방식에서 수행되는 최초의 반성을 뜻한다)이 필연적으로 야기하는 회의론적인 분위기[*2]에서 모든 자연적 입장의 학문과 모든 자연적 입장의 학문적 방법은 사용할 수 있는 타당한 소유물이기를 그친다. 왜냐하면 인식 일반의 객관적인 맞아떨어짐은 그 의미와 가능성에서 보아도 수수께끼가 되어, 심지어는 의심스러운 것으로까지 되기 때문이다. 그리고 이런 점에 있어서는 정확한 인식이 정확하지 못한 인식보다도 수수께끼스러운 것이 아니며, 학문적 인식이 학문 이전의 인식보다 덜하지 않기 때문이다. 인식 가능성, 더 자세히 말하면 어떻게 하여 인식은 자신의 본질이 자기 속에 있는 객관성에 맞아떨어지게 만날 수 있는가 하는 가능성이 의문시된다. 그러나 이런 것의 배후에는 인식 기능과 인식의 타당성 요구나 권리 요청의 의미, 그리고 타당한 인식과 순전히 가장된 인식간의 구별의 의미가 의문시된다는 문제가 놓여 있다. 다른 면으로도 이와 똑같이 다음과 같은 대상성의 의미가 의문시된다. 이 대상성은 존재하며, 그것이 인식되든 안 되든간에 있는 그대로(본질대로) 존재한다고 여겨진다. 그리고 그것은 대상성으로서 가능한 인식의 대상이며, 비록 이전에 실질적으로는 인식되지 않았고 앞으로도 인식될 수 없다 하더라도, 원칙적으로는 인식될 수 있으며, 지각될 수 있고 표상될 수 있으며, 가능한 판단을 내리는 사고 안

---

*2) 본문에는 Medium 으로 되어 있으나 영역본에서는 mood 로 되어 있다. 전체 문맥에서 보면 영역본이 옳은 듯하여 분위기로 번역하였다.

에서 술어를 통하여 규정될 수 있다고 여겨진다.

그러나 자연적 입장의 인식으로부터 이끌어 내어지며, 이런 인식에서는 여전히 매우 '정확하게 정초'되어 있는 전제들을 조작함이, 인식 비판상의 의구심을 해소하며 인식 비판상의 문제들에 대답하는 데 어떻게 도움이 되는지는 잘 파악될 수 없다. 만일 자연적 인식 **일반**의 의미와 가치가 **모든** 그들의 방법적인 준비나 정확한 정초와 함께 문제시된다면, 이것은 또한 출발점으로서 간주된 자연적 인식 영역에서의 모든 명제에도, 그리고 정초의 정확한 방법으로 여겨진 모든 것에도 적용된다. 가장 엄밀한 수학이나 수학적 자연 과학도 이런 점에 있어서는 통상적인 경험의 현실적 인식이나 혹은 단순히 그렇다고 자칭하는 인식과 같은 어떤 종류의 인식보다 최소한의 우월감도 가지지 못한다. 따라서 다음과 같은 점이 분명해진다. 즉 철학이(이것은 인식 비판으로 시작되며, 그것이 어떤 철학이든간에 전적으로 인식 비판에 근거하는 것인데) 방법적으로도 (또는 사실적으로는 더욱) 정확한 학문을 따라서 나갈 방향을 정해야 하고, 또한 철학이 정확한 과학의 방법론을 모범으로 받아들여야 하며, 원칙상 모든 학문에 동일한 방법론을 따라서 정확한 학문이 수행해 놓은 작업을 계승하여 완성시키는 것이 철학의 의무라는 주장은 전혀 고려될 수가 없다. 철학은, 다시 반복하여 말하지만, 모든 자연적 입장의 인식에 대립된 **새로운** 차원에 있다. 그리고 새로운 차원은 설령 이 차원이—그것은 이미 상징적인 말로 표현되었듯이—종래의 여러 가지 차원과 본질적인 연관을 맺고 있기는 하지만, 하나의 **새로운**, 근본적으로 새로운 **방법**과 상응한다. 그리고 이 새로운 방법은 '자연적인' (입장의) 방법과는 대립하는 것이다. 이런 사실을 부정하는 사람은 인식 비판에 고유한 모든 문제층을 이해하지 못한 것이고, 따라서 또한 철학이 본래적으로 무엇을 하려 하며, 무엇을 해야 하며, 자연적 입장의 인식과 학문에 대립하여 무엇이 철학에게 그의 고유성과 그의 고유한 권리를 부여하는지를 이해하지 못한 것이다.

제 2 강의

1. 인식 비판의 출발점 : 모든 종류의 지식을 문제시할 것

인식 비판을 시작함에 있어서 전 세계가, 즉 물리적 자연도 심리적 자연도 결국에는 자기 자신의 인간적인 자아까지도 역시 이 대상들과 관계를 맺고 있는 모든 학문들과 함께 의문 부호로 지정되지 않으면 안 된다. 그들의 존재와 그들의 타당성은 해결되지 않은 채로 남아 있다.

인식 비판은 ─이것이 지금의 문제인데─어떻게 구축될 수 있는가 ? 인식을 학문적으로 자명하게 하려는 인식 비판은, 인식이 본질적으로 무엇이며, 인식에 속해 있는 대상성과의 관계라는 의미에 무엇이 놓여 있으며, 만일 인식 비판이 진정한 이해에 있어서 인식이어야 한다면, 대상적인 타당성이나 맞아떨어짐의 의미에 무엇이 놓여 있는가를 학적으로 인식하고 동시에 객관화시킴을 통하여 확정하려 한다. 인식 비판이 수행해야 하는 판단 중지 ($\varepsilon\pi o\chi\eta$)는 다음과 같은 것을 의미하지는 않는다. 즉 판단 중지는 모든 인식을 의문시해서 인식 비판 자신의 인식도 의문시하고 어떠한 소여성도 타당한 것으로 하지 않으며, 따라서 그 자신이 확립한 그런 소여성까지도 타당한 것으로 하지 않는 작업을 단순히 시작만 하고 마는 것이 아니라, 이런 작업 속에 계속하여 머물러 있다는 그러한 것을 뜻하지는 않는다. 만일 인식 비판이 어떠한 것도 미리 주어진 것으로서 전제해서는 안 된다고 한다면, 그것은 다른 곳에서 아무런 검증도 없이 받아들인 것이 아니라, 오히려 그 스스로가 제기하고 최초의 것으로 정립한 인식, 그것이 어떤 종류의 것이든 그런 인식으로부터 출발해야만 한다.

이 최초의 인식은 불명료함이나 어떠한 의문도 갖고 있어서는 안 된다. 만일 그렇지 않다면, 이 의문점이 다음과 같은 수수께끼의 성격이나 문제성을 인식에 부여하게 된다. 즉 이 성격이 결국 우리로 하여금 "인식이란 것은 모두 문제이고 이해할 수 없으며, 설명을 필요로 하는 것이어서 그들의 요구에 순응하더라도 의심스러운 일"이라고 이야기하지 않을 수 없을 정도로 곤란한 처지로 우리를 끌고 간다. 바꾸어 말해서 만일 우리가 어떤 존재도 그것이 인식 비판적으로 불명료함을 이끌어들임으로써, 우리가 그 자체로 인식 작용에 있어서 인식된 이 존재가 어떤 뜻을 가질 수 있는가 함을 이해할 수 없기 때문에 미리 주어진 것을 받아들여서는 안 된다고 하면, 우리는 모든 의문이 그것으로부터 그들의 직접적인 대답을 발견하고 발견해야 하는 완벽한 명석성이 그것에게서 존립하는 한 절대적으로 주어진 아무 의심도 없는 것으로서 인정하여야 하는 어떤 존재를 제시하여야 한다.

2. 데카르트의 방법적 회의와 연관하여 절대적으로 확고한 기반의 확보

이제 데카르트의 방법적 회의를 상기하여 보자. 나는 오류와 착각의 여러 가지 형태의 가능성을 의심함으로써 결국 나에게는 아무 것도 확실한 것이 없고, 모든 것이 의심스럽다고 이야기하게 될 회의적인 절망에 빠져들어갈 것이다. 그러나 나에게는 모든 것이 의심스러울 수는 없다는 것이 당장에 명백해진다. 왜냐하면 만일 내가 모든 것이 나에게 의심스럽다고 판단할 때, 내가 그렇게 판단하고 있다는 사실은 의심할 수 없기 때문이다. 그리하여 보편적인 회의를 고집하려는 것은 불합리한 일이라 하겠다. 어떤 특정한 회의들의 모든 경우에 있어서도 내가 그처럼 회의하고 있다는 것은 의심할 것없이 확실한 일이다. 그리고 이와 같은 사정은 모든 cogitatio 에 있어서도 동일하다. 내가 어떤 방식으로 지각하고 표상하며 판단하고 추리한다 할지라도, 또 이때에 이런 행위들의 확실성이나 불확실성, 대상성이나 무대상성의 어떤 상태에 놓여 있다 할지라도, 지각의 관점에서 보면 내가 이러저러한 것을 지각한다는 것은 절대로 명백하고 확실하며, 판단의 관점에서 보면 내가 이러저러한 것을 판단하는 등등의 행동은 절대로 명백하고 확실하다.

데카르트는 이런 생각을 다른 목적을 위하여 사용하였다. 그러나 우리는 여기에서 이런 생각을 적당하게 변형시켜 사용할 수 있다.

인식의 본질에 관하여 질문해 보면, 인식의 (대상과) 맞아떨어지는 성격에 관한 회의와 이 맞아떨어짐 자체가 어떤 성격을 갖고 있다 하더라도, 우선 인식 자체는 우리에게 절대적으로 주어져 있을 수 있고, 그 개별적인 경우에 있어서 그때그때마다 절대적으로 주어질 수 있는 다양한 형태의 존재 영역을 나타내는 명칭이다. 다시 말하자면 내가 실질적으로 수행하는 사고 형태는 내가 그들을 **반성하며** 그들을 순수하게 **직관하면서** 받아들이고 정립하는 한에 있어서 나에게 주어져 있는 것이다. 나는 인식에 관하여, 지각에 관하여 그리고 표상, 경험, 판단, 추리 등등에 관하여 막연한 방식으로 이야기할 수도 있다. 그러나 내가 반성을 해 보면, 이때에 "인식, 경험, 판단 등등에 관한 막연한 이야기나 의견"이라는 이 현상만은 당연하게 주어진 것이며 또 절대적으로 주어진 것이다. 그러나 막연함이라는 이 현상도 이미 넓은 의미에 있어서 인식이라는 명칭에 속해 있는 것 중의 하나이다. 그렇지만 나는 또한 지각을 실제적으로 수행할 수 있으며, 그 지각을 주시할 수도 있다. 한걸음 더 나아가서 나는 지각을 상상이나 기억 속에서 현실화시킬 수도 있으며, 이 상상 속에 주어져 있는 성격대로의 지각을 주시할 수도 있다. 그렇다면 나는 지각에 관한 막연한 의견이나 표상, 또는 공허한 말을 갖고 있는 것이 아니라, 말하자면 지각이 실제적으로 주어진 것으로서, 또는 상상으로 주어진 것으로서 나의 눈 앞에 있는 것이다. 그리고 이런 사실은 모든 지적인 경험이나 모든 사고 형태와 인식 형태에 대해서도 동일하다.

나는 여기에서 직관적·반성적 지각과 상상을 동일하게 제시하였다. 데카르트적 고찰에 따르면, 맨 먼저 지각이 제시되어야 할 것이다. 이때의 지각은 어느 정도까지는 전통적 인식론에 상응하는 소위 내적 지각이고 그것은 물론 애매한 개념이다.

3. 절대적 소여성의 영역

모든 지적 체험과 모든 체험 일반은 그것이 수행되는 동안 순수 직관과 순수한 파악의 대상이 될 수 있다. 그리고 그것은 이 직관에 절대적으로 주어진 것(소여성)이다. 그것은 존재자로서, 지금 그리고 여기에 있는 이것(ein Dies-da)으로서 주어져 있으며, 그것들의 의미를 (감각적, 감성적으로) 회의함은 전혀 의미가 없다. 실로 나는 그것이 어떤 존재이며, 이런 존재 방식이 다른 존재 방식과는 어떤 관계를 갖고 있는가를 생각할 수 있으며, 한걸음 더 나아가 여기에서 주어져 있다는 것이 무엇을 의미하는가를 생각할 수 있다. 그리고 더 반성을 해보면, 나는 직관 자체를 이러한 주어져 있음 내지 존재 방식이 구성되는 직관으로 내게 부여할 수 있다. 그러나 나는 이때에 절대적인 근거 위에서 계속하여 그렇게 하고 있는 것이다. 즉 이 지각은 그것이 지속되는 한, 절대자로 그리고 지금 여기에 있는 이것으로 있으며 남는다. 그것은 자기 자신 속에 그의 본질을 갖고 있는 어떤 것이고, 그것에 근거하여 내가 존재와 주어져 있음이 무엇을 의미하여야 하는가를, 최소한도 "지금 여기에 있는 것"을 통하여 예를 들 수 있는 존재 양태와 주어져 있음의 양태에 대하여 당연하게 무엇을 의미해야 하는가를 측정할 수 있는 마지막 척도로서의 어떤 것이다. 그리고 이것이 모든 특별한 사고 형태에 대하여 그것이 어디에 있든지간에 타당하다. 그러나 이런 사고 형태는 모두 상상 속에도 역시 주어져 있는 것일 수 있으며, '말하자면' 우리의 눈 앞에 있을 수 있다. 그렇긴 하지만 실질적인 현실성으로서, 실질적으로 수행된 지각, 판단 등등으로서 우리의 눈 앞에 있을 수는 없다. 그런 경우에도 그들

은 어떤 의미에 있어서는 주어져 있는 것이고 **직관적으로** 거기에 있는 것
이며, 그것에 관하여 우리는 단순히 막연한 암시와 공허한 의견으로 이
야기하는 것이 아니라 그것들을 직관하고 있는 것이다. 직관하면서 그
들의 본질, 구성, 내재적 특징을 끄집어 내어 보고, 우리의 논의를 직
관되어진 충만한 명석성에 맞추어서 합치시키는 것이다. 그러나 이 점
은 즉시 본질 개념과 본질 인식의 설명을 통한 보충을 요구한다.

잠정적으로 우리는 절대적 소여성의 영역이 애초부터 지적되있다고 확
정한다. 그러나 그것이야말로 인식론이 목표로서 가능하게 되었을 때 우
리가 바로 필요로 하는 영역인 것이다. 실제에 있어서 인식에 관한 그
의 의미나 본질의 관점에서 본 불명료성이 인식에 관한 학문을, 즉 단
지 인식을 본질적인 명석성으로 이끌어들이려는 일만을 하려고 하는 학
문을 요구하는 것이다. 이 학문은 심리학적 사실로서의 인식을 설명하
려는 것이 아니며, 인식이 그 조건 아래에서 좌우되는 자연 조건을 탐
구하려는 것도 아니고, 인식이 그들의 형성과 변천에 있어서 연결되어
있는 자연 법칙을 탐구하려는 것도 아니다. 이런 것을 탐구하는 일은 자
연적 학문이, 즉 심리적 사실에 관한, 그리고 직접 체험을 하는 심리적
개체의 체험들에 관한 자연 과학이 제기하는 과제이다. 오히려 인식 비
판은 인식의 본질과 그 본질에 속해 있는 타당성의 권리 요청을 천명
하고 명백하게 하며 그것을 밝히려는 것이다. 그러나 위의 이야기가 뜻
하고 있는 것은 직접적인 소여성으로 가져가는 것과는 다른 것을 의미
한다.

4. 반복과 보충 : 인식 비판의 가능성에 대한 논의의 반박

서로 다른 여러 학문 분야에 있어서 지속적으로 성공적인 전진을 수
행하는 자연적 인식은 그들의 맞아떨어지는 성격을 완전히 확신하고 있
으며, 그렇기 때문에 인식의 가능성과 인식된 대상성의 의미를 문제시
하려는 동기를 갖지 않는다. 그러나 반성이 인식과 대상성의 상호 관계
를 향하자마자(경우에 따라서 한 면으로는 인식이 그의 인식 행위와의

관계 속에서 갖는 관념적 의미 내용에로 향하면서 다른 면으로는 인식 대상성의 의미 내용에로 향하자마자) 곧 어려움이나 무익한 것, 즉 모순된 그러면서도 잘 정초된 것처럼 잘못 생각된 이론들이 제기된다. 이 이론은 인식 가능성 일반이 그들의 맞아떨어짐의 성격의 관점에서 볼 때 하나의 수수께끼라고 고백할 지경에 이르게 된다.

이런 상황에서 하나의 새로운 학문이, 즉 이와 같은 혼란을 정돈하고 인식의 본질을 우리에게 해명해 주려는 인식 비판의 학문이 발생한다. 형이상학, 즉 절대적이고 궁극적인 의미에 있어서 존재의 학(存在學)의 가능성은 분명히 이 학문의 성공 여부에 달려 있다. 그러나 인식 일반에 관한 그러한 학문이 어떻게 성립될 수 있을까? 이 학문은 학문이 의문시하는 것을 미리 주어진 기초로서 이용할 수는 없다. 그런데 인식 비판은 인식 일반의 가능성을, 다시 말하자면 그들의 맞아떨어짐이라는 성격의 관점에서 이 가능성을 문제로 제기하고 있기 때문에 모든 인식이 의문시된다. 인식 비판이 시작되면, 어떤 인식도 이 비판에 대해서는 주어진 것으로서 타당할 수 없다. 따라서 인식 비판은 학문 이전의 인식 영역에서는 어떤 종류의 것도 받아들여서는 안 된다. 따라서 모든 인식은 의문 부호를 지니게 된다.

출발점으로서의 인식이 주어지지 않고서는 어떠한 인식도 전개될 수 없다. 따라서 인식 비판도 전혀 출발할 수가 없으며, 그와 같은 학문은 존재할 수조차 없다.

그런데 나는 어떠한 인식도 출발점에서부터 **검증되지도 않은 채** 미리 주어진 것으로서 타당할 수 없다는 점이 매우 정당하다는 것을 제시한 바 있었다. 그러나 비록 인식 비판이 처음부터 **미리 주어진** 어떤 인식도 받아들여서는 안 된다 하더라도, 그것은 스스로에게 인식을 제공하는 것으로부터 시작할 수는 있다. 물론 이때의 인식은 인식 비판이 정초한 그런 인식 그리고 이미 이전에 미리 주어져 있어야만 되는 직접적 인식을 필요로 하게 될 논리적으로 유도된 그런 인식이 아니다. 그것은 인식 비판이 직접적으로 제시한 인식이며, 절대적으로 명백하고 아무 의심없이 모든 회의를 그 가능성에 있어서 배제한, 단적으로 모든 회의적인 혼란에 동기를 제공하는 수수께끼 같은 어떤 점도 갖고 있지 않은 그런 종류의 인식이다. 그런데 나는 이전에 데카르트의 **방법적 회의**와 절대적 소여성의 영역, 또는 cogitatio 의 명증성이라는 명칭 아래 파악되었던 절대적 인식의 범위를 지적한 바 있었다. 이제는 다음과 같은 사항이 더 자세히 밝혀져야 하겠다. 즉 이 인식의 **내재성**이 그것을 인식론의 최초의 출발점으로서 봉사하기에 적합하도록 만든다는 점과 한걸음 더 나아가서 **이 내재성을 통하여** 모든 회의론적인 곤란함의 원천인 수수께끼와 같은 것으로부터 자유로와진다는 점, 그리고 마지막으로 **내재성 일반이 모든 인식론적 인식의 필연적인 특성이라는 점**, 그리고 단순히 출발점에 있어서뿐만 아니라 일반적으로 초월성의 영역으로부터 얻어온 모든 것, 다시 말하자면 심리학이나 어떤 종류의 것이든 자연적 태도의 학문 위에 인식론의 기초를 세우려는 것은 하나의 **넌센스**라는 점이 더 자세히 밝혀져야 하겠다.

보충적으로 한번 더 부언하자. 인식론은 인식 일반을 의문시하는 것이고 출발하는 모든 인식도 인식으로서 의문시되므로 그렇다면 도대체 인식론이 어떻게 시작할 수 있는가, 그리고 인식론에 대하여 모든 인식이 수수께끼라면 인식론 스스로가 그것으로부터 시작하는 최초의 것도 역시 수수께끼라는 매우 그럴 듯한 논의가 있다. 그렇지만 나는 이 매우 그럴 듯한 논의는 당연히 잘못된 논의라고 주장한다. 이 허위성은 말의 막연한 보편성으로부터 발생한다. 인식 일반이 '의문시된다'는 말은 인식 일반이 존재한다는 것이 부정된다는 것을 뜻하는 것이 아니라 (이런 부정은 모순으로 이끌어지는데), 인식이 어떤 특정한 문제를, 즉 맞아떨어진다는 인식에 속해 있는 특정한 작용이 어떻게 가능한가라는 문제를 갖고 있다는 것을 의미한다. 아마 나도 실로 이러한 맞아떨어짐이 가능할까의 여부는 의심할 것이다. 그러나 나 스스로 의심한다 해도, 이 의심 속에 그와 같은 회의를 근거없는 것으로 만드는 확실한 인식이 제시됨을 통하여 이 회의를 곧장 폐기할 수 있는 최초의 제일보가 성립할 수 있는 것이다. 한걸음 더 나아가 만일 내가 인식이란 도대체 이해할 수 없는 것이라는 전제로부터 출발한다 해도, 이 이해하지 못함이 그의 규정되지 않은 일반성 속에 모든 인식을 포함하는 것은 당연하다. 그러나 이 말은 내가 미래에 부딪치게 될 모든 인식이 영원히 나에게 이해될 수 없는 것으로 남아 있을 수밖에 없다는 것을 뜻하지는 않는다. 물론 도처에서 일차적으로 대두하는 인식의 특정한 부류들에 있어서 거대한 수수께끼가 발견되고, 이에 대단히 당황한 나머지 인식 일반은 수수께끼이다라고 말할 수는 있겠다. 그러나 다른 한편 다른 특정한 인식들에게는 수수께끼가 섞여 있지 않다는 것이 바로 밝혀진다. 그리고 그것은 우리가 얼마 후에 알게 될 것인데, 사실상 그렇다.

나는 인식 비판의 필수적인 출발점으로서의 인식들은 문제성이나 의심스러운 것은 어떤 것도, 그리고 우리를 인식론적 혼란에 빠뜨리고, 모든 인식 비판을 유발시키는 어떤 것도 갖고 있어서는 안 된다고 이미 이야기한 바 있다. 우리는 이제 이것이 cogitatio 의 영역에 대해서도 합당하다는 점을 보여주어야 한다. 그러나 그렇게 하기 위해서는 좀더 깊은 반성이 필요하며, 이 반성이 우리로 하여금 본질적인 탐구를 하게 할 것이다.

5. 자연적 인식의 수수께끼 : 초월성

그처럼 수수께끼 같은 것이 무엇인지, 인식의 가능성에 관하여 일차적으로 반성해 볼 때 우리를 당황하게 하는 것은 무엇인지를 좀더 자세히 살펴보면, 그것은 인식의 초월성이다. 모든 자연적 인식, 그것이 학문 이전의 인식이든 학문적 인식이든간에 모든 자연적 입장의 인식은 초월적으로 객관화시키는 인식이다. *1) 그것은 대상을 존재하는 것으로 인정하고, 인식에 "진정한 의미에 있어서 주어지지" 않고 인식에 '내재적'으로 있지도 않은 사태를 인식함을 통하여 파악하기를 요청한다.

---

*1) 앞의 영역본에 의하면 이 부분은 "그의 대상을 초월적으로 만드는 인식이다"로 번역되어 있다.

6. 내재성과 초월성이라는 두 개념의 분리

더 자세히 살펴보면 초월성이란 개념은 물론 이중의 의미를 지닌다. 그것은 인식 대상이 인식 작용 속에 내실적으로 포함되어 있지 않다는 것을 의미할 수가 있다. 그리하여 내실적으로 포함되어 있는 것은(위와는 반대로) "진정한 의미에서 주어져 있음"이나 "내재적으로 주어져 있음"이라는 의미에서 이해될 수 있으리라. 인식 작용, cogitatio는 이 cogitatio를 내실적으로 구성하는 내실적 계기들을 갖는다. 그러나 cogitatio가 생각하고, 이를테면 그가 지각한다든가 기억한다든가 등등을 하는 사물은 체험으로서의 cogitatio 자체 내에 발견되지 않으며, 그 한 부분으로서, 그 속에 실질적으로 존재하는 것으로서 내실적으로 발견되지도 않는다. 따라서 문제는 체험은, 말하자면 어떻게 자기 자신을 넘어설 수 있는가 하는 것이다. 따라서 내재적이란 여기서는 인식 체험 속에 내실적으로 내재적이란 것을 뜻한다.

다른 한편 또 하나의 **다른 초월성**이 있다. 그리고 이 초월성의 반대 개념은 전혀 (위에서 이야기한 것과는) 다른 내재성이다. 즉 이 내재성은 **절대적이고 명석한 소여성**이며, 절대적 의미에 있어서의 자기 소여성이다. 모든 의미있는 회의를 제거한 이 주어져 있음, 즉 생각된 대상성 자체를, 그리고 그것이 존재하고 있는 그대로를 단적으로 직접 직관하고 파악하는 것이 명증성의 진정한 개념을, 다시 말하자면 직접적인 명증성으로서 이해된 이 명증성 개념을 형성한다. 명증적이 아닌 모든 인식, 실로 대상들을 생각하고 정립하기는 하지만, **스스로 직관하지 못하는** 인식은 두 번째 의미로 초월적이다. 우리는 이런 인식에서 그때그때에 따라서 **진정한 의미에 있어서 주어진 것과 직접적으로 직관되어져서 파악된 것**을 넘어선다. 이 점에서는 어떻게 인식은 그에게 직접적으로 그리고 진정하게 주어져 있지 않은 어떤 것을 존재자로서 정립할 수가 있는가라는 문제가 생기게 된다.

이와 같은 두 개의 내재성과 초월성은 인식 비판적인 배려가 더 깊이 착수되기 전에는 서로 혼란된 상태에 있다. 그렇기는 하지만 내실적 초월성의 가능성에 대하여 최초로 질문을 던지는 사람이 본래적으로는 명증적 소여성의 영역에 관한 초월성의 가능성에 대한 두번째의 질문도 역시 함께 문제시한다는 것은 명백하다. 즉 그는 암암리에 실질적으로 이해할 수 있고 아무 의문도 없으며 절대적으로 명증적인 유일한 소여성이 인식 작용 속에 **내실적으로 포함되어 있는 계기**의 소여성이라는 것을 가정하고 있는 것이다. 그리고 바로 그렇기 때문에 그에게는 인식되어진 대상성에 있어서 인식 작용 속에 내실적으로 포함되어 있지 않은 모든 것이 애매하고 의문스러운 것으로서 타당하게 된다. 우리는 곧 이 점이 치명적인 잘못이라는 것을 보게 될 것이다.

7. 인식 비판의 최초 문제 : 초월적 인식의 가능성

이제 초월성은 어떤 하나의 의미로 또는 그와는 다른 의미로 또는 우선은 다양한 의미로 이해되어도 무방하다. 초월성이 인식 비판의 출발점이고 주도적인 문제이며 그것이 자연적 인식에 방해가 되는, 그리하여 새로운 탐구를 위한 추진력을 형성하는 수수께끼라는 점은 분명하다. 우리는 출발함에 있어서 이 (초월) 문제의 해결이 인식 비판의 과제라고 정의할 수 있으며, 인식 비판의 주제를 인식의 본질 문제 일반이라고 일반적으로 정의하는 것보다는 이런 정의를 통하여 이 새로운 분야에 대한 최초의 잠정적인 구획 정리를 내릴 수 있겠다.

만일 이 학문 분야를 최초로 세움에 있어서 **여기에(초월의 문제에)** 의문이 있다면, 이제 미리 주어진 것으로서 요청되어서는 안 되는 것이 좀 더 자세히 규명되어야 한다. 즉 이에 따르면 초월적인 것은 미리 주어진 것으로서 이용되어서는 안 된다. 만일 내가 인식이 무엇인가, 초월적인 것과 맞아떨어짐이 **어떻게 가능한가**를 파악하지 못한다면, 나는 그것이 가능한지의 **여부** 또한 알지 못한다. 초월적인 존재가 실제적으로 현존한다는 것을 학문적으로 정초하는 일은 더 이상 나를 도와주지 못한다. 왜냐하면 모든 간접적인 정초는 직접적인 정초로 소급되며 직접적인 것은 이미 수수께끼를 지니고 있는 것이기 때문이다.

그러나 아마도 다음과 같이 이야기하는 사람이 있으리라. 즉 직접적인 인식에 못지 않게 간접적인 인식도 수수께끼를 지니고 있다는 것은 확실하다라고. 그러나 **그것이 그렇다**(Daß)는 사실은 절대적으로 확실하지만, **어떻게 그런가**(Wie)라는 것은 수수께끼이다. 분별있는 정상적인 사람은 어느 누구도 세계의 실재에 관하여 의심하지 않을 것이며, 회의론자는 실천을 통하여 자신의 거짓말에 대한 벌을 내릴 것이다. 그렇다면 좋다. 이제 우리는 그에게 좀더 강력하고 한층더 넓은 범위에 적용되는 논의로 대답을 해보자. 왜냐하면 우리의 논의가 인식론을 **시작함에 있어서 자연적으로나 초월적으로 객관화하는 학문 일반의 내용에 의거해서는 안 된다는 것만을 증명하는 것이 아니라, 인식론의 발전 과정 전체에 있어서도 역시 허락되지 않는다는 것을 증명하기 때문이다. 다시 말하면 우리의 논의는 인식론이 절대로 그리고 결코 자연적 태도의 학문 위에—그것이 어떤 종류의 것이든지—건립될 수 없다는 기본적인 명제를 증명하게** 될 것이다. 그럼 우리는 상대방이 그의 초월적 지식을 갖고 무엇을 하려고 하는지를 물어 보자. 그리고 우리는 그가 객관적 학문의 초월적 진리의 모든 저장품을 자유로이 처분하도록 허락하고, 초월적 학문이 어떻게 가능한가라고 제기되는 수수께끼를 통해서도 이 초월적 진리가 그 진리치에 있어서 변경되지 않았다고 생각하자. 이제 우리의 반대자는 일체를 포괄하는 그의 지식을 갖고 무엇을 시작하려는 것일까? 어떻게 그는 그렇다는 사실로부터 '어떻게'로 갈 작정인가? 초월적 인식은 실제적이라는 것을 사실로서 안다는 그의 지식이 그에게는 초월적 인식이 가능하다는 것을 논리적으로 자명한 것으로 보증해 준다. 그러나 수수께끼는 그것이 **어떻게** 가능한가 하는 점이다. 설령 그가 모든 종류의 또는 어떤 종류의 초월적 인식을 전제로 한다고 하더라도, 그는 이 수수께끼를 모든 학문의 정립 자체를 근거로 해서 해결할 수 있을까? 그에게 있어서 아직도 본래적으로 결여되어 있는 것이 도대체 무엇인가를 생각해 보자. 그에게 있어서는 바로 초월적 인식의 가능성은 자명한 것이고, 그가 스스로에게 나의 경우에 있어서는 초월적인 것에 관한 지식은 존립한다고 이야기할 때, 그것은 분석적으로 자명하다. 그리고 그에게 결여되어 있는 것도 명백하다.[1] 그에게 분명치 않은 것은 초월성에 대한 관계이고, 지식과 인식에 속해 있는 "초월적인 것과의 만남"이다. 명석성은 그에게 어디에 있으며 어떻게 있단 말인가 ? 만일 이 관계의 본질이 그의 어디엔가에 **주어져** 있다고 한다면, 그리하여 그가 관계의 본질을 직관할 수 있고 맞아떨어짐이라는 말이 암시하는 인식 대상과 인식의 통일을 스스로 눈 앞에 가진다면, 그리고 그럼으로써 단지 이 통일성의 가능성에 관한 지식뿐만 아니라, 이 가능성을 그의 명백한 소여성에 있어서 갖게 된다면, 그는 명석성을 얻을 수 있다. 그렇지만 이 가능성 자체가 그에게는 바로 초월적인, 그리고 알려진 것이기는 하나, 스스로 주어지지도 않고 직관되지도 않은 가능성으로 여겨진다. 그의 생각은 분명히 다음과 같다. 즉 인식은 인식 대상과는 다른 것이다. 즉 인식은 주어져 있으나 인식 대상은 주어져 있지 않다. 하지만 인식 주관은 대상과 관계를 맺고, 그것을 인식해야 한다. 도대체 나는 이 가능성을 어떻게 이해할 수 있을까 ? 대답은 말할 것도 없이, 이 관계가 직관할 수 있는 어떤 것으로서 주어져 있을 때에만 나는 이 가능성을 이해할 수 있다는 것이다. 만일 대상이 초월적인 것이고 또 그렇게 계속하여 남아 있다면, 그리고 인식과 대상이 실제로 서로 분리되어 있다면, 그가 아무것도 볼 수 없다는 것은 당연하다. 그리고 어떻게든 명백하게 되려는, 심지어는 초월적 전제로부터 거꾸로 추리함(Rückschluß)을 통하는 길을 찾으려는 그의 희망은 틀림없는 바보짓이다.

이와 같은 생각에 사로잡혀 있는 한, 그는 필연적으로 그의 출발점마저도 당연히 포기해야 하리라. 다시 말하면 그는 이러한 상황에서 초월적인 것에 대한 인식은 불가능하고, 그가 초월적인 것에 관한 지식을 갖고 있다는 것은 하나의 편견에 지나지 않았다는 것을 승인하지 않을 수 없으리라. 이쯤되면 문제는 더 이상 초월적 인식이 어떻게 가능한가라는 것이 아니라, 초월적인 기능이 인식에 전가한 이 편견이 어떻게 설

---

1) 부록 3을 참조.

명되어지는가 하는 데 있다. 그리고 이것이 바로 **흄**의 길이었다.

그렇지만 우리는 이런 것으로부터 눈을 돌리자. 그리고 우리의 기본적인 생각, 즉 어떻게의 문제 (초월적 인식이 어떻게 가능하며, 좀더 일반적으로 말하면 도대체 인식 일반이 어떻게 가능한가라는 문제)는 절대로 초월적인 것에 관한 미리 주어진 지식이나 그것에 관한 미리 주어진 명제, 그리고 그것이 어디에서부터 이미 취해진 것일지라도, 말하자면 그것이 정확한 학문으로부터 취해진 것일지라도, 미리 주어진 그런 것을 근거로 해서는 해결될 수 없다는 기본적인 생각을 명백하게 하기 위하여 아래와 같은 것을 부언하자. 태어날 때부터 귀머거리인 사람도 음이 있다는 것, 이 음이 하모니를 이룬다는 것, 그리고 이런 것에서 훌륭한 예술이 탄생된다는 것은 안다. 그러나 그는 음들이 **어떻게** 그렇게 하는지, 음악 작품이 어떻게 해서 가능한지는 이해할 수 없다. 그는 그러한 것들을 도저히 **표상할** 수 없다. 다시 말하자면 그는 그것을 직관할 수도 없고, 이 직관을 통하여 어떻게 그렇게 되는가를 파악할 수도 없다. 실재하고 있다는 것에 관한 그의 지식은 그를 도와주지 못한다. 만일 그가 그의 지식을 근거로 해서 음악 예술이 어떻게 형성되는가 하는 그 어떻게(das Wie)를 연역하려 하거나, 그가 이미 알고 있는 것으로부터 추리를 함으로써 음악의 가능성을 명백히 하려고 한다면, 그것은 불합리한 일일 것이다. 단순히 알려졌을 뿐 직관되지 못한 실재로부터 연역하는 일은 이루어질 수 없다. 직관함은 논증되거나 연역되지 못한다. 직관적이 아닌 지식으로부터 논리적으로 (어떤 결론을) 도출하여 가능성(그것도 직접적인 가능성)을 해명하려는 것은 명백한 **넌센스**이다. 따라서 설령 내가 초월적 세계가 존재한다는 것을 완전히 확신한다고 해도, 또 내가 모든 자연적 (입장의) 학문을 모두 완벽하게 타당한 것으로 인정한다 해도, 나는 그것들로부터 어떠한 것도 차용할 수가 없다. 나는 초월적 가정이나 학문적 추론을 통하여 내가 인식 비판에서 하려는 것, 즉 인식의 초월적 객관성의 가능성을 간파하리라고는 상상해서도 안 된다. 그리고 이것은 인식 비판학이 **어떻게 해서 인식이 가능한가**를 해결하는 문제를 고수하는 한, 인식 비판의 단초에만 타당한 것이 아니라, 그 발전 과정에 대해서도 타당하다는 것은 분명하다. 그리고 그 것은 분명히 초월적 대상성의 문제에 대해서뿐만 아니라 모든 가능성의 해명에 대해서도 타당하다.

8. 인식론적 환원의 원칙

만일 우리가 이런 것과 초월하는 사고 행위가 수행되고, 사고 작용을 근거로 해서 판단이 성립되는 모든 경우에 있어서 초월적 의미로 판단 되고, 그리하여 다른 종류에로의 기초 이동($\mu\varepsilon\tau\alpha\beta\alpha\sigma\iota\varsigma$ $\varepsilon\iota\varsigma$ $\ddot{\alpha}\lambda\lambda o$ $\gamma\acute{\varepsilon}\nu o\varsigma$) 으로 떨어질 매우 강력한 경향을 연결시키면, **인식론적 원칙**의 충분하고 완전한 연역이 일어난다. 다시 말하면, 그것이 어떤 종류의 인식 유형 이든 모든 인식론적 탐구에 있어서 인식론적 **환원**이 수행된다. 즉 이때 같이 참여한 모든 초월성에는 배제의 부호나 무관심의 부호, 또는 인식 론적 제로의 부호가 붙여져야 한다. 또는 이와 같은 모든 초월적인 것 의 실재는 내가 그것을 믿든 안 믿든간에 여기서는 아무 상관도 없고, 지금 여기는 초월적인 것의 실재에 관하여 판단할 장소가 아니며, 그것 은 전혀 문제도 아니라고 말하는 부호가 붙여져야 한다.

한편으로는 인류학주의나 생물학주의의 기본 오류와 연관되어 있고, 다른 한편으로는 심리학주의와 연관되어 있는 인식론의 기본적인 오류 는 모두 위에서 언급한 메타바시스와 연관되어 있다. 이 메타바시스가 지극히 위험하다는 이유는 부분적으로는 문제의 본래적인 의미가 절대 적으로 명백하게 되지 않고, 이 메타바시스 속에서 완전히 상실되기 때 문이며, 부분적으로는 이미 명백하게 된 것까지도 이 명백성을 계속하 여 유효하게 보존할 수 있기가 어렵고, 그리하여 방황하면서 모색하는 중에 다시 자연적 (입장의) 사고 방식이나 판단 방식의 유혹에 또는 이 들의 기반 위에서 성장한 잘못된 그리고 오도된 문제 제기에 쉽게 빠지 기 때문이다.

제 3 강의

1. 인식론적 환원의 대행 : 모든 초월적인 것의 배제

이처럼 자세히 논함으로써 인식 비판이 이용해도 좋은 것과 이용해서는 안 되는 것이 자세하고 정확하게 확정된다. 인식 비판의 수수께끼는 단지 언제든지 일어날 수 있다는 관점에서 본 초월적인 것의 가능성이다. 그렇다고 초월적인 것의 현실성이 고려되어도 좋다는 것은 절대로 아니다. 이용할 수 있는 대상성의 영역이나 이용할 수 있는 인식의, 즉 타당한 것으로서 나타나는, 그리고 인식론적 무(無)의 징후로부터 자유로울 수 있는 그러한 영역이 축소되어 없어진다는 것은 분명히 아니다. 물론 우리는 cogitationes 의 모든 영역을 확보하고 있다. cogitatio 의 존재, 더 자세히 말하면 인식 현상 자체는 의문시되지 않는다. 그리고 그것은 초월성의 수수께끼로부터 자유롭다. 이들의 실재는 이미 인식 문제에 전제되고 있으며, 만일 초월적인 것뿐만 아니라 인식 자체도 역시 포기되어진다면, 어떻게 하여 초월적인 것이 인식 속에 들어오는가 하는 물음도 그 의미를 잃게 될 것이다. cogitationes 가 절대적으로 내재적인 소여성의 영역을 나타내 주는 것은 우리가 내재성을 어떠한 의미로 해석하더라도 또한 명백하다. 순수 현상을 직관함에 있어서 대상은 인식 밖에, 즉 '의식' 밖에 있는 것이 아니다. 동시에 그것은 순수하게 직관되어진 것의 절대적 자기 소여성이라는 의미로 주어져 있는 것이다.

그러나 지금은 **인식론적 환원**을 통한 확신이 필요하다. 그리고 이 환원의 방법적 본질을 우리는 여기서 처음으로 구체적으로 연구하려 한다. 우리는 여기서 cogitatio 의 존재의 명증성이 나의 cogitatio, 즉 사고하는 존재(sum cogitans) 등등의 나의 cogitatio 가 있다는 명증성과 혼동되지 않도록 하기 위하여 환원을 필요로 한다. 현상학의 의미에 있어서 **순수 현상**과 **심리학적 현상**, 즉 자연 과학적 심리학의 대상과의 기본적인 혼동을 조심해야 한다. 만일 내가 자연적 태도로 사유하는 한 사람으로서 지금 바로 나 스스로 하고 있는 지각을 주시한다면, 나는 이 지각을 즉시 그리고 거의 불가피하게 나의 자아와의 연관에서 파악한다(그리고 이런 지각이 사실이라는 것이다). 즉 이 지각은 이 체험하는 사람의 체험으로서, 그의 대상으로서 그리고 그의 행동으로서 그의 자아와의 연관 아래에 있고, 감각 내용도 그에게 내용적으로 주어진 것으로서, 감각된 것으로서, 의식된 것으로서 자아와의 관계 아래 있으며, 이 지각은 객관적 시간 감각과 결합한다. 개인적 자아와의 연관 아래에서 파악한다면 지각은, 아니 다른 사고 작용은 모두 **심리학적 사실**이다. 따라서 이와 같은 지각은 객관적 시간 속에 있는 자료로서 파악되며, 이 세계 속에 있는 체험하는 자아로서 그의 시간의 지속(이 시간은 경험적인 시간 측정법적인 보조 수단을 통하여 측정될 수 있는 시간인데) 속에 있는 자아에 속해 있다. 따라서 이 심리학적 사실은 우리가 심리학이라 부르는 자연 과학적 의미에 있어서의 현상이다.

2. 탐구의 주제 : 순수 현상

이런 의미에 있어서의 현상은 우리가 인식 비판에 있어서 복종해야 할 법칙, 즉 모든 초월적인 것에 관한 판단 중지의 법칙에 예속된다. 개인으로서, 이 세계의 사물로서, 객관적 시간 속에 배열되어 있는─확정된 것은 아니지만─이 개인의 체험으로서의 체험은 모두 초월이고 인식론적으로는 제로이다. 환원을 통하여—이 환원을 우리는 이미 **현상학적 환원**이라고 부르고 싶었던 것인데—나는 초월에 관한 어떠한 것도 더 이상 제공하지 않는 절대적 소여성을 획득한다. 비록 내가 자아와 세계 그리고 자아의 체험 자체를 의심한다 해도, 해당되는 체험의 파악 속에 주어진 것을, 즉 나의 자아를 단순하게 직관하는 반성은 파악의 **현상**을, 즉 "나의 지각으로서 파악된 지각"과 같은 현상을 가져온다. 물론 나는 이 현상도 자연적 고찰 방식으로 다시금 나의 자아와 연결시킬 수 있다. 이 자아는 내가 나는 이 현상을 갖고 있으며, 그것은 나의 것이다라고 이야기할 때, 경험적 의미로 정립되는 그런 것이다. 그렇게 되면 나는 순수 현상을 획득하기 위해 다시금 자아를 시간이나 세계와 똑같이 회의 속에 정립해야 하고, 그리하여 순수 현상, 즉 순수한 cogitatio를 밝혀 주어야 할 것이다. 그러나 나는 또한 동시에 순수히 직관적으로 지각을, 그것이 지금 거기에 있는 그대로의 지각 자체를 주시할 수 있으며, 자아와의 관계를 중단하거나 이 관계로부터 추상할 수도 있다. 그러면 직관적으로 그렇게 파악되고 한정된 지각은 절대적인 모든 초월과 관계를 끊은 지각이고, 현상학적 의미에 있어서 순수 현상으로서 주어져 있는 것이다.

따라서 현상학적 환원 과정에서 그의 내재적 본질을 (낱낱이 얻어진) 절대적인 소여성으로서 나타내 주는 순수 현상이 모든 심리적 체험에 상응한다. 모든 "내재적이 아닌 현실성"의 정립이나 현상 속에서 생각되긴 하나 그 속에 포함되어 있지 않은 현실성의 정립, 그리고 동시에 생각될 것이라는 뜻에서조차 주어져 있지 않은 모든 현실성의 정립은 배제되고 보류된다.

만일 그와 같은 순수 현상을 탐구 대상으로 할 가능성이 있다면, 우리가 이제는 더 이상 심리학에, 즉 이 초월적으로 대상화하는 자연적인 학문에 서지 않는다는 것은 분명하다. 그때에 우리는 심리학적 현상에 관하여 소위 실제적 현실성(그것의 실재는 완전히 의문시되고 있는 것인데)의 나타남에 관하여는 어떤 것도 탐구하지도 논급하지도 않고, 오히려 우리는 객관적 현실성과 같은 어떤 것이 존재하는지의 여부에 상관없이, 또 그와 같은 초월들의 정립이 정당화되는지에 상관없이 존재하며, 타당한 것에 관하여 탐구하고 논급한다. 우리는 이때 똑같이 그와 같은 절대적 소여성에 관하여 이야기하는 것이다. 다시 말하자면 이 소여성이 또한 지향적으로 객관적 현실성에 관계한다 할지라도, 이 관계한다는 것은 그것이 어떤 형태이든 소여성 속에 있는 어떤 성격에 지나지 않는다. 그러나 이에 반하여 **현실성의 존재와 비존재**에 대해서는 아무 것도 예측되지 않는다. 이렇게 하여 이미 우리는 현상학의 해변에 닻을 내린 것이며, 마치 학문이 그의 탐구 대상을 정립하듯이 이 현상학의 대상들도 존재하는 것으로서 정립된다. 그러나 그것은 하나의 자아 속에, 시간적 세계 속에 있는 실재로서 정립되는 것이 아니라 순수한 내재적 직관 속에서 파악된 절대적 소여성으로서 정립된다. 그런데 여기에서 우선 순수하게 내재적인 것이 **현상학적 환원**을 통하여 특징지워져야 한다. 나는 여기에 있는 바로 이것을, 즉 초월적으로 생각되어진 것이 아니라 그 자체 내에 (본질적으로) 있는 것, 그리고 ~으로서 주어져 있는 것을 의미한다. 이와 같은 이야기는 물론 여기에서 살펴보아야 할 것 중에서 최초의 것, 즉 초월적 대상의 사이비 소여성과 현상의 절대적 소여성 자체와의 차이를 살펴보도록 유도하기 위한 우회로이고 임시 변통일 뿐이다.

그러나 이제 새로운 땅에 확고한 발걸음을 내딛고, 이 새로운 땅의 해변 끝에서 좌절되지 않기 위해서는 새로운 시도가, 즉 새로운 심사 숙고가 필요하다. 왜냐하면 이 해변에는 많은 암초들과 회의의 폭풍우로 우리를 위협하는 불분명성의 먹구름이 그 위에 걸려 있기 때문이다. 지금까지 우리가 이야기했던 것은 모든 현상에 적용되긴 하지만, 특히 인식 비판을 위해서 우리의 관심을 끄는 것은 물론 인식 현상일 뿐이다. 그러나 우리가 이제 자세히 논의하려는 것을 적당히 변경하면, 모든 현상에 타당한 것이므로 모든 현상에 동일하게 고려될 수 있다.

인식 비판에 대한 고찰은 우리를 출발점으로, 즉 우리가 처리하여도 무방한 그리고 우리에게 무엇보다도 필요한 것으로 여겨지는 소여성의 대륙으로 이끌어 준다. 인식의 본질을 규명하기 위하여 나는 물론 인식의 의문시되는 모든 형태에 있어서 인식을 **소여성으로서** 소유해야 하며, 비록 이전의 인식들이 소여성을 제공하는 것처럼 보일지라도, 이전의 인식론이 내포하고 있었던 문제들을 모두 배제한 그런 방식으로 소유해야 한다.

우리는 순수한 인식의 분야에 대한 확신을 가지고 있었으며, 이제 이 분야를 연구할 수 있고 순수 현상의 학문, 즉 **현상학**을 건립할 수 있다. 이것이 우리를 격동시키는 문제들의 해결을 위한 기초이어야 한다는 것은 당연하지 않을까? 그렇지만 인식의 본질은 내가 그것을 스스로 직시하고, 인식 본질이 있는 그대로 나의 직관 속에 주어질 때에만 명백하게 될 수 있다는 것도 또한 분명하다. 나는 본질을 순수 현상 속에서, 즉 '순수 의식' 속에서 내재적으로 그리고 순수하게 직관적으로 연구해야 한다. 물론 인식 본질의 초월성은 의심스럽다. 그것이 초월적인 한, 관계를 맺고 있는 대상성의 존재는 나에게 주어지지 않는다. 그럼에도 불구하고 대상성이 정립될 수 있으며, 만일 그런 정립이 가능하다면, 어떤 의미를 가지며 또 가져도 좋은가 하는 것이 바로 문제이다. 다른 면에서 보면, 초월적인 것과의 이 관계는 내가 그것의 존재를 그의 (대상과의) 맞아떨어지는 성격에 따라서 문제로 제기한다고 하더라도, 역시 순수 현상 속에서 파악할 수 있는 어떤 것을 갖는다. 초월적인 것과 관계한다는 것은 그것을 이러한 방식으로 또는 저러한 방식으로 생각한다고 하더라도 역시 현상의 내적 성격이다. 마치 그것은 절대적 cogitationes에 관한 학문에만 의존하는 것처럼 보인다. 그렇지 않다면 내가 생각되어진 초월적인 것의 미리 주어져 있음의 성격을 제거해야 할 때, 나는 그것이 자기 자신을 넘어서 생각하는 것의 **의미뿐만** 아니라, 그 의미와 함께 또한 그의 가능한 **타당성** 또는 타당성의 의미를, 이런 의미가 절대적으로 주어져 있는 그곳(절대적인 cogitatio 의 영역) 이외의 어디서, 그리고 관계, 확증 및 입증의 순수 현상 속에서, 그리고 타당성의 의미가 그의 입장에서 절대적 소여성으로 오는 그곳 이외의 어떤 다른 곳에서 연구할 수 있단 말인가?

물론 이때 타당한 초월과 같은 것이 존재하는 이상, 의식 작용에 있

어서 더 많은 것이 아직도 등장해야 하는 것이 아닐까*¹⁾ 하는 의문, 또
는 타당성의 소여성이 또한 대상의 소여성을, 이 타당성은 다른 면으로
는 cogitatio 의 타당성일 수는 없는 것인데, 그런 대상의 타당성을 자신
과 함께 이끌어들이는 것이 아닌지 하는 의문이 동시에 우리에게 일어
난다. 그렇다고 할지라도 절대적 현상, cogitationes 로서 이해된 이 현
상에 관한 학문이 첫째로 필요한 것이고, 이 학문이 적어도 주요 부분
을 해결해 주리라.

3. 절대적 현상의 '객관적 타당성'의 물음

따라서 현상학이, 여기에서는 순수 인식 현상의 본질학으로서의 인식
론의 현상학이 바로 우리의 탐구 목적이며, 거기에 대한 전망은 밝다.
그러나 현상학이 어떻게 일을 시작해야 하며, 그것이 어떻게 가능한가
는 내가 판단해야 하며, 판단도 객관적으로 타당하게 해야 하고, 순수
현상을 학문적으로 인식해야 한다. 그러나 모든 학문은 그 자체로 존재하
는 객관성의 확립으로, 따라서 초월적인 것을 향하여 이끌어 가는 것이 아닌
가? 학문적으로 확립된 것이 존재하는 것은 그 자체로 존재하는 것이며,
내가 그것을 인식을 통하여 존재하는 것으로 정립하거나 정립하지 않거
나에 관계없이 단적으로 존재하는 것으로서는 타당하다. 학문에서 단지
인식되어진 것의, 즉 학문적으로 정초된 것의 객관성은 상관자로서 학
문의 본질에 속하는 것이 아닌가? 그리고 학문적으로 정초된 것은 보
편 타당한 것이 아닌가? 그런데 여기에서는(순수 현상학의 입장에서는)
어떠한가? 우리는 순수 현상의 분야에서 생각하고 있다. 그런데 나는
왜 분야라고 이야기하는가? 그것은 오히려 헤라클레이토스적인 영원한 흐
름이다. 이런 점에서 나는 어떤 표현을 사용하면 좋을까? 이곳에 이것
이 있다라고 나는 직관적으로 말할 수도 있겠다. 그것이 있다는 것, 그
것은 의심할 여지가 없다. 또는 아마도 이 현상이 저 현상의 부분으로

---

*1) 앞의 영역본에 의하면, 이 부분을 "…작용 속으로 넘겨 주었음이 틀림
없는 잉여분이 아직 존재하고 있지 않은지…"로 옮겨져 있다.

서 포함된다든지 또는 이 현상이 저 현상에 유입된다는 등등으로 이야 기할 수 있겠다.

그러나 분명히 이와 같은 표현은 '객관적' 타당성이 없다. 이 표현은 어떠한 '객관적 의미'도 갖지를 못하며 단지 '주관적' 진리만 갖고 있을 뿐이다. 그러나 지금 우리는 여기에서 이 표현이 '주관적으로' 옳다고 주장하는 한에서 그것이 어떤 의미에 있어서는 그것의 객관성도 역시 갖고 있는 것이 아닌가의 여부에 대한 탐구에 참견할 생각은 없다. 그러나 언뜻 보아 이미 분명한 것은, 이를테면 학문 이전의 자연적 판단을 야기시키고, 정확한 학문의 타당한 판단을 비교가 안 되리 만큼 고도의 완성으로 이끌어 올리는, 객관성의 저 더 높은 위엄이 이 점에는 아주 결여되어 있다는 것이다. 우리는 우리가 순수하게 직관적으로 내리는, 여기에 있는 이것이 존재한다 등과 같은 판단에 특별한 가치를 부과하려 하지 않는다.

이것 이외에도 여러분은 이 점에서 저 유명한 칸트의 **지각 판단**과 **경험 판단**의 구별을 기억해 낼 것이다. 이것과 칸트의 구별 사이에는 유사성이 있다. 그러나 다른 면에서 보면 칸트는, 현상학의 개념과 현상학적 환원의 개념이 그에게 결여되어 있고 심리주의와 인류학주의로부터 완전히 빠져 나오지 못하였기 때문에, 우리의 논의에서는 필수적인 구별의 최종적인 의도에 도달하지 못하였다. 물론 우리에게 있어서도 그의 타당성에 있어서 경험적 주관에만 국한되는 단순히 주관적으로만 타당한 판단은 문제가 되지 않으며, 객관적으로 타당한, 즉 모든 주관 일반에 대하여 타당한 판단이 문제이다. 다시 말하자면 우리는 경험적 주관을 이미 배제했고 그리하여 초월적 통각, 즉 의식 일반은 우리에게는 (칸트의 그것과는) 전혀 다른 의미이며, 신비적인 의미를 전혀 갖지 않게 된다.

그렇다면 이제 우리는 우리의 관찰의 본 궤도로 다시 돌아가기로 하자. 단순 판단으로서의 현상학적 판단들은 우리에게 많은 것을 가르쳐 주지는 않는다. 그러나 판단이, 그것도 학문적으로 타당한 판단은 어떻게 획득되는가? 그리고 이 **학문적**이라는 말은 우리를 즉시 당황하게 한

다. 우리는 객관성과 함께 **초월**이 오며, 이 초월과 함께 그것이 무엇을
의미해야 하며, 그것이 가능한지의 여부와 가능하다면 어떻게 가능한가
하는 회의가 오지 않는가라고 묻는다. **인식론적 환원**을 통하여 우리는 초
월적 가정들을 배제한다. 왜냐하면 초월이 그의 가능한 타당성과 그 의
미에서 의문시되기 때문이다. 그러나 그렇다면 아직도 인식론 자체의 학
문적인 확립이, 즉 초월적 확립이 가능할까? 초월의 가능성을 정초하
기 전에는 어떠한 인식론 자체의 초월적인 확립도 일어나지 않는다는 것
은 당연하지 않은가? 그러나 인식론적 판단 중지가—그렇게 보일 수
가 있는데—우리가 어떠한 초월도 그의 가능성을 정초하기 전에는 타
당한 것으로 해서는 안 된다는 것을 요구한다면, 그리고 초월의 가능성
을 정초함 자체가 객관적 정초의 형식에 있어서 초월적 정립을 요구한
다면, 현상학과 인식론을 불가능하게 만드는 (악)순환이 여기에 있는 듯
하다. 그리고 여태까지의 노력은 헛일이 되리라.

　우리는 현상학의 가능성과 분명히 이 점에 연관되어 있는, 즉 인식 비
판의 가능성에 바로 (더 이상 노력해 보지도 않고) 절망할 수는 없을 것
이다. 우리는 이제 이 기만하는 순환을 해결해 줄 전진이 필요하다. 근
본적으로 생각하면, 우리가 이중의 초월성과 내재성을 구별하였을 때,
우리는 이미 이 전진을 수행하였던 것이다. 여러분들이 기억하고 있듯
이, 데카르트는 cogitatio 의 명증성을 (또는 오히려 우리는 이것을 받아
들이지 않았으나, "나는 생각한다. 그러므로 나는 존재한다"의 명증성
을) 확립한 후에 나에게 이 근본 소여성을 보장해 준 것은 무엇인가라고 묻
는다. 그것은 명석하고 판명한 지각이었다. 우리는 이 점에서 논의의 실
마리를 잡을 수 있겠다. 우리가 여기에서 이미 데카르트보다도 더 깊게,
더 순수하게 이 문제를 파악하였고, 따라서 명석 판명한 지각이라는 명
증성도 역시 더 순수한 의미로 파악되어지고 이해되었다는 것은 말할 필
요도 없겠다. 우리는 이제 데카르트와 더불어 한걸음 더 (필요한 변경
을 가하여) 전진할 수 있다. 즉 각각의 cogitatio *2)가 그렇듯이 명석하

---

*2) 개개의 단순한 cogitatio 를 의미한다.

고 판명한 지각을 통하여 주어져 있는 것은 그것이 무엇이든 우리는 동
일한 타당성을 요구해도 된다. *3) 이것은 당연히 우리가 제3성찰이나 제
4성찰을, 즉 신의 존재 증명이나 신의 성실성을 전거로 이끌어 내는 등
등의 것을 상기하면, 무엇인가 좋지 않은 것을 예기하게 된다. 여러분
들도 끊임없이 한번 매우 회의적이길 또는 오히려 비판적이길 비는 바
이다.

우리는 순수 cogitatio 의 소여성을 절대적인 것으로 인정하였다. 그러
나 외부 지각의 경우 외부 사물의 소여성을, 비록 외부 지각이 사물 그
자체의 존재를 제공할 수 있다고 주장하더라도, 그것을 절대적인 것으
로 인정할 수는 없다. 사물의 초월성이 우리가 그것을 의문시할 것을 요
구한다. 우리는 어떻게 지각이 초월적인 것을 만날 수 있는가를 이해하
지 못한다. 그러나 우리는 지각이 어떻게 반성적인 그리고 순수히 내재
적인 지각의, 즉 환원된 지각의 형식에 있어서 내재적인 것을 만날 수
있는가를 이해한다. 그런데 우리는 어떻게 해서 그것을 이해할 수 있는
가? 말하자면 우리는 우리가 직관하면서 그리고 파악하면서 생각하는
것을 직접적으로 직관하고 직접적으로 파악하는 것이다. 현상 속에 그
자체로 주어져 있지 않은 어떤 것을 지적하는 현상을 눈 앞에 갖고 있
음과 그런 어떤 것이 존재하는지의 여부, 그리고 그것이 존재한다는 것
은 어떻게 이해될 수 있는지를 의심하는 것은 의미있는 일이다. 그러나
직관하고, 직관하면서 파악된 것만을 생각하고, 그러면서도 아직 의문
시하고 회의하는 것은 무의미하다. 요컨대 이 말은 근원적으로 참된 직
관, 참된 자기 소여성이 엄격한 의미에 있어서 제시되어 있고 다른 소
여성이, 즉 주어져 있지 않은 것을 생각하는 다른 소여성이 제시되지 않
는 한, 직관함과 스스로 주어져 있는 것을 파악하는 일이 궁극적이라는
점을 뜻할 뿐이다. 이것이 **절대적 자명성**이다. 다시 말해 자명적이 아닌
것, 문제적이고 심지어 신비스럽기까지 한 것은 초월하는 생각, 즉 주
어져 있지 않은 것을 생각하고 믿고, 실로 번잡하게 정초하는 작용 속

---

*3) 앞의 영역본에 의하면, 이 부분을 "…우리는 동일한 타당성을 부여하여
도 되겠다"로 옮겨져 있다.

에 있다. 그럼에도 불구하고 이때에 절대적 소여성이, 즉 생각함 그리
고 믿음 자체의 주어져 있음이 확립될 수 있지만, 그것은 우리를 도와
주지는 못한다. 그리고 조금만 반성해 보면 이 점을 발견하게 된다. 그
러나 이 주어져 있는 것이 바로 생각되어진 것은 아니다.

4. 단순한 소여성에 제한함의 불가능성 : 본질 인식으로서의 현상학적 인식

그러나 절대적 자명성, 직관하는 자기 소여성은 어찌하여 단지 단순
한 체험에만, 그리고 그의 단순한 계기들과 부분들에만 현존하는가? 즉
단지 이곳에 있는 이것의 정립만이 거기에 현존하는가? 다른 종류의 소
여성의 직관적 정립이 절대적 소여성으로서 있어야만 하는 것이 아닌가?
예를 들어 그것을 의심한다면, 한번 더 불합리한 일이 될 자명한 소여
성으로 보편적인 것이 직관을 통하여 오는 그런 보편성의 직관적 정립
이 있어야 하지 않을까?

cogitatio 를 현상학적으로 단순한 소여성에 제한시킴이 아무리 탁월하
더라도, 그로부터 이미 아래와 같은 결과가 생긴다. 즉 우리가 데카르
트에 의거하여 세웠던, 그리고 분명히 절대적 명백성과 자명성에 의하
여 규명된 명증성 고찰이 사라져 버릴 것이라는 결과가 나온다. 즉
cogitatio 의, 가령 우리가 지금 바로 체험한 느낌의 단순하게 현전하는
경우에 대하여 우리는 아마도 그것은 존재한다라고 이야기할 수는 있겠
다. 그러나 환원되어진 현상의 소여성 일반은 절대적이고 의심할 바 없는 소
여성이다라는 지극히 보편적인 명제를 주장함은 결코 용인할 수 없으리라.

그러나 이것은 단지 여러분들을 (본격적인) 길로 인도하기 위한 것에
불과하다. 어떤 경우이든 인식 비판의 가능성이 환원된 cogitationes 와
는 별도의 절대적 소여성을 제시하는 일에 의존한다는 것은 분명하다.
좀더 자세히 조사해 보면, 우리는 우리가 cogitationes 에 관하여 내린 술
어적 판단을*⁴⁾ 통하여 이미 이 cogitationes 를 넘어서고 있는 것이다.

---

*4) 앞의 영역본에 의하면, 술어적 판단이라는 용어를 주어—술어적 판단
    으로 번역하고 있다.

이미 우리가 이 판단 현상에 이러이러한 표상 현상이 그 근원에 놓여 있다든가, 이 지각 현상은 이러이러한 계기들을, 즉 색채 내용 등등의 요소를 포함하고 있다라고 이야기할 때, cogitationes 를 넘어서고 있는 것이다. 그리고 심지어는 우리가 cogitatio 의 소여성에 가장 정확하게 맞추어서, (그런 의미로) 전제에 맞추어서 이런 진술을 했다고 할지라도, 우리는 언어 표현 속에서 나타난 논리적 형식에 의하여 확실히 감각의 개별적 cogitationes 를 넘어선 것이다. 거기에는 새로운 cogitationes 의 단순한 누적이 아닌 그 이상의 어떤 것이 있다. 그리고 비록 우리가 그것에 관하여 표현한 cogitationes 에 대하여 술어적 사고를 함으로써 새로운 것이 첨가된다 할지라도, 그것은 술어적 사태를, 즉 표현의 대상성을 형성하였다는 것은 아니다.

5. '아 프리오리' 개념이 갖는 두 가지 의미

적어도 순수 직관의 입장으로 자신의 입장을 옮긴, 그리고 모든 자연적 편견을 멀리할 수 있는 사람들에게는 아래와 같은 인식은 파악하기가 비교적 쉽다. 즉 단지 개별성뿐만 아니라 보편성, 보편적 대상들 그리고 보편적 사태가 절대적인 자기 소여성에 도달할 수 있다는 인식은 비교적 쉽게 파악될 수 있다. 이 인식은 현상학의 가능성을 위해서 결정적인 의미를 지닌다. 왜냐하면 현상학은 순수 직관적 고찰의 범위 안에서, 즉 절대적 자기 소여성의 범위 안에서 행하는 본질 분석 및 본질 탐구라는 것이 그의 고유한 성격이기 때문이다. 이것이 현상학의 필연적인 성격이다. 왜냐하면 현상학은 가능성들을, 즉 인식의 가능성과 평가의 가능성을, 그것도 그들의 본질적 근거로부터 해명함을 목적으로 하는 학문이며 방법이고자 하기 때문이다. 그것들은 일반적으로 문제가 되는 가능성들이고, 따라서 현상학의 탐구는 보편적인 본질 탐구인 것이다. 그러므로 본질 분석은 당연히 보편적인 분석이고, 본질 인식은 본질에, 본체에 그리고 보편적 대상성에로 향한 인식이다. 그리고 여기에서 아 프리오리에 관한 논의는 그의 합당한 위치를 갖는다. 왜냐하면 최소한 우리가 아 프리오리에 관한 경험론적으로 잘못된 개념을 배제하는 이상, 경험적 인식은 순수하게 보편적 본질을 지향하고 있는, 즉 순수히 그의 본질로부터 그의 타당성을 만들어 가는 인식이란 것 이외의 어떤 다른 무엇을 의미한단 말인가?

어떻든 이것이 아 프리오리에 관한 하나의 정당한 개념이다. 그러나 우리가 특정한 의미에 있어서 원칙적인 의미를 범주로서 가지는 그 위에 또 이(범주) 개념에 근거하고 있는 본질 법칙까지도 갖고 있는 모든 개념들을 이 아 프리오리라는 개념하에서 이해한다면, 또 다른 아 프리오리 개념이 생긴다.

여기에서는 첫번째 의미의 아 프리오리 개념을 보자. 그러면 현상학은 근원의 영역에 있어서, 절대적 소여성의 영역에 있어서의 아 프리오리를 문제시하는 것이다. 즉 보편적 직관에 있어서 파악되는 종 개념과 이 종 개념의 근거 위에서 직접적으로 직관할 수 있게 구성된 선천적 사태를 문제시한다. 이성 비판, 즉 이론 이성뿐만 아니라 실천 이성 그리고 기타의 모든 이성 비판의 관점에서 보자면, 주요 목표는 물론 두번째 의미의 아 프리오리이다. 즉 스스로 주어지는 원칙적 형식과 사태를 확정하고, 이 자기 소여성을 매개로 해서 원칙적 의미를 요구함에 의하여 제기되는 개념들과 논리학, 윤리학, 가치론의 법칙들을 현실화하고, 평가하며 사정(査定)하는 일이다.

제 4 강의

1. 지향성을 통한 연구 영역의 확대

만일 우리가 인식의 현상학에만 국한시켜서 살펴본다면, 여기에서는 직접 직관적으로 나타나는 **인식의 본질**이 문제된다. 다시 말하자면 현상학적 환원의 영역 안에서, 그리고 자기 소여성의 영역 안에서 직관적으로 자신을 유지하는 명시와*1) '인식'이라는 넓은 의미의 명칭이 포괄하고 있는 현상들의 다양한 종류를 분석적으로 구별하는 일이 문제이다. 이때 문제되는 것은 이 현상들 속에 본질적으로 있으며 근거하고 있는 것이 무엇인가, 현상은 어떤 요소들로 이루어져 있는가, 그것은 어떤 복합적 가능성을 본질적으로 그리고 순수하게 내재적으로 기초지워 주는가, 그리고 도대체 어떤 종류의 보편성의 상호 관계가 여기에서 생겨나는가 하는 문제들이다.

그리고 단지 내실적으로 내재적인 것만이 아니라 **지향적 의미에 있어서의 내재적인 것**도 또한 문제가 된다. 인식 체험은, 그것의 본질에 속

---

*1) 앞의 영역본에 의하면, 이 부분은 "**직관**의 방식에 의거하여 수행되는 것을 현상학적 환원의 영역과 자기 소여성의 영역에서 나타내어 주는 것"으로 번역되어 있다.

하는 것인데, 지향(intentio)을 갖는다. 즉 인식 체험은 어떤 것을 생각하고 이러저러한 방식으로 대상성과 관계한다. 비록 대상성이 인식 체험에는 속해 있지는 않지만, 대상성에 관계한다는 것은 인식 체험에 속한다. 그리고 대상적인 것은 그것이 내실적으로 인식 현상에 속해 있지도 않고 또한 cogitatio로서 존재하지도 않지만, 그럼에도 불구하고 나타날 수 있고, 나타남 속에서 특정한 소여성을 가질 수 있다. 그러므로 인식의 본질을 밝히고 인식에 속하는 본질 연관 관계를 자기 소여성으로 가져오는 것은 이 두 측면에 따라서 탐구함, 즉 인식의 본질에 속해 있는 이 관계를 추구함을 뜻한다. 그리고 바로 이 점에 인식 대상성의 궁극적인 의미를 둘러싸고 있는 문제와 수수께끼가 있다. 그리고 가령 판단하는 인식이 문제일 때에는 (대상과) 맞아떨어짐과 맞아떨어지지 않음의 문제가 이러한 문제들 중에 있으며, 명증적 인식이 문제일 때에는 그것들의 충전성(Adäquation)이 이에 속한다.

어떻든 이런 모든 본질 탐구는 실제에 있어서 분명히 보편적인 탐구이다. 의식의 흐름 속에 생겨났다가는 사라지는 개별적 인식 현상은 현상학적 확증의 대상은 아니다. '인식 원천'이, 즉 보편적으로 직관될 원천이, 보편적인 절대적 소여성의 목표이다. 그리고 이 절대적 소여성에 근거하여 모든 의미가, 그리고 그에 따라 혼란된 사고의 정당함도 역시 측정되어지고, 그의 대상성에 놓여 있는 모든 수수께끼가 해결되는 것이다.

2. 보편성의 자기 소여성 : 본질 분석의 철학적 방법

그런데 실제로 보편성이, 보편적 본질이 그리고 이 본질에 속하는 보편적 사태가 cogitatio와 같은 뜻으로 자기 소여성으로 올 수 있을까? 보편적인 것 자체는 인식을 초월하여 있지 않은가? 보편적 인식이 절대적 현상으로서 주어져 있음은 물론이다. 그러나 동일한 내재적 내용을 가진 무수히 많은 가능한 인식들 속에서 엄밀한 의미로 동일한 것이어야만 하는 보편적인 것을 이 인식 속에서 찾는 것은 헛된 일이다.

우리는 물론 앞서 대답하였듯이 보편적인 것은 당연히 이런 초월성을 갖는다고 대답한다. 인식 현상의 모든 내실적 부분은, 즉 이 현상학적 개별성은 하나의 개별성일 뿐이고, 따라서 개별성이 아닌 보편적인 것은 보편성 의식 속에 내실적으로 포함되어 있을 수 없다. 그러나 **이와 같은** 초월성에 어떤 혐오감을 갖는 것은 편견에 불과하다. 그것은 적당치 않은 그리고 원천 자체로부터 일어나지 않은 인식의 고찰에서 연유한 것이다. 그래서 절대적 현상, 즉 환원된 cogitatio는 그것이 개별적인 것이기 때문에 우리에게 절대적 자기 소여성으로서 타당한 것이 아니라, 현상학적 환원 후에 순수 직관에서 **바로 절대적 자기 소여성으로서** 나타나기 때문에 그렇다는 사실이 명백해져야 한다. 우리는 순수한 직관을 함으로써 **바로** 이와 같은 절대적 소여성으로서의 보편성을 발견할 수 있게 된다.

정말 그럴까? 이제 보편적인 것이 주어지는 경우들을, 즉 직관된 그리고 스스로 주어진 개별성의 근거 위에서 순수히 내재적 보편성 의식이 구성되는 경우들을 눈여겨 보자. 나는 개별적 직관을, 예를 들면 적색에 관한 여러 가지 개별적 직관을 갖는다. 나는 순수한 내재성을 확보하여 현상학적 환원을 조심스럽게 배려한다. 나는 적색이 초월적으로 어떤 것으로서 통각된다 할지라도, 가령 내 책상 위에 있는 압지(壓紙)의 적색으로서 통각된다 하더라도 어쨌든 적색이 의미하는 그 밖의 것을 모두 떼어내 버린다. 그리고 나서 이제 나는 순수하게 직관함으로써 적색 일반이라는 생각의 **의미**를, 적색 종(種) 개념을, 가령 이것저것에서 직관적으로 추출된 **동일한 보편적인 것**을 성취한다. 그리하여 개별성 그 자체는 이제는 더 이상 생각되어지지 않는다. 이것저것이 아니라 적색 일반이 생각된다. 그런데 실제로 이런 일을 순수히 직관적으로 해보면, 그때 우리는 아직도 명료하게 적색 일반이란 무엇이며, 그 본질에 따라서 그것이 무엇이든지간에 그와 같은 적색 일반으로부터 무엇이 생각되어지는가 하는 회의를 할 수 있다. 우리는 바로 이 적색 일반을 직관하고 있는 것이며, 지금 바로 여기에 그것이 있는 것이고, 여기에 있는 그것을, 즉 이 적색이라는 종을 우리가 생각하고 있는 것이다. 하나의 신성(神性)이 적색의 본질에 관한 무한한 지성을 가지고 있다고 한들, 적색의 본질에 관하여 그가 바로 보편적으로 직관하고 있는 이상의 것을 가질 수 있을까?

그리고 만일 우리가 두 종류의 적색을, 즉 두 종의 적색 뉘앙스를 제시하여 보면, 그때에 우리는 이것과 저것이 서로 유사하다고, 즉 이 개별적인 개개의 적색 현상들이 유사하다고 판단할 수 있는 것이 아니라, 그 종이, 즉 뉘앙스 자체가 유사하다고 판단할 수 있다. 이때에는 유사성 관계가 보편적인 절대적 소여성이 아닌가?

그러므로 또한 이 소여성은 순수하게 내재적인 것이다. 즉 잘못된 의미에 있어서의, 다시 말하자면 개별적 의식의 영역 안에서 보존되는 그런 의미에 있어서가 아니라, 순수하게 내재적인 것이다. 심리학적 주관에 있어서의 추상 작용이나 이 추상이 행하여지는 심리학적 조건들은 전혀 문제도 되지 않는다. 문제는 보편적 본질, 즉 적색 의미와 그것의 보편적 직관에 있어서의 소여성이다.

적색을 직관하고 그것을 특정한 종에 있어서 파악하면서 적색이라는 말로 이때에 파악되고 직관된 바로 그것이 생각될 때에, 그때에도 여전히 적색의 본질은 도대체 무엇이며, 적색의 의미는 무엇인가라고 묻고 의심하는 것이 무의미하듯이, 현상학적 환원의 영역 내에서 순수하게 직관하고 이념화하는 고찰에 의하여 해당된 모범적 현상이 눈 앞에 주어져 있고 해당된 종이 주어져 있다면, 그때에도 여전히 인식 본질과 인식의 중추적 형태와 연관하여 인식의 의미가 무엇인가라고 의심하는 것은 아무런 뜻도 없다. 그러나 인식이라고 하는 것이 적색과 같이 그렇게 단순한 것은 물론 아니다. 인식의 매우 다양한 형식과 종류는 구별되어야 할 뿐만 아니라, 그들 상호간의 본질 관계도 탐구되어야 한다. 왜냐하면 인식을 이해함은 지적 형태의 서로 다른 본질 관계에로 귀결되는 인식의 **목적론적 상호 관계**를 보편적으로 명백히 하는 것을 뜻하기 때문이다. 그리고 여기에 학문적 객관성의 이념적 가능 조건으로서 모든 경험 과학적 시도를 규범적으로 지배하는 원칙들을 궁극적으로 해명하는 일도 또한 속한다. 이 원칙을 밝히는 모든 탐구는 철두철미하게 다

지금 현상학적 환원의 단순한 현상들의 기초 위에 세워진 본질 영역 내에서 이루어진다.

분석은 그 모든 과정에 있어서 본질 분석이며, 직접적 직관에 있어서 구성되어지는 보편적 사태의 탐구이다. 따라서 모든 탐구는 선천적 탐구이다. 그러나 물론 수학적 연역이라는 의미에서의 선천적인 것은 아니다. 이 탐구를 객관화하는 선천적 학문과 구별하는 것이 그 탐구의 방법과 목적이다. **현상학은 직관하고, 해명하면서, 그리고 의미를 규정하고, 의미를 구별하면서 (그의 탐구를) 수행한다.** 현상학은 비교하며 구분하고, 결합시키며 관계를 맺어 주고, 부분으로 나누며, 또는 계기(契機)들을 떼어 놓는다. 그러나 이 모든 것을 순수 직관 내에서 수행한다. 현상학은 이론화 작업도 수학화 작업도 하지 않는다. 즉 그것은 연역적 이론이라는 의미에 있어서의 어떠한 설명도 수행하지 않는다. 현상학은 객관화하는 학문의 가능성을 원칙적으로 지배하는 기본 명제와 기본 개념을 설명하기 때문에(그러나 결국은 역시 그 자신의 기본 개념과 원칙을 반성적 설명의 대상으로 하는데), 현상학은 객관화하는 학문이 시작하는 곳에서 끝난다. 그러므로 현상학은 전혀 다른 의미의 학문이며, 전혀 다른 과제와 방법을 갖고 있는 학문이다. 아주 엄격한 현상학적 환원 내에서 직관적인 그리고 이념화하는 수행 방식은 현상학의 독점적인 소유권이다. 이 방법이 본질적으로 인식 비판의 의미에 따라 일반적으로 모든 종류의 이성 비판에(가치 설정적인 실천적 이성 비판에) 속하는 한, 그것은 독특한 철학적 방법이다. 그러나 진정한 의미에 있어서 이성 비판이 아니라 그냥 철학이라 하는 것, 예를 들어 자연의 형이상학과 모든 정신 생활의 형이상학 또는 가장 넓은 의미의 형이상학 일반도 결국 철저하게 이 작업과 연관되어 있다.

3. 명증성의 감정 이론 비판 : 자기 소여성으로서의 명증성

이와 같은 직관의 경우에 사람들은 **명증성**에 관하여 이야기한다. 그리고 실제로 정확한 의미에 있어서의 명증성 개념을 알고, 이 개념을 그

의 본질에 맞추어 확보하고 있는 사람들도 오직 이와 같은 존유의 일어남
만을 염두에 둔다. 기본적인 것은 명증성이란 이와 같이 실제에 있어서
직관하고 직접적으로 그리고 충전적으로 자신을 파악하는 의식이라는
것, 즉 그것이 충전적 자기 소여성 이외의 다른 어떤 것을 의미하지 않는
다는 것이 간과되어서는 안 된다는 점이다. 근원에 대한 탐구가 갖는 가
치에 관하여 그렇게 많이 이야기하면서도 극단적인 합리론자들과 마찬
가지로 진정한 근원을 멀리하는 경험론적인 인식론자들은 (우리로 하여
금) 명증적 판단과 비명증적 판단의 차이가 명증적 판단을 탁월하게 만
드는 특정한 감정에 존립한다고 믿게 하려 한다. 그러나 이때 감정은 우
리로 하여금 무엇을 이해하게 만들 수 있는가? *2) 감정이 무엇을 수행하
여야 하는가? 가령 감정은, 멈춰라! 여기에 진리가 있다라고 우리를
불러세운단 말인가? 우리는 왜 감정을 믿어야만 할까? 이 감정은 또다
시 하나의 감정 지표를 가져야 하지 않는가? 그리고 $2 \times 2 = 5$ 라는 의미
의 판단은 왜 절대로 이런 감정 지표를 갖지 않고, 또 가질 수 없는가?
본래 이와 같은 감정의 지표설이 어떻게 하여 생기는가? 논리적으로 말
해서, 가령 $2 \times 2 = 4$ 라고 하는 판단은 어떤 때는 명증적이고 어떤 때는
명증적이 아닐 수 있다. 4 와 같은 개념은 어떤 때는 직관적으로 명증성
속에 주어질 수 있고, 다른 때는 단순히 상징적 표상에 주어질 수 있다고
이야기할 수도 있다. 따라서 내용으로 보아서는 양쪽이 동일한 현상이
다. 그러나 한쪽에는 가치 우월성이, 즉 자신을 탁월하게 하는 감정인 가
치를 부여하는 성격이 있는 것이다. 실제에 있어서 나는 양쪽을 동일
한 것으로 갖는가? 아니면 한번은 감정이 부여되고 한번은 부여되지
않은 상태에서 이 양쪽을 동일한 것으로 갖는가? 그러나 현상을 눈
여겨 보면, 즉시 이 두 개의 경우 실제에 있어서는 동일한 현상이 현존
하는 것이 아니라 단지 공통점을 갖고 있는 본질적으로 서로 다른 두
개의 현상이 현존한다는 것을 알게 된다. 내가 2 에 2 를 곱한 것과
4 는 동일하다는 것을 알고, 그것을 막연히 상징적 판단으로 표현하였다

---

*2) 앞의 영역본은 이 부분을 "우리가 이 사실을 이해하게끔 감정이 무엇을
    할 수 있는가"로 번역하고 있다.

고 하자. 그때에 나는 동일한 것을 생각한 것이다. 그러나 동일한 것을 생각한다는 것이 곧 동일한 현상을 갖음을 뜻하지는 않는다. 그 내실은 두 경우에 있어서 서로 다르다. 즉 한쪽 경우에는 나는 직관하고 직관하는 행위 속에 사태 자체가 주어진다. 다른 경우에 나는 상징적인 의견을 갖는다. 한쪽에서는 나는 직관을 갖는 것이고, 다른 경우는 공허한 지향을 갖는다.

따라서 양쪽 경우에 둘 다 같은 '의미'가 현존하지만, 한쪽은 감정 지표를 가지고 있고, 다른 쪽은 감정 지표를 갖고 있지 않다는 데에 그 차이점이 있는가? 그러나 현상에 관하여 그것을 넘어서 있는 어떤 전제로부터 이야기하고 해석하는 대신에 현상 그 자체를 눈여겨 보도록 하자. 한번 더 간단한 예를 들어 보자. 내가 한번은 생생한 직관을 통하여 적색을 보고, 다른 경우에는 상징적인 공허한 지향을 통하여 적색을 생각한다고 하자. 그러면 이 두 경우에는 단지 한번은 감정을 동반하고, 다른 경우에는 감정을 동반하지 않는다는 차이가 있을 뿐, 동일한 적색 현상이 내실적으로 현재하는가?

따라서 우리는 단지 현상들만을 눈여겨 보면 족하다. 그러면 우리는 이들이 완전히 다른 것이고, 단지 이 두 측면을 동일하게 하는 것, 그것은 의미이며, 그런 의미를 통해서만 일치한다는 것을 인식하게 된다. 그러나 만일 차이가 현상들 자체에 있다면, 이 차이를 구별하기 위하여 아마도 또 다른 하나의 감정이 필요하지 않을까? 한 경우에는 적색의 자기 소여성이나 수 그리고 수의 보편적 동일성의 자기 소여성이 주관적으로 말하자면 이 사실 자체를 충전적으로 직관하고 파악하며, 스스로 소유하고, 다른 경우에는 사실을 단순히 생각함이 있다는 데에 바로 차이가 있는 것은 아닐까? 우리는 이와 같은 감정으로 가득찬 명증성을 가까이 할 수는 없겠다. 단지 이 감정적 명증성이 정당할 수 있는 것은 그것이 순수 직관 속에 자신을 제시하는 경우와 순수 직관이 **우리가** 이 직관에 부여한, 그러나 감정적 명증성 자체에는 모순되는 것을 의미할 때뿐이다.

우리는 이제 명증성 개념을 사용하여 또한 아래와 같이 이야기할 수 있다. 즉 우리는 cogitatio 의 존재에 관하여 명증성을 갖는다. 그리고 우리가 명증성을 갖고 있으므로 cogitatio 는 수수께끼를, 따라서 초월성이란 수수께끼도 역시 포함하지 않는다. cogitatio 는 우리에게 아무 의심도 없는 것으로서 타당하고, 그것을 우리는 사용해도 된다고 이야기할수 있다. 보편적 명증성에 관해서도 마찬가지이다. 따라서 우리는 **보편적 대상성과 사태**에 있어서 자기 소여성에까지 도달한다. 그리하여 그들은(cogitatio)와 동일한 의미로 아무 의심없이 주어지며, 바로 엄격한 의미에 있어 충전적으로 스스로 주어져 있다.

4. 내실적 내재성의 영역으로 제한시키지 않음 : 모든 자기 소여성이라는 테마

따라서 현상학적 환원은 내실적 내재성의 영역으로, 그리고 cogitatio 의 절대적 이것 (Dies) 안에 내실적으로 포함되어 있는 것의 영역으로의 탐구를 제한하는 것을 의미하지는 않는다. 환원은 cogitatio 의 영역에 제한하는 것이 아니라 **순수한 자기 소여성**의 영역, 즉 단지 이야기되어진 것만도 아니고, 단순히 생각되어진 것만도 아닌 그런 것의 영역에 제한함을 뜻한다. 또 지각되어진 것의 영역이 아니라, 바로 생각되어진 그대로의 의미에 있어서 또한 주어져 있는 그리고 생각되어진 것이 모두 주어져 있는 정도의 엄격한 의미에 있어서의 주어진 것의 영역에 제한함을 뜻한다. 요컨대 순수 명증성의 영역에 제한함을 뜻한다. 그러나 이말은 이미 '간접적 명증성'과, 특히 모호한 의미에 있어서의 모든 명증성을 제외한 엄밀한 특정의 의미로 이해된 것이다.

절대적 소여성은 궁극적인 것이다. 물론 어떤 것이 절대적으로 주어져 있다고 이야기하고 주장하기는 쉽다. 그러나 실제에 있어서는 그렇지 않다. 또한 절대적 소여성은 그저 막연하게 이야기될 수도 있고, 절대적 소여성에서 주어질 수도 있다. 마치 내가 적색이라는 현상을 직관할 수도 있고, 직관하지 않고 그것에 관하여 단순히 이야기만 할 수도 있듯이, 나는 또한 적색을 직관함에 관하여 이야기할 수도 있고, 또는 적색을 직관함을 다시 직관하여 적색을 직관하는 것 자체를 직관을 통하여 파악할 수도 있다. 다른 면에서 보면 자기 소여성 일반을 부정함은 바로 모든 궁극적 규범을, 즉 인식에 의미를 부여하는 모든 기본적 척도에 대한 부정을 뜻한다. 그렇게 되면 모든 것을 가상이라고 천명해야 하고, 모순되게도 가상 그 자체를 또한 가상이라고 천명해야 되며, 회의론의 불합리성으로 빠지지 않을 수 없게 된다. 그렇지만 이런 방식으로 회의론자에 반대하여 논의를 펼 수 있는 것은 오로지 근거들을 보고, 보는 것과 직관함 그리고 명증성에 의미를 그대로 보존시키는 사람들뿐이라는 것은 자명하다. 보지도 또 보려고도 하지 않는 사람들, 또는 이야기하고 스스로 논증을 가하려는 그러나 모든 모순을 스스로 받아들이는 곳에 항상 머물러 있으므로 동시에 모든 모순을 부정하는 그런 사람들과는 우리는 어떤 일도 함께 시작할 수 없다. 우리는 (이와 같은 사람들에게는) 그것은 '분명히' 그렇다라고 대답할 수 없다. 회의론자는 '분명히' 어떤 것이 존재한다는 것을 부정하기 때문이다. 말하자면 보지 못하는 자가 보는 작용을 부정하려는 것과 같다. 다시 말하면 볼 수 있는 사람이 그가 스스로 보고 있다는 사실과 보는 행위가 존재한다는 사실을 부정하려는 것과도 같다. 그가 어떤 다른 감각을 갖고 있지 않다는 전제하에서 어떻게 우리는 그런 사람을 설득할 수 있겠는가?

그리하여 만일 우리가 절대적 자기 소여성을 확보한다면──소여성은 우리가 알고 있듯이 cogitatio 의 절대적 개별성과 같은 내실적 개별성의 자기 소여성을 뜻하지는 않으나──절대적 소여성은 어느 범위까지 미치는가? 그리고 어느 한도 내에서 또는 어떤 의미로 그것은 cogitationes 의 영역에 그리고 cogitationes 를 보편화시키는 보편성(generalisierende Allgemeinheit)에*3) 매어 있는가 하는 문제가 생긴다. 만일 단순한 cogitatio 와 내실적 내재성의 영역 안에서만 유일하게 절대적으로 주어진 것을 보는 최초의 가장 손쉬운 편견이 제거되면, 그 후에는 마치 이

---

*3) 앞의 영역본은 이 부분을 "그것으로부터 추상된 보편성"이라고 번역하고 있다. 즉 cogiationes 를 일반화하여 얻은 보편성이라는 뜻으로 이해한 듯하다.

영역에서부터 유도된 보편적 직관에 있어서만 새로운 자기 소여적인 대상성이 생겨난다는 쉽지는 않지만 좀더 넓은 그런 편견도 역시 이제는 제거되어야 한다.

"우리는 cogitationes를 의식하면서 체험할 때, cogitationes을 반성적 지각 속에 절대적으로 제공하였다"로 시작하려는 경향이 있다. 그럴 때 우리는 cogitationes와 그것들의 내실적 계기들 속에서 개별화된 보편적인 것을 직관할 수 있고, 직관하는 추상 속에서 보편성을 파악할 수 있으며, 이 보편성에 순수하게 근거하는 본질 연관 관계를 직관적으로 관계를 맺는 사고 속에 내재하는 자기 소여적인 사태로 구성할 수가 있다. 모든 것이 이것으로 끝난다.

그렇지만 근원을, 즉 절대적 소여성을 직관적으로 인식함에 있어서 지나치게 많은 생각을 하고, 이 생각하는 반성 속에서 잘못 추측된 자명성을 창작해 내려는 것보다 더 위험한 경향은 없다. 자명성이란 것은 대개의 경우 분명하게 표현되도록 형성되지 않은 것이 통례이고, 그렇기 때문에 어떤 직관적 비판에 예속되지도 않고, 그것은 오히려 무언중에 탐구의 방향을 규정하며 부당하게 한정시킨다. **직관하는 인식은 오성을 바로 이성으로 가져 가려는 이성이다.** 오성은 말참견을 하거나 부도 수표를 지불 수표 속에 몰래 집어 넣는 일은 허용하지 않는다. 단순한 국고 증권(國庫證券)에 근거한 교환과 환산이라는 오성의 방법은 여기에서는 전혀 문제시되지 않는다.

따라서 가능한 한 오성을*[4] 적게 사용하고, 가능한 한 순수 직관 (오성적 이해없는 직관)을 사용할 것, 즉 실제로 우리는 신비가들이 오성적 지식이 아닌 지적 직관을 서술할 때의 그들의 이야기를 (위의 직관과 연관해서) 상기하게 될 것이다. 그리고 이때의 모든 속임수는 직관적인 눈에 순수하게 언어를 부여하고, 그리하여 직관함과 얽혀 있는 초월하는 생각, 함께 주어져서 소유하고 있다고 생각되어지는 것, 즉 함께 생각되어진 것 그리고 경우에 따라서 부수적인 반성을 통하여 의미

---

*4) 앞의 영역본에 의하면, 오성(Verstand)이란 용어를 해석(interpretation)으로 번역하고 있다.

되어진 것을 배제함에 있다. (이런 경우) 다음과 같은 질문이 항상 생기게 된다. 즉 이와 같이 생각되어진 것은 진정한 의미에 있어서 직관되며 파악되는가? 또는 생각하는 작용은 그와 같은 것을 넘어서는가?

이와 같은 것을 전제하면, 우리는 즉시 직관적 탐구가 소위 **내적 지각**의 영역 안에서, 그리고 그 지각 영역 위에 세워진 순수하게 내재적인 추상, 내재적 지각의 현상들과 현상-계기들을 이념화시키는 추상의 영역 안에서 진행된다고 믿는 것은 하나의 허구라는 것을 인식하게 된다. 대상성의 다양한 양태가, 그리고 이 다양한 양태에 따라서 소위 소여성의 다양한 양태가 있다. 그리고 아마도 소위 '내적 지각'이라는 의미에 있어서의 존재자의 소여성도, 또 자연적으로 객관화하는 학문의 존재자의 소여성도 각기 이 소여성의 하나에 지나지 않는다. 다른 한편 비록 비존재자로서 칭해지기는 하지만, 그런 다른 소여성도 또한 여전히 이런 소여성의 한 유형이다. 그리고 그것이 소여성이라는 점을 통해서만 이들은 전자와 대치될 수 있으며, 명증성에 있어서 그들과 구별될 수 있다.

제 5 강의

1. 시간 의식의 구성

우리가 cogitatio의 명증성을 확보하고, 그 후 계속하여 보편적인 것의 명증적 소여성을 인정하는 단계를 승인하면, 이 단계는 즉시 우리를 계속하여 더 앞으로 나아가게 한다.

색을 지각하고 환원을 수행하여, 나는 색이라는 순수 현상을 얻는다. 그리고 내가 순수 추상을 수행하면, 나는 현상학적 색 일반이라는 본질을 얻는다. 그러나 내가 명백한 (색에 관한) 상상을 가질 때에도 또한 이런 본질을 완벽하게 소유하는 것이 아닐까?

그리고 기억에 관한 한, 그것은 전혀 간단한 일이 아니다. 그것은 이미 서로 다른 대상성의 형태와 소여성의 형식을 서로 얽혀진 상태로 제시하고 있다. 그리하여 소위 제1차 기억이라 불리우는 것, 즉 모든 지각과 필연적으로 얽혀 있는 과거 지향(Retention)이 (그 예로서) 지적될 수 있겠다. 우리가 지금 체험하고 있는 체험은 직접적인 반성을 함으로써 우리에게는 대상적으로 된다. 그리고 이 체험 속에는 계속하여 동일한 대상적 존재자가 나타난다. 조금 전까지도 현실적인 지금(wirkliches Jetzt)으로 있으면서 동일한 것으로 지속하는, 그러나 과거로 돌아가 버

리며 이때에 동일한 객관적 시점을 형성하는 동일한 음조, 그리고 만일
이 음이 끊이지 않고 지속하며 그가 계속되는 동안 내용적으로 동일한
것으로서 또는 내용적으로 변화하는 것으로서 나타난다면, 그것이 지속
하며 또는 변화한다는 것은 (일정한 한계 내에서) 명증적으로 파악되지
않을까? 그리고 다시금 직관은 순수한 지금이라는 시점을 넘어서서, 다
시 말하자면 더 이상 지금에 존재하지 않는 것을 그때그때의 새로운 지
금 속에서 지향적으로 확보히어 과거의 연장을 명증적 소여성의 방식으
로 확신할 수 있는 것이 그 안에 있지 않은가? 그리고 이 점에 있어서
한편으로는 그때그때의 대상적인 것이, 즉 현재에 있고 과거에 있었던
지속하면서 변하는 그때그때의 대상적인 것과 구별되며, 다른 한편으로
는 그때그때의 현재 현상과 과거 현상, 지속 현상과 변화 현상이 구별
되며, 이런 현상은 그때그때의 하나의 지금이고, 스스로 갖고 있는 그
의 음영 안에서, 그리고 스스로 경험하는 그의 지속적인 변화 속에서 시
간적 존재를 현상으로, 그리고 표현으로 가져오는 것이다. 대상적인 것
은 현상의 내실적인 부분은 아니며, 그의 시간성 안에서 대상적인 것은
현상 내에 발견될 수 없는, 그리하여 현상으로 해소되지 않는 어떤 것
을 가지고 있다. 그러나 그럼에도 불구하고 대상적인 것은 현상 속에서
구성된다. 대상적인 것은 현상 속에서 자신을 나타내며 그 속에서 '존재
하는 것'으로서 명증적으로 주어진다.

2. 본질의 명증적 소여성으로서의 본질 파악 : 단순한 본질과 본질 의식의 구성

한걸음 더 나가 본질 소여성에 관하여 이야기하자면, 그것은 지각과
지각에 얽혀 있는 과거 지향의 근거 위에 구성되며, 현상 자체에서부터
보편적인 것을 탈취하기만 하는 것이 아니라, 나타나 있는 대상을 보편
화하고, 그 대상의 관점에서 보편성을, 예를 들어 시간적 내용 일반, 지
속 일반, 변화 일반을 정립하는 그런 방식으로 구성되기도 한다. 더 자
세히 말하자면 상상과 상기함도 역시 본질 소여성에게 기반으로서 봉사

할 수 있고, 이 상상과 상기는 스스로 순수하게 파악될 여러 가지 가능성을 제공한다. 다시 말하자면 (지각의 경우와) 동일한 의미로 본질 소여성은 이러한 행위(상상과 상기)에서부터도 보편성을 끄집어 낸다. 그러나 이 보편성은 다른 측면으로 이런 행위 속에 내실적으로 포함되어 있지는 않다.

완벽하게 명증적인 모든 본질 파악은 실로 그것이 그 근거 위에서 구성되어야만 하는 개별적 직관에 **귀착된다는** 것, 그러나 바로 그렇기 때문에 내실적으로 지금 여기에 현존하는 것으로서의 예를 하나하나 들 수 있는 개개의 것을 제공하는 **개별적 지각에 귀착하지 않는다는** 것은 명백하다. 현상학적 음질, 즉 음의 강도, 음색 또는 밝음 등의 본질은 스스로 주어지는 것이며, 이념화하는 추상이 **지각**을 근거로 하여 수행되거나 **상상 현재화에**[*1] 근거하여 수행되는 경우에도 마찬가지이다. 그리하여 실질적인 **존재 정립**과 변경된 **존재 정립**은 이 두 측면에서 보면 별로 중요한 의미를 **지니지 못한다.**[*2] 이와 동일한 것이 판단, 긍정, 부정, 지각, 추리 등과 같은 진정한 의미에 있어서 심리적 자료의 여러 가지 종류들에 관계하는 본질 파악에도 타당하다. 그리고 한걸음 더 나아가 그것은 당연히 그와 같은 보편성에 속해 있는 보편적 사태에도 타당하다. 두 종류의 음조 중에 하나는 낮은 음이고 또 하나는 높은 음이라는 통찰, 그리고 이 상호 관계는 되돌릴 수 없는 것이라는 통찰은 직관 속에서 구성된다. 실제적인 예가 눈 앞에 있어야만 하나, 그것이 꼭 지각 사태의 방식으로 있어야만 하는 것은 아니다. 본질 고찰의 경우 지각이나 상상 표상은 동일한 지위에 있으며, 이 두 작용으로부터 동일한 본질이 똑같이 잘 이끌어 내어지며 추상된다. 따라서 이와 연결되어 있는 존재 정립은 중요하지 않다. 지각된 음은 그의 강도나 질 등과 함께 어떤 특정

[*1] 앞의 영역본은 '상상의 현재화'를 '상상 속에서 실현시킴'(a realization in imagenation)으로 옮겨 놓고 있다.
[*2] 앞의 영역본에 따르면, 이 문장을 다음과 같이 번역하고 있다. "이 경우에는 우리가 대상을 실제적으로 존재한다고 상정하든지 또는 어떤 다른 방식으로 존재한다고 상정하는 것은 별로 중요하지 않다."

한 의미에 있어서 존재하며, 우리가 바로 허구라고 이야기하는 상상음(想像音)은 존재하지 않는다는 것, 전자는 명증적으로 내실적으로 현존하며, 후자는 그렇지 못하다는 것, 상기의 경우에는 음이 지금의 것으로라기보다는 오히려 과거에 있었던 것으로서 정립되어 지금 속에서 단지 현재화되어진 데 불과하다는 것, 그런 것들은 또 다른 고찰에 속한다. 그리고 이런 것들은 본질 고찰에 대해서는 문제시되지 않는다. 문제시되지 않는다는 것은 단지 이 본질 고찰이 바로 이와 같은 치이들을—이 차이들도 역시 그들 각각의 소여성을 갖고 있는 것인데—나타내고 이 차이에 관한 본질적 통찰을 확립하려는 경우는 제외된다.

그 이외에도 (본질 고찰에 있어서) 밑에 놓여 있는 실례들이 지각에 있어 주어진다 하더라도 지각 소여성에게 어떤 특정을, 즉 실존이라는 특징을 부여하는 것이 고찰되지 않는다는 것은 명백하다. 그러나 상상은 본질 고찰에 대하여 지각과 동일하게 작용할 뿐 아니라, 그것은 그 자체 내에 개별적 소여성들을, 실로 실제적으로 명증적인 소여성으로서의 개별적 소여성을 포함하고 있는 듯이 보이기도 한다.

단순한 상상, 즉 상기 정립(想起定立)을 *3) 갖고 있지 못한 상상을 생각해 보자. 상상된 색은 감각된 색이라는 의미에 있어서 소여성은 아니다. 우리는 상상된 색과 이 색을 상상하는 체험을 구별한다. 색이 내 앞에 어른거리는 것은 (거칠게 표현하자면) 지금이고, 지금 존재하고 있는 cogitatio이나, 색 자체는 전혀 지금 존재하는 색이 아니며 감각되지 않는다. 그렇지만 다른 측면에서 보면 색 자체는 어떤 특정한 방식으로 주어지며 바로 나의 눈 앞에 있다. 그것도 역시 감각적 색채처럼 모든 초월적 의미의 배제를 통해서 환원될 수 있으며, 따라서 색 자체는 나에게 종이나 집의 색, 또는 그와 같은 종류의 색을 의미하지 않는다. 모든 경험적 존재 정립은 유보될 수 있다. 그때 나는 이 상상된 색을 내가 '직관하고', 말하자면 '체험하는' 그대로 받아들인다. 그러나 그럼에도 불구하고 그것은 상상 체험의 내실적 부분은 아니다. 그것은 현재하

*3) 앞의 영역본은 이 부분을 "기억 속에 정착되지 않은"으로 번역하고 있다.

는 색이 아니라 현재화된 색이다. **말하자면** 그것은 눈 앞에 있는 것일 뿐
내실적 현재로서 눈 앞에 있는 것은 아니다. 하지만 이런 모든 점에도
불구하고 상상된 색은 직관되며, 그것은 직관된 것으로서 어떤 특정한
의미에 있어서 주어져 있는 것이다. 나는 그렇다고 해서 그것을 물리적
또는 심리적 **실재**로서 정립하지는 않는다. 또한 나는 그것을 진정한
cogitatio 의 의미에 있어서의 실재로서 정립하는 것도 아니다. 왜냐하면
cogitatio 는 내실적 지금이고, 명증적으로 지금이라는 소여성으로서 특
징지워지는 소여성이기 때문이다. 이와 같이 상상된 색이 어떤 의미에
있어서 주어져 있지 않다는 것은 그것이 어떤 의미로도 주어져 있지 않
다는 것을 의미하는 것은 아니다. 상상된 색은 나타나고 자신을 나타내
며, 자기 자신을 정시(呈示)한다. 나는 상상된 색, 그 자체를 그의 현전
화를 직관함으로써 그것에 관하여 판단할 수 있고, 이런 색을 구성하는
계기들이나 그들의 상호 관계에 관해서도 판단을 내릴 수 있다. 물론 이
들의 계기나 상호 관계도 역시 동일한 상상된 색깔과 동일한 의미로 주
어져 있다. 그러나 이와 동일한 뜻에서 상상 체험의 모든 영역에 있어
서 '실재적'으로 존재하는 것은 아니다. 다시 말하자면 내실적으로 현존
하는 것이 아니라, 단순히 '표상되어질' 뿐이다. 단순히 **내용**이나, 즉 나
타나는 것의 단순한 본질만을 표현하는 순수한 상상 판단은 이것이 이
러저러한 특성을 갖고 있으며, 이러한 계기들을 가지고 있고 이러저러
하게 변신한다고는 말할 수 있어도, 결코 실제적 시간 속에 있는 실제
적 존재로서의 실존에 관하여는, 즉 실제적 지금의 존재, 과거 존재, 미
래 존재에 관해서는 판단을 내릴 수 없다. 따라서 우리는 **개별적 본질**에
관하여는 판단이 내려지나, 실존에 관하여는 판단이 내려지지 않는다고
이야기할 수 있다. 바로 그렇기 때문에 흔히 우리가 단순히 본질 판단
이라고 부르는 보편적 본질 판단은 지각과 상상의 차이와는 무관한 것
이다. 지각은 **실존**을 정립한다. 그러나 그것은 또한 본질을 가지며, 실
존하는 것으로 (지각에 의하여) 정립된 **내용**은 현전화 작용에 있어서도
동일한 내용일 수 있다.
  그러나 **실존**과 **본질**을 대치시키는 것은 이 경우 자기 소여성의 두 가

지 양태에 있어서 두 가지 존재 방식이 알려지고 구별된다는 것과는 다른 것을 말해 준다. 색깔을 단순히 상상함에 있어서는 색을 시간 내에 있는 현실성으로서 정립하는 실존은 문제 밖이다. 따라서 그런 실존에 관해서는 아무 것도 판단되지 않으며, 그것에 관하여는 상상의 **내용**에 있어서도 역시 아무 것도 주어지지 않는다. 그러나 이 색깔은 나타나며 그것은 저기에 있으며 판단의 주어가 될 수 있는, 말하자면 명증적 판단의 주어가 될 수 있는 여기에 있는 이것이다. 따라서 소여성에 의한 양태는 상상 직관과 그들이 근거한 명증적 판단 속에서 자신을 알려 준다. 물론 우리는 개별적인 개개의 영역에 머물러 있다. 그리고 우리가 거기에 머물러 있는 한, 그와 같은 판단으로는 많은 것을 시작할 수가 없다. 단지 우리가 보편적인 본질 판단들을 구성할 때에만 우리는 학문이 요구하는 바의 확고한 객관성을 획득한다. 그러나 지금 여기에서는 이 문제가 아직 충분히 검토되지 않는다. 이 문제로 인하여 우리는 대단한 소용돌이 속으로 말려들어가는 듯하다.

출발점은 cogitatio 의 명증성이었다. 그때 우선은 우리가 확고한 지반을, 즉 오로지 **순수한 존재**를 갖고 있는 듯이 보였다. 거기서는 단지 단순히 포착하고 직관만 하면 될 것 같았다. 이런 소여성을 비교하고 구별하는 것, 그리고 특정한 보편성을 이끌어 내어 본질 판단을 획득할 수 있다고 사람들은 쉽게 인정하려 한다. 그러나 cogitatio 의 순수 존재는 좀더 자세히 관찰하여 보면, 그와 같은 단순한 것으로서 자신을 제시하지 않는다는 것이 밝혀진다. 이미 데카르트의 영역에서 **상이한 대상성들**이 '구성되는' 것이 밝혀졌다. 그리고 이때에 구성한다는 말은 내재적 소여성이, 그것이 처음에는 그렇게 보이는데, 마치 어떤 사물이 상자 속에 들어 있는 것처럼 의식 속에 단순히 들어 있는 것이 아니라, '현상'과 같은 어떤 것 속에 그때그때에 자신을 나타낸다는 것을 뜻한다. 그리고 소여성이 그 속에 나타나는 현상은 그 자체로 대상들도 아니며 대상들을 내실적으로 포함하고 있지도 않다. 현상은 오히려 그의 교호적(交互的)으로 변경하는 매우 특징적인 구조에 있어서 대상들을 자아에 대하여 어느 정도까지는 창조한다. 그리고 창조한다는 것은 바로 이런 종

류와 이런 구조의 현상들이 '소여성'이라 불리워진 것이 놓여 있는 것에
속하는 한에 있어서 그렇다.

3. 범주적 소요성

원초적 시간 대상은 그들의 과거 지향을 갖고 있는 지각 속에서 구성된
다. 그리고 단지 이와 같은 의식 속에서만 시간은 주어질 수 있다. 이
와 같이 보편적인 것은 지각이나 상상 위에 세워진 **보편성 의식** 안에 구
성되고, 개별적 **본질**이라는 의미의 직관 내용은 실존 정립을 도외시함
에도 불구하고 상상 속에서 또는 지각 속에서 구성된다. 그리고 곧 이
점을 기억해 두기 위하여 이런 경우 항상 명증적 언표의 전제를 이루는
범주적 작용이 이에 속한다. 이때에 등장하는 범주적 형식은 언어로 나
타낼 때에는, 가령 진술이나 부가어 등등의 형식에 있어서 **이다와 아니
다, 같음과 다름, 하나와 많음, 그리고와 또는**으로 표현되는데, 이런 범주
적 형식이 사고 형식을 지시하여 주며, 그러한 사고 형식에 준하여 그
것이 적절하게 구축된다면, 종합적으로 결합되어지는 기본적 행위의 기
초 위에서 소여성이 의식으로 온다. 다시 말하자면 이러저러한 존재론
적 형식의 사태들이 의식된다. 이럴 때에도 역시 그때그때의 대상성이
이러저러하게 형성된 사고 작용에서 '구성된다'는 것이 일어난다. 그리
고 사실의 소여 존재가, 말하자면 사실의 순수한 직관이 그 내부에서 수
행되는 의식은 이 경우에도 이 소여성이 단순하게 그 안에 들어 있는 듯
한 보통의 상자와 같은 어떤 것이 아니라 **직관하는 의식**이고, 이 직관하
는 의식은―주의를 기울이는 것은 도외시하더라도―**이러저러한 형태로
형성된 사고 작용**이다. 그리고 이런 사고 작용이 아닌 사실도 이 사고 작
용 안에서 구성되고 그 안에서 소여성으로 된다. 그리고 본질적으로 이
렇게 구성되어져야만 사실은 있는 모습 그대로 나타난다.
　그러나 이런 일은 순전히 기적이 아닐까? 이렇게 대상성을 구성하는
일은 어디에서 시작하고 어디에서 끝나는가? 모든 표상 작용과 판단 작
용에 있어서 어떤 특정한 의미로 소여성이 수행되는 것이 아닌가? 모

든 대상성은 그것이 이렇게 저렇게 직관되어지고 표상되며 사유되어지는 한에 있어서의 하나의 소여성, 그것도 명증적 소여성이 아닐까? 외적 사물을 지각함에 있어서는 바로 이 외적 사물이―그것을 우리는 눈 앞에 서 있는 집이라고 해도 좋은데―지각된다고 이야기하게 된다. 이 집은 하나의 초월이고 현상학적 환원을 수행한 후에는 실존의 측면을 상실한다. 실제 명증적으로 주어진 것은 이 집의 현상이고, 의식의 흐름 속에 떠올랐다가 흘러가는 이 cogitatio이다. 이 집의 현상에서 우리는 적색 현상이나 연장 현상 등등의 현상을 발견한다. 이것들은 명증적 소여성이다. 그러나 집의 현상 속에 바로 하나의 집이 나타난다는 것, 그리고 그렇기 때문에 이것을 집의 지각이라고 부르는 것이 또한 명증적이 아닐까? 그리고 이 나타난 집은 단지 일반적인 집일 뿐만 아니라 이러저러하게 규정된, 그런 규정성 속에 나타난 바로 이 (구체적인) 집이다. 그리하여 나는 명증적으로 판단하여 아래와 같이 이야기할 수 있지 않을까? 현상에 맞추어서 또는 이러한 지각의 의미에서의 집은 이러저러하다. 즉 벽돌로 지어졌고 스레이트 지붕 등등으로 이루어졌다고 이야기할 수 있지 않을까?

그리고 만일 내가 하나의 허구를, 가령 성(聖) 게오르그 기사(騎士)가 용과 같은 괴물을 죽이는 장면이 내 눈 앞에 선명하게 어른거리는 그런 허구를 상상하는 경우, 이 상상 현상이 바로 이 성 게오르그를, 다시 말하자면 이러저러하게 묘사된 바로 여기에 있는 이 사람을, 그리고 지금 이 '초월'을 표상하고 있다는 것은 명증적이 아닐까? 이때에 나는 명증성을 갖고 상상 현상의 내실적 내용에 관해서가 아니라, 현상하는 사물 대상에 관하여 판단할 수 있는 것이 아닐까? 물론 대상의 어느 한 측면만이, 즉 어떤 때는 이 측면이 그리고 어떤 때는 저 측면만이 본래적인 현전화 속에 나타난다. 그러나 어찌되었든지간에 명증적인 것은 성 게오르그 기사 등과 같은 이 대상이 현상이라는 의미에 놓여 있고, 이 현상 속에서 현상에 알맞게 '소여성으로서' 자신을 알리고 있다는 점이다.

4. 상징적으로 생각되어진 것 자체

우리는 마침내 상징적 사고에 도달하였다. 아무런 직관없이 $2 \times 2 = 4$ 라고 나는 생각한다. 이때에 나는 내가 이러한 수의 명제를 생각하고 있고, 그 사고 내용은 가령 오늘의 날씨와 같은 것과는 아무 관계가 없다는 것을 의심할 수 있을까? 이때에도 역시 나는 명증성을, 즉 소여성과 같은 어떤 것으로서의 명증성을 갖는가? 만일 우리가 이런 정도까지 도달한다면, 우리를 도와주는 것은 아무 것도 없다. 그리하여 우리는 또한 모순된 것, 완전히 불합리한 것도 역시 어떤 특정의 방식으로 '주어져' 있다라고 인정할 수밖에 없게 된다. 둥근 사각형은 용을 죽인 기사가 나에게 나타나듯이 상상 속에서 나타나지 않으며, 임의의 어떤 외적 사물과 같이 지각 속에 나타나지 않는다. 그러나 지향적 대상은 그럼에도 불구하고 명증성에 적합하게 여기에 있는 것이다. 나는 "둥근 사각형을 생각함"이라는 현상을 그의 내실적 내용에 맞추어 기술할 수는 있다. 그렇긴 하지만 둥근 사각형은 사고 현상 내부에 있는 것은 아니다. 그러나 그럼에도 불구하고 둥근 사각형이 사고 속에서 생각되어진다는 것과 그와 같이 생각되어진 것에 미루어 위와 같은 둥근 성격과 사각형의 성격이 사유된다는 것, 또는 이 사고의 대상이 둥글면서 동시에 사각형인 어떤 것이라는 점은 명증적이다.

5. 그의 가장 광범위한 탐구 영역 : 인식에 있어서 대상성의 상이한 양태의 구성 — 인식과 인식 대상성의 상호 관계라는 문제

그렇긴 하지만 위의 마지막 행에서 열거한 이와 같은 소여성들이 진정한 의미에 있어서 참된 소여성이라고 여겨서는 절대로 안 된다. 왜냐하면 위와 같은 주장에 따르면, 결국 지각된 모든 것, 표상된 것, 가정된 것, 상징적으로 표상된 것 그리고 허구나 불합리한 것도 모두 다 "명증적으로 주어졌다"고 해야 하기 때문이다. 따라서 위와 같이 이야기될

것이 아니라, 단지 이 점에 **어려움이 놓여 있다**라는 점만이 지적되어야 할
뿐이다. 원칙적으로는 이 어려움이 그들이 설명되기 이전에 우리로 하
여금 **실제적인 명증성이 도달하는 범위까지 소여성도 도달한다**라고 이야기
함을 막을 수는 없다. 그러나 물론 중요한 문제는 어디에서이건 명증성
을 수행함에 있어서, 무엇이 이 명증성 내에서 실질적으로 주어지며 무
엇이 주어지지 않는가 그리고 무엇이 비본래적 사고를 여기에 비로소 끌
어들이며 소여성의 근거없이 그 안에 들어가서 해석하는가를 순수하게
확립하는 일이다.

　그리고 일반적으로 임의의 나타남을 주어진 것으로서 확립하는 것이
문제가 아니라, 소여성의 본질과 서로 다른 대상성의 양태들이 스스로
구성하는 일을 통찰로 가져오는 것이 문제인 것이다. 확실히 모든 사고
현상은 그의 대상적 관계를 가진다. 그리고 최초의 본질 통찰인 모든 것
은 이 모든 것을 내실적 의미로 합성하는 계기의 믿음으로서 그의 내실
적 내용을 소유한다. 그리고 다른 한편에서는 그의 지향적 대상을, 즉
이 모든 것을 그의 본질 양식에 따라 이렇게 또는 저렇게 구성한다고 생
각하는 대상을 소유하는 것이다.

　만일 이와 같은 사정을 실제로 명증성으로 가져온다면, 이 명증성은
우리들에게 필요한 모든 것을 가르쳐 줄 것이 틀림없다. 즉 이 명증성
속에서 이 "지향적 내재 존재"가 본래적으로 무엇을 의미하며, 사고 현
상의 내실적 형태에 어떻게 대응하고 있는가 함이 명백해진다. 우리는
어떤 연관 속에서 이 내실적 내재 존재가 실제적이고 본래적인 명증성
으로서 등장하며, 이 연관에서 무엇이 실제적이며 본래적인 소여성인가
를 주시해야 한다. 그러고 나면 **본래적 소여성의 서로 다른 양태** 또는 대
상성의 서로 다른 양태의 구성과 그들 양태들의 관계를 상호간에 이끌어 내는
일이 중요한 문제가 될 것이다. 다시 말하자면 cogitatio 의 소여성, 즉
생생한 기억 속에 잔존하는 cogitatio 의 소여성, 현상적 흐름 속에 지속하
는 나타남의 통일의 소여성, 이와 같은 나타남의 통일의 **변화**의 소여성,
'외적' 지각에 있어서 사물의 소여성, 상상과 상기의 서로 다른 형식의 소
여성 및 그들에 상응하는 연관 관계에 있어서 다양하게 종합적으로 자

신을 통일시키는 **지각**과 그 밖의 **표상**의 소여성을 밝히는 일이 중요하다. 물론 (이때에) **논리적 소여성**들, 보편성의 소여성 그리고 술어와 **사태** 등등의 소여성도 밝혀내고 배리와 모순 그리고 **비존재** 등등의 소여성을 밝혀내는 일도 역시 중요하다. 하여튼 소여성이란 그것이 그의 단순히 표상되어진 것이거나, 진정한 존재자이거나 실재적인 것이거나 이념적인 것, 그리고 가능한 것이거나 불가능한 것 속에 알려진다 할지라도, 항상 **인식 현상** 속에, 가장 넓은 말의 사고의 현상 속에 있는 소여성이다. 그리하여 어떠한 경우이든 소여성은 첫눈에는 매우 기이하게 보이는 이 상호 관계의 본질 고찰 속에서 **추구되어야 한다.**

단지 인식에 있어서만 대상성 일반의 본질은 그의 모든 기본 형태에 따라서 연구될 수 있으며, 오직 이 인식 속에서만 그것은 주어지고 명증적으로 직관된다. 이 **명증적 직관**이야말로 바로 **가장 정확한 의미에 있어서의 인식이다.** 따라서 대상성은 자루 속에 들어 있듯이 인식 속에 숨어 있는 사물은 아니다. 그것은 마치 인식이란 것이 어디에서나 똑같이 비어 있는 형식으로 어떤 때는 이것이, 어떤 때는 저것이 그 안에 숨겨져 있는 빈 자루로 생각되는 것과 같다. 그런 것이 아니라 소여성 안에서 우리는 아래와 같은 사실을 본다. 즉 **대상이 인식 속에서 구성된다는** 것을, 그리고 대상성의 매우 많은 기본 형태가 구별되고 또한 능여적(能與的) 인식 작용의 매우 많은 기본 형태와 인식 작용의 매우 많은 그룹이나 상호 관계들이 구별된다는 사실을 본다. 그리하여 인식 작용은, 더 넓게 파악하자면, 사고 작용 일반은 아무런 연관이 없는 의식의 흐름 속에 관련없이 왔다 갔다 하는 개별성은 아니다. 그것은 본질적으로 상호 연관시켜 보면, 목적론적인 **상호 공속성**(共屬性)을 나타내며, 이에 상응하는 충족, 보증, 논증의 연관성과, 이와는 반대되는 것을 나타내 준다. 따라서 오성적 통일을 제시하는 이 **연관**이 문제시된다. 이 연관이야말로 대상성을 구성하는 것이고, 이것이 비본래적으로 주는 작용과 본래적으로 주는 작용을 단순히 표상하는 작용 또는 오히려 단순히 믿는 작용과 통찰 작용을 논리적으로 결합시키며, 그리고 다시 직관적 사유이든 비직관적 사유이든간에 동일한 대상적 존재자에 관계하는 작용들의 다양성을 논리적으로 결합시킨다.

그리하여 이 연관에 있어서 비로소 객관적 학문의 대상성이, 특히 실제적인 시간-공간적 현실의 대상성이 단숨에 이룩되는 것이 아니라 점증하는 과정 속에서 구축된다.

인식의 본질이라는 중대한 문제와 **인식과 인식 대상성의 상호 관계의** 의미라는 중대한 문제를 해명하기 위해서는 이 모든 것들이 (특히) 순수한 명증성의 영역에서 연구되어야 한다. 근원적인 문제는 **주관적인 심리학적 체험과 이 체험 속에서 파악된 현실성 그 자체의 관계**였다. 즉 첫째로는 실제적인 현실성의 관계였고, 한걸음 더 나아가서는 또한 수학적 현실성 및 그 밖의 이념적 현실성의 관계였다. 무엇보다도 먼저 필요한 통찰은 오히려 **기본적인 문제가 인식과 대상간의 상호 관계에 귀착하지 않으면 안 된다는 통찰**이다. 그러나 이때의 상호 관계는 **환원된** 의미에 있어서이고, 이런 의미에 의한다면 인간 인식이 문제가 아니라 그것이 경험적 자아에 대한 것이든 실제적인 세계에 대한 것이든간에 모든 실존적 공동 정립 관계(Mitsetzungsbeziehung)를 갖고 있지 않은 인식 일반이 문제인 것이다. 진실로 중요한 문제는 **인식의 궁극적 의미 부여의 문제**라는 통찰이 필요하고, 따라서 이는 동시에 대상성 일반의 문제, 즉 그의 가능한 인식과의 상호 관계에 있어서 그가 있는 그대로 (본질 그대로) 만 존재하는 대상성 일반의 문제가 중요하다는 통찰이 필요하다는 것이다. 한걸음 더 나아가면, 이와 같은 문제는 단지 순수 명증성의 영역에서만, 즉 그것이 절대적 소여성이기 때문에 궁극적으로 규범화하는 소여성의 영역에서만 해결될 수 있다는 통찰이 필요하며, 따라서 우리가 밝혀야 할 모든 상호 관계의 의미를 규정하기 위해서는 인식의 모든 기본 형태와 인식의 내부에서 완전히 또는 부분적으로 소여성으로 오는 대상성의 모든 기본 형태를 직관적 방법에 있어서 하나씩 추적해야만 한다는 통찰이 필요하다는 것이다.

부 록 1[1)

인식 안에 자연이 주어져 있고, 인류도 역시 그의 집단이나 문화적 산물 속에 주어져 있다. 그리고 이 모든 것들은 **인식되어진다.** 그러나 문화의 인식에는 대상성을 구성하는 작용과 가치 설정과 의지함이 속한다.

인식은 자아의 변동하는 체험에 따라서, 변동하는 감정에 따라서 그리고 변동하는 행동에 따라서 변동하는 의미를 지니는 대상과 관계한다.

우리는 형식 **논리적** 의미론과 진리 명제에 관한 타당한 의미로서의 학설 이외에도 자연적 입장에 있어서 또 **다른 자연적 학문의 탐구들**을 가진다. 즉 우리는 대상들의 **기본류(영역)**를 구분한다. 예를 들면 단순히 물리적 자연이라는 영역에 대하여 무엇이, 즉 자연의 모든 대상에게 그 자체 내에서 그리고 상대적으로 자연 대상으로서 불가피하게 속해 있는가를 원리적인 보편성 속에서 숙고한다. 우리는 자연의 존재론을 추구한다. 이때에 우리는 의미를, 다시 말하면 여기에서는 자연 인식의 대상으로서의, 또는 이 자연 인식에 있어서 추정된 객관의 대상으로서의 자연 객관의 타당한 의미를 분석하여 분명하게 하는 것이다. 이와 같이 추정된 객관은, 이것은 가능한 외적 자연 경험의 대상인데, 무엇인가 가

---

1) 이 부록은 후에(1916?) 추가된 것임. 이 책의 74면을 보라.

능한 자연 객관이 없으면, 아무리 그것이 참으로 존재한다 할지라도 생각될 수 없다. 따라서 우리는 외적 경험(대상으로 생각되어진 것)의 의미를 숙고한다. 다시 말하자면 그 의미를 그의 진리에 있어서, 불가피한 구성 요소에 따라서 그의 진정한 또는 타당한 존립을 숙고하는 것이다.

이와 똑같이 우리는 예술 작품 일반의 진정한 의미를 깊이 생각하고, 어떤 특정한 예술 작품의 특수한 의미를 생각한다. 첫번째 경우에 우리는 예술 작품의 '본질'을 순수한 보편성에서 연구하며, 두번째의 경우에는 실제적으로 주어진 예술 작품의 실재적인 내용을 연구한다. 이 두번째 경우는 특정한 대상에 대한 인식(그의 진정한 규정에 따라 진실로 존재하는 것으로서), 가령 베토벤의 교향곡과 같은 그런 특정한 대상을 인식하는 것과 같다. 이와 똑같이 우리는 국가 일반의 본질을 보편적으로 연구하며, 또는 경험적으로 어떤 시기의 독일이라는 국가를 그의 일반적 특징에 따라, 또는 완전히 개별적 규정에 따라서, 즉 '독일국'이라는 개별적인 대상적 존재를 연구하기도 한다. 예를 들어 지구라는 개별적 대상에 대한 자연 규정의 예도 이와 비교된다. 따라서 우리의 경험적 탐구나 경험적 법칙성 그리고 개별적 탐구나 개별적 법칙성 이외에도 존재론적 탐구를 가지며, 이 존재론적 탐구는 단지 형식적 보편성에서만이 아니라 사실을 지니고 있는 연역적 피규정성에 있어서도 진실로 타당한 의미를 탐구하는 것이다.

물론 순수한 본질 탐구는 어느 곳에서도 이루어지지 않았거나 혹은 단지 특별히 예외적인 경우에만 완전히 순수하게 탐구되었다. 그리고 많은 그룹의 학문 연구가 끊임없이 이 방향을 지향하고 있다. 그러나 그들은 말하자면 자연적 지반 위에 멈추어 있다. 인식 체험과 자아의 활동을 보편적으로 또는 해당된 대상 영역과의 관계에 있어서 지향하고 있는 심리학적 탐구도 이에 속한다. 즉 주관적인 방식으로 수행한다는 것이다. 다시 말하면 그러한 대상들이 어떻게 우리에게 주어지며, 주관이 어떻게 대상들과 관계하며, 어떻게 대상들에 관한 그와 같은 '표상들'을 형성하기에 이르며, 이때에 어떤 특별한 행위 종류와 체험 종류(예를 들면 가치 설정과 의지적인 체험)가 그들의 역할을 하는가 하는 식의 주관적 방식으로 수행한다.

이에 대해 더 보충해 보자.

대상 자체의 존재에 도달하는 가능성의 문제는 일단은 단지 자연의 관점에서 감각적이다. 자연은 우리가 인식하면서 동시에 그와 함께 현존하고 있든 없든간에 그 자체로 존재하며, 그의 운동 과정에 따라 진행한다고 이야기된다. 우리는 인간도 그의 육체적 표현, 즉 물리적 대상의 측면에서의 표현을 통하여 인식하고 이와 똑같이 예술 작품 또는 그 밖의 문화 대상, 그리고 다른 측면에서 보면 사회성까지도 이런 물리적 측면에서 인식한다. 그래서 우선은 우리가 단지 자연 인식의 가능성을 이해하기만 한다면, 모든 다른 인식의 가능성은 심리학의 도움을 받아 이해될 수 있을 것처럼 보인다. 그러나 인식을 하는 사람은 그 자신의 영혼의 삶을 직접 경험하고 타인의 영혼의 삶을 자신과 유비함에 따라서 '감정 이입'에서 경험하기 때문에 심리학은 더 큰 특별한 어려움들을 제기하지 않은 것 같다. 우리는 얼마 전까지의 인식 이론이 그렇듯이 자연 인식의 이론에 국한하여 보자.

부 록 2[1]

수정과 보충의 시도로서, 즉 내가 지금 있는 대로 있고, 있었던 대로 있었고, 앞으로 있을 대로 있을 것이라고 가정해 보자. 이때 나의 시각과 촉각과 그 밖의 지각 일반이 아무 결함도 없다고 가정해 보자. 그리고 나의 통각 과정, 나의 개념적 사상, 나의 표상과 사고 체험 그리고 나의 체험 일반에 어떠한 결함도 없어서 그들 모두를 그들의 구체적인 충족 속에, 그들의 특정한 배열과 결합 속에서 받아들였다고 가정하자. 그러면 이때에 이런 것들 이외에는 아무 것도, 전적으로 아무 것도 존재하지 않는다는 것(생각)을 방해하는 것은 무엇일까? 전능하신 신이나 사람을 속이는 악령이 나의 영혼을 조작하여, 나의 영혼 내부에서 생각되어진 모든 대상성들은 그것이 무엇이든지간에 영혼 외부에 있는 어떤 것인 한에서 아무 것도 실재하지 않는다는 의식 내용들을 영혼에 공급할 수 있지 않을까? 아마도 사물들은 나의 외부에 존재할 것이다. 그러나 내가 현실적인 것으로 간주하는 것 중에 나의 외부에 존재하는 것은 하나도 없다. 그리하여 나의 외부에 존재하는 것은 아무 것도 없을 것이다.

---

1) 이 책 75면을 보라.

그러나 나는 현실적인 사물을, 나의 외부에 있는 사물들을 인정한다. 내가 이렇게 하는 것은 어떤 확신에 근거해서일까? 외부 지각에 대한 확신에 의해서일까? 나의 단순한 시선은 나의 물질적인 환경으로 가장 멀리 있는 항성(恆星)의 세계까지 파악한다. 그러나 이 모두는 아마도 꿈이고 착각일른지 모른다. 이러저러한 시각적 내용, 이러저러한 통각, 이러저러한 판단들은 주어진 것이고 진정한 의미에 있어서 유일하게 주어진 것이다. 지각에는 초월성의 이러한 수행을 위한 **명증성**이 갖추어져 있는가? 그러나 명증성이라는 것은 특정한 심리적 성격 이외의 어떤 것이다. 지각과 명증성의 성격, 그것은 말하자면 주어진 것이다. 그런데 이와 같은 복합체에 왜 어떤 것이 상응해야만 하는가는 수수께끼이다. 그러면 나는 아마도 다음과 같이 이야기할른지 모른다. 즉 우리는 초월을 **추리하고** 추리를 통하여 직접적으로 주어진 것을 넘어선다. 주어진 것을 통하여 주어지지 않은 것을 정초함이 추리의 역할이다. 그러나 만일 우리가 그와 같은 것이 어떻게 정초를 수행할 수 있는가라는 물음은 유보한다 하여도, 그래도 우리는 분석적 추리는 아무 것도 돕지 못한다고 대답할 것이다. 초월적인 것은 내재적인 것 속에 포함되어 있지 않다. 그러면 종합적 추리는 어떤가? 종합적 추리는 경험적 추리와는 어떻게 다를 수 있는가? 경험적인 것은 경험의 근거들을 제공한다. 다시 말하자면 경험적이 아닌 것에 대한 이성적 개연성(蓋然性)의 근거를 제공하는 것이다. 그러나 그때에는 이미 단지 경험 가능한 것에 대하여 이성적 개연성의 근거를 제공하는 것이다. 그러나 초월적인 것은 원칙상 경험 가능한 것이 아니다.

부 록 3[1]

　명백치 않은 것은 인식의 **초월적인 것에 대한 관계**이다. 도대체 우리는
언제 어디서 명백성을 가지는가? 그런데 만일 어디엔가 이 관계의 본
질이 우리에게 주어지고 우리가 이 관계를 **직관**할 수 있다면, 우리는 인
식의 가능성(그와 같은 일이 수행되는 경우에 해당되는 인식 종류에 대
한)을 이해하게 될 것이다. 물론 이와 같은 요구는 바로 처음부터 모든
초월적 인식에 대하여 **충족될 수 없는** 것 같고, 따라서 초월적인 인식도
역시 **불가능한 것** 같다.

　다시 말하자면 **회의주의자**들은 다음과 같이 말한다. 즉 인식은 인식된
대상과는 다른 것이다. 인식은 주어지며 인식된 대상은 주어지지 않는
다. 다시 말하자면 초월적이라 불리워지는 대상의 영역에는 원칙상 주
어지지 않는다. 그러나 만일 인식이 대상과 관계를 맺고 그것을 인식해
야 한다면, 그것은 어떻게 가능한가?

　우리는 한 장의 그림이 사물과 어떻게 일치하는가를 이해한다고 믿는
다. 그러나 우리가 그것이 그림이라는 사실을 알 수 있는 것은 우리가
이것과 다른 것을 비교함으로써 어떤 사물을 그림과 같은 것으로 갖는

---

1) 이 책 93면을 보라.

경우들이 우리에게 주어지기 때문이다.

그러나 어떻게 인식은 자신을 넘어서서 대상에 도달하여 이 관계를 아무 의심없이 또한 확신할 수 있는가? 인식이 그 내재성을 상실하지 않고 (대상과) 맞아떨어질 수 있을 뿐만 아니라 이 맞아떨어짐을 또한 증명할 수 있음이 어떻게 이해되는가? 이 존재와 이 증명의 가능성은 아래의 것을 전제한다. 즉 내가 해당되는 일군(一群)을 인식함에 있어서 바로 이 인식들이 여기서 요구되고 있는 것을 수행한다 함을 볼 수 있다고 전제하는 것이다. 그리하여 이와 같은 경우에만 우리는 인식의 가능성을 이해할 수 있다. 그러나 만일 초월성이 어떤 특정한 인식 대상의 본질적인 특성이라고 한다면, 그때에는 어떻게 될 것인가?

따라서 이런 고찰은 바로 초월성이 특정한 대상의 본질적인 특성이고, 그와 같은 종류의 인식 대상은 절대로 내재적으로 주어지지 않으며, 주어질 수도 없다는 것을 전제한다. 그리하여 이와 같은 모든 견해는 이미 내재성 그 자체가 문제시되지 않는다는 것을 전제하는 것이다. 어떻게 내재성이 인식될 수 있는가 하는 것은 이해되지만, 초월성이 어떻게 인식될 수 있는가 하는 것은 이해되지 않는다.

엄밀한 학으로서의 철학

철학은 그 최초의 출발 이래 엄밀한 학문*[1])이고자 하는 요구를 지녀 1
(289)
왔다. 즉 철학은 최고의 이론적 욕구를 충족시키며 윤리적-종교적인 방
면에서도 순수한 이성 규범에 의해 규제된 삶을 가능하게 해주는 학문
이고자 하였다. 이러한 요구는 때로는 보다 강력하게 때로는 보다 미약
하게 그 효력을 발휘하였는데, 결코 완전히 포기된 적은 없었다. 또한
순수한 이론에 대한 관심과 그 수행 능력이 위축되어 위협받았던 시대
에서나, 종교상의 권위가 이론적 탐구의 자유를 박탈했던 시대에서조차
도 그 요구는 결코 포기되지는 않았다.

그러나 철학은 그 발전의 어떠한 시기에서도 엄밀한 학문이고자 하는 2
(289/90)
요구를 충족시킬 수는 없었다. 즉 르네상스에서 현대에 이르기까지 철
학적 방향들이 매우 다양하고 서로 대립되어 있는 가운데서도, 그리고
본질적으로는 통일된 발전상을 전개시켜 온 최근에 있어서도 철학은 그
요구를 충족시킬 수 없었다. 실제로 근대 철학의 지배적 특성(Ethos)은

---

*1) 훗설 현상학의 이념인 '엄밀성'(streng)은 경험적 자연 과학의 목표인 '정
확성'(exakt, minuziös)과 다르다. 그리고 이론적인 논리적 정합성만도
아니다. 그것은 절대적·최종적 원천으로부터 정초된 보편학의 수립을
위해 가능한 모든 편견을 제거하여, 자기 스스로 자율적으로 형성되어
절대적으로 자기 스스로 책임을 지는 인식 비판, 즉 모든 학문의 궁극
적 정초라는 선험적인 개념이다.

철학적 충동에 소박하게 몰두하기보다는 오히려 비판적인 반성의 매개를 통해, 즉 방법에 대해 더욱더 깊게 탐구함으로써 스스로를 엄밀한 학문으로 구성하려는 것이었다. 그러나 근대 철학의 이러한 노력들에서 이룩된 성과는 오로지 새로운 순수 수학적 분야들과 함께 자연 과학과 정신 과학을 엄밀하게 정초(Begründung)하고 독립시킨 것이었다. 그리고 이러한 과학들의 독립에 의해 이제야 비로소 분명하게 드러나게 된 특별한 의미에서의 철학 그 자체는 그 이전과 마찬가지로 엄밀한 학문이라는 성격을 상실했다. 이와 같이 철학 그 자체가 분명히 구분된다는 의미는 이전에는 학문적으로 확실하게 규정되지 않은 채 남아 있었다. 철학은 자연 과학 및 정신 과학과 어떠한 관계가 있는지, 자연과 정신에 본질적으로 관련된 철학적 작업의 독특한 요소가 원리적으로 새로운 태도를 필요로 하는지 혹은 그렇지 않은지, 그 태도와 더불어 원리적으로 고유한 목표들과 방법들을 그것이 제시하는지 혹은 그렇지 않은지, 그렇다면 말하자면 철학적 연구가 우리를 어떤 새로운 차원으로 이끄는지 혹은 자연과 정신 생활에 관한 경험 과학들과 동일한 차원에서 진행되는지 혹은 그렇지 않은지 하는 문제들은 현재에 이르기까지도 여전히 논쟁중이다. 이것은 철학적 문제들의 본래적 의미가 결코 한번도 학문적으로 해명되지 못하였음을 여실히 보여준다.

3
(290)　그렇다면 결국 철학의 역사적인 의도에 따라 보자면, 모든 학문 가운데 가장 높고 가장 엄밀한 학문이며 순수하고 절대적인*2) 인식에 대한 (그리고 이러한 인식과 불가분하게 결합되어 있는 것, 즉 순수하고 절대적인 평가 작용과 의지 작용에 대한) 인류의 불멸하는 요구를 대변하는 학문인 철학은 실질적인 학문으로 형성될 수 없다. 인류의 영원한 업

---

*2) 일반적으로 훗설은 '순수'란 말을 혼합되지 않은 것, 즉 추측이나 추정의 모든 요소을 배제한 인식을 의미하는 데 사용한다. 반면에 '절대적'이란 말은 주관이 인식하는 방식에 관계한다. 훗설의 후기 저술들에서 '절대적'이란 '지향적 구성' 속에 포함된 명증성의 정도와 관계가 있다. 결국 철학은 그것이 가장 완전한(필증적) 명증성을 확증하는 범위에서만 학문적이 된다.

적에 대한 가르침을 소명으로 삼는 철학이란 도대체가 가르칠 수 없는
것이다. 즉 객관적으로 타당하게 가르칠 수 없다. 칸트는 우리가 철학
(Philosophie)을 배울 수는 없고, 오직 철학하는 것(Philosophieren)만을
배울 수 있다고 즐겨 말하였다. *3) 이와 같은 말은 철학의 비학문성에 대
한 고백과 다를 것이 무엇이 있단 말인가! 학문, 즉 실질적인 과학의
한도 내에서만 우리는 그 한도만큼 가르치고 배울 수 있으며, 어디서나
동일한 의미에서 그렇게 할 수 있다. 물론 어떠한 경우에도 학문적으로
배운다는 것은 정신과 무관한 소재를 수동적으로 받아들이는 것이 아니
다. 오히려 이것은 언제나 자기 활동(Selbsttätigkeit)에, 즉 창조적 정신
에 의해 획득된 이성적 통찰을 원인과 결과에 따라 내적으로 재창조하
는 것에 근거한다. 따라서 철학을 배울 수 없다고 하는 것은 철학에 그
와 같이 객관적으로 파악되고 정초된 통찰들이 없기 때문이다. 또한 그

---

*3) I. Kant, *Kritik der reinen Vernunft* (Hamburg: Felix Meiner, 1956), II.
"선험적 방법론", 3장 "순수 이성의 건축술" 참조.
　　칸트가 말하는 건축술은 단순하고 우연적인 인식의 집합으로부터 전
체의 형식에 관한 아 프리오리한 이성 인식의 이념을 이루는 체계를 만
드는 학문의 방법론이다. 그런데 인식은 주관적으로는 주어진 것으로부
터의 역사적 인식이든가, 아니면 그 자신으로부터 발생한 원리에 기초
한 이성적 인식이다. 이러한 이성 인식에는 개념에 의한 철학적 이성 인
식과 개념에 상응하는 직관을 아 프리오리하게 제시하는 수학적 이성 인
식이 있다.
　　"수학적 인식은 일단 그것이 학습되기만 하면, 주관적으로도 이성 인
식으로 인정된다. 그 이유는 교사가 유일하게 이끌어 낼 수 있는 인식
원천은 이성의 본질적이며 진정한 원리에만 있고, 따라서 학습자 역시
이 원천 이외에서 구하거나 이 원천을 부인할 수는 없기 때문이다. … 이
에 반해서 (역사적 인식이 아닌) 철학은 결코 학습될 수 없다. 철학에
있어서는 이성에 관한 사항에 대해 단지 철학적 사색함만을 가르칠 수
있을 뿐이다. … 학을 철학적으로 사색하는 모든 시도, 즉 매우 다양하
고 극히 변하기 쉬운 각각의 주관적 철학을 판정하는 원형으로 해석한
다면, 이러한 철학이야말로 객관적으로 받아들여야 한다. 그러나 이러
한 의미의 철학은 결코 구체적으로는 주어지지 않는 학문의 가능적인 이
념에 불과하다. 우리는 … 이러한 철학에 접근하려고 애써 노력하게 된
다. 그때까지 우리는 철학을 학습할 수 없다. … 다만 우리는 철학적 사
색함만을 배울 뿐이다"(같은 책, B 865/866).

것은 철학에는 아직 개념적으로 명확하게 한정되고, 그들의 의미상 완전히 해명된 문제, 방법 그리고 이론들이 결여되었기 때문이다.

4
(290/1) 나는 철학이 불완전한 학문이라고 주장하려는 것이 아니다. 단지 나는 철학이 아직 학문도 아니며, 철학이 학문으로서는 여전히 어떠한 출발조차 못하였다는 것을 주장할 뿐이다. 그리고 객관적으로 정초된 이론적 학설 내용이 조금이라도 있다면, 그 경우 나는 그것을 학문에 대한 척도로서 받아들인다. *4) 모든 학문은 불완전하며, 심지어는 매우 경탄할 만한 정밀 과학들조차 불완전하다. 모든 학문은 불충분하다. 왜냐하면 그것들은 한편으로는 인식 충동을 결코 잠재울 수 없는 개방된 문제들의 무한한 지평이 그들 앞에 놓여 있기 때문이며, 다른 한편으로는 이미 형성된 학설 내용 속에는 수많은 결함들이 있으며, 이는 증명들과 이론들을 체계적으로 질서지우는 데 있어서도 불명료성이나 불완전성의 찌꺼기를 여러 곳에서 여실히 나타내기 때문이다. 그러나 언제나 그렇듯이 학설 내용은 현존하고 있고, 계속 성장하고 그리고 새로이 분파되고 있다. 이성적인 사람은 누구도 수학과 자연 과학들의 경이적인 이론이 갖는 객관적 진리나 또는 객관적으로 정초된 개연성을 의심하지는 않는다. 여기에는 대체로 개인적인 '의견', '직관', 그리고 '관점'에 대한 여지가 없다. 그럼에도 불구하고 그 이론들 각각의 측면에 있어서 그러한 개인적인 것이 남아 있는 한에서는, 그만큼 그 학문은 이미 형성된 학문이 아니라 형성중인 학문이다. 그리고 일반적으로 그렇게 평가된다. ¹⁾

---

*4) 브렌타노(F. Brentano)와 딜타이(W. Dilthey)가 훗설을 플라톤주의자라고 부르게 된 것은 바로 학문의 이념적 '내용'이라는 이러한 개념 때문이다. 비록 지향적 구성 이론이 이러한 내용의 이념적 독립성을 상당히 완화시키기는 하지만, 이것은 훗설의 후기 저술들에 있어서조차 독특한 존재를 지속적으로 갖는다.

　훗설은 초기 저술들에서 (심리학주의에 대한 반박으로서) 참으로 대상적인 것은 이념적인 것이란 점을 보여주지만, 후기 저술들에서는 (구성적인 지향적 분석을 위한 노력으로서) "어떻게 이념적인 것이 대상적인 것으로 될 수 있는가"를 보여준다.

1) 물론 나는 이 경우 철학적-수학적 논쟁 문제와 자연 철학적 논쟁 문제를 염두에 두고 있는 것은 아니다. 그럼에도 불구하고 이러한 논쟁 문

그런데 철학의 불완전성은 방금 위에서 서술한 그 밖의 모든 학문의
불완전성과는 전혀 다른 유(類)의 것이다. 그것은 단지 불충분한 학설
체계와 그 각각의 경우들에 있어서 아직 불완전한 학설 체계를 취급하
는 것이 아니다. 솔직이 철학은 어떠한 학설 체계도 취급하지 않는다.
철학에 있어서 모든 것, 그리고 각각의 것은 이러한 철학의 불완전성 속
에서 논쟁중이고, 각각의 태도 결정은 개인적인 확신, 학파의 견해, '관
점'의 문제일 뿐이다.

5
(291)

고대와 근대에 있어서 세계에 널리 알려진 철학의 학문적 문헌이 그
계획에 있어 우리에게 제시하는 것은 진지하며, 정말 엄청난 정신적 작
업에 기인할지도 모른다. 게다가 그것은 미래에 확립될 학문적으로 엄
밀한 학설 체계를 위해 앞당겨서 고도의 준비 작업을 하였는지도 모른
다. 그러나 그러한 문헌 속의 어떠한 것도 철학적 학문의 기초로서 당
장 승인될 수 없으며, 비판의 가위로 철학적 학설로서 한 부분이라도 오
려낼 가망도 전혀 없다.

6
(291)

이러한 확신은 철학의 중대한 전회를 이루고, 미래 철학의 '체계'에 토
대를 마련하려는 《로고스》지 (誌) 를*5) 창간하는 바로 그 자리에서 다시 한

7
(291)

제를 정확하게 검토해 본다면, 그것은 단지 이러한 분과의 학설 내용에
대한 개별적인 논점이 아니라, 이러한 분과들의 총체적인 학문적 작업
들의 의미에 관한 것이다.

　실제로 이들 분과들을 추구하는 대부분의 대표자들조차 이러한 문제
에는 전혀 관심이 없듯이 이러한 논쟁 문제들은 그 분과 자체로부터 구
별되어 있을 수 있고, 또 구별되어 있어야만 한다. 아마 모든 학문의 명
칭과 결합되어 있는 철학이라는 말은 그러한 학문 모두에 대해 어느 정
도는 새로운 차원을 부여하고, 따라서 최종적인 완성을 부여하는 탐구
들을 의미한다. 그러나 차원이라는 말은 동시에 다음과 같은 것을 시사
한다. 즉 비록 이와 같은 새로운 차원으로의 이행이 아직 행해지지 않
고 있다 하더라도, 여전히 엄밀한 학문은 학문으로, 학설 내용은 학설
내용으로 남아 있어야만 한다.

*5) 이 논문은 훗설 자신과 빈델반트(W. Windelband), 베버(M. Weber), 리
케르트(H. Rickert), 오이켄(R. Eucken)이 공동 편집인이 되어 1910년
에 창간한 학술지인 *Logos*, 제1권(295~341면)에 게재된 것이다. 이것
은 또한 대부분의 훗설 저작이나 유고가 강의 초안과 연구 초안을 끊임

번 분명하고 솔직하게 표명되어야만 한다.

8
(291/2)
　왜냐하면 이제까지의 모든 철학의 비학문성을 분명하게 강조함으로써, 철학이 엄밀한 학문이고자 하는 목표를 여전히 앞으로도 계속 확고하게 가질 것인지 아닌지, 철학이 그러한 목표를 원할 수 있고 또 원해야만 하는지 어떤지의 의문이 즉시 제기되기 때문이다. 그렇다면 이 새로운 '전회'(Umwendung)는 우리에게 무엇을 의미하는가? 가령 그것은 엄밀한 학문의 이념으로부터의 회피를 의미하는가? 그리고 우리가 열망하는 '체계', 즉 우리가 탐구중인 작업의 낮은 단계에서 이상(理想)으로서 우리에게 앞당겨 빛을 밝혀 주어야 하는 체계는 우리에게 무엇을 의미하는가? 그것은 전통적 의미에서의 철학 '체계', 즉 비유해서 말하자면 창조적 천재의 두뇌에서 완성되고 무장된 채 돌발적으로 튀어 나오는, 그리고 보다 훗날에는 역사의 고요한 박물관 속에 그와 같은 다른 미네르바들 옆에 보존되기 위한 하나의 미네르바*6)인가? 아니면 그것은 철학적 학설 체계, 즉 여러 세대에 걸친 막대한 준비 작업을 거치면서, 그리고 의심의 과정을 통해 확실하게 된 기초로서 아래로부터(von unten her) 실제적으로 시작한, 마치 벽돌 위에 벽돌을 차근차근 쌓아 올림으로써 모든 견고한 건축물이 높이 솟아오르듯이 지도적 통찰에 따라 확고한 것을 확고한 형태 위에 덧붙여서 세운 건축물인가? 이러한 물음에 대해서 그 정신들과 논의된 길들이 나뉘어질 수밖에 없다.

9
(292)
　철학의 진보에 있어서 결정적인 '전회들'은 학문이 되고자 하는 과거 철학의 요구가 그들이 학문적이라고 자인하는 수행 방법에 대한 비판을 통해 붕괴되는 것을 말한다. 그때에 엄밀한 학문의 의미에서 철학을 근본적으로 새로이 형성하려는 완전히 의식적인 의지가 지도적인 것이 되며, 그것은 연구의 질서를 규정해 준다. 여기서 우선 모든 사고의 에너지는 이제까지의 철학에 의해 소박하게 간과되거나 오해된 엄밀한 학문

─────────────────

　없이 교정하고 가필하여 이루어진 것과는 달리, 1910년 당시의 훗설의 문제를 극명하게 보여주고 있다.
*6) 미네르바는 그리스 신화의 아테네와 같은 로마 신화의 여신으로 제우스의 머리에서 무장된 채 나타나며 기술, 지식, 무예를 상징한다.

의 조건들을 체계적으로 고찰하여 결정적인 명확성에로 이끌고, 그리하여 철학적 학설 조직에 대한 새로운 구축을 시도하는 데에 집중된다. 이와 같이 완전히 의식적인 엄밀한 학문에 대한 의지는 철학에 있어서 소크라테스-플라톤적 전회를 지배하고, 이와 똑같이 근대 초기의 스콜라 철학에 대한 학문적 반동, 특히 데카르트적 전회를 지배한다. 그리고 그러한 자극은 17세기와 18세기의 위대한 철학들에로 이행되고, 그것은 칸트의 이성 비판 속에서 가장 철저한 힘으로 새롭게 되며 여전히 피히테의 철학함을 지배한다. 참된 출발들, 결정적인 문제의 정식화들, 정당한 방법들에 관한 탐구는 몇번이고 되풀이하여 새롭게 나아간다.

　그런데 낭만주의 철학에서 비로소 변화가 일어난다. 비록 헤겔이 자신의 방법과 학설의 절대적 타당성을 완강하게 주장하지만, 무엇보다도 철학의 학문적 성격을 가능하게 하는 이성 비판이 그의 체계에는*7) 결여되어 있다. 그러나 이것과 관련해서 낭만주의 철학 일반에서와 같이 헤겔 철학은 엄밀한 철학적 학문을 구성하려는 충동을 **약화시키는** 의미에서이든 혹은 **왜곡시키는** 의미에서이든간에 그 다음 시대에 영향을 미쳤다는 것은 분명하다.

　엄밀한 철학적 학문을 구성하려는 충동을 왜곡시키는 경향에 관해 말하자면, 다 아는 바와 같이 헤겔 학파는 정밀한 과학들이 강화되면서 그 헤겔 학파에 대한 반동을 불러일으켰다. 그리고 그러한 반동의 결과 18세기의 **자연주의**는 압도적인 추진력을 얻었으며, 타당성이 지닌 절대적 이념성과 객관성을 모두 포기하는 그의 회의주의와 더불어 최근의 세계관과 철학을 유력하게 결정하였다.

　다른 한편 엄밀한 철학적 학문을 구성하려는 충동을 약화시키는 경향

10
(292)

11
(292/3)

12

---

*7) 많은 점에서, 특히 칸트의 형식주의에 반대하는 점에서 훗설과 헤겔(G. W. F. Hegel)은 그들의 목표상의 유사성에도 불구하고, 훗설은 헤겔의 '체계'가 이성 비판을 결여하였기 때문에 비(非)학문적이고 상대주의적이며 따라서 '자연주의'의 반동을 야기시켰다고 반대한다.
　헤겔의 《정신 현상학》(*Phänomenologie des Geistes*)은 의식의 역사적 발전 단계들을 구성하는 존재론적 체계이지만, 훗설은 현상학적 본질 직관에 의해 엄밀한 학문적 철학을 정초하려는 인식론상의 체계이다.

이란 의미에서, 헤겔 철학은 각각의 철학이 그 자신의 시대에 대해 상대적 정당성을 갖는다는 학설에 의해 그 이후에도 영향력을 발휘하였다. 물론 절대적인 타당성을 지녔다고 자칭하는 자신의 체계 속에 있는 헤겔의 학설은 그 자신의 철학에 대한 신뢰와 더불어 또한 절대적인 철학 일반에 대한 신뢰도 상실해 버렸던 세대들에 의해 헤겔의 학설이 수용되었던 역사주의적 의미와는 전혀 다른 의미를 갖는 것이었다. 이와 같이 헤겔의 형이상학적 역사 철학이 하나의 회의적 역사주의에로 급작스럽게 변화함으로써 새로운 '세계관 철학'의 대두가 이제 본질적으로 결정되었다. 이 철학은 바로 우리 시대에 있어서 신속하게 확장하는 것처럼 보이고, 더 나아가 대부분 반(反)자연주의적이고 경우에 따라서는 심지어 반(反)역사주의적인 논의이긴 하지만 결코 회의적이려고는 하지 않는다. 그러나 세계관 철학이 적어도 그 전체의 의도나 시행 방법에 있어서 칸트에 이르기까지 근대 철학에 커다란 특징을 형성하였던 학문적 학설에의 근본적 의지에 더 이상 지배되지 않는 것으로 나타나는 한, 철학적 학문 충동의 약화에 관한 논의는 특히 세계관 철학에 관련되게 되었다.

13
(293/4)   다음의 상세한 서술들은 인간 문화에 대한 가장 높은 관심들이 엄밀한 학문적 철학의 형성을 요구한다는 생각에서 행해진다. 그리고 이와 함께 우리 시대에 있어서 철학적 전회가 당연한 권리를 가져야 한다면, 그것은 어떠한 경우에라도 엄밀한 학문의 의미에서 철학의 새로운 정초 (Neubegründung)라는 의도에 의해 생명력을 지녀야 한다는 생각에서 수행된다. 이러한 의도는 현대에 결코 생소한 것이 아니다. 이 의도는 바로 현대를 지배하는 자연주의의 내부에 완전히 생생하게 살아 있다. 그 출발로부터 자연주의는 철학을 엄밀하게 학문적으로 개조하려는 이념에 따라 매우 단호하게 착수하였고, 더우기 자연주의의 현재 형태와 마찬가지로 이전의 형태들에 있어서도 언제나 그 이념을 이미 실현했다고 믿는다. 그러나 원리적으로 고찰해 보면 이 모든 것은 실천적으로는 나날이 증대하는 우리 문화에 대한 위험을 의미하며, 그만큼 이론적으로는

그 근본에서부터 잘못된 형식으로 실행된다. 자연주의 철학에 대하여 철저한 비판을 가하는 것은 오늘날 중요한 일이다. 그것은 단순히 일관된 귀결로부터 반박하는 비판과 전혀 대조되는 기초와 방법에 대한 적극적 비판을 특히 필요로 한다. 오직 이러한 적극적 비판만이 학문적 철학의 가능성에 대한 신뢰를 저버리지 않고서 유지하기에 적합하다. 이 신뢰는 엄밀한 경험 과학에 근거를 둔 자연주의의 배리적 귀결들에 대한 인식으로 인해 위협받고 있다. 책 처음에 나오는 자세한 논의는 "자연주의 철학"에 대한 그와 같은 적극적 비판의 구실을 한다.

그렇지만 우리 시대에 매우 잘 인지된 전회에 대해서 볼 때, 그 전회는—그리고 이것은 우리 시대의 권리인데—본질적으로 반자연주의적 경향을 띠긴 하지만, 그래도 그것은 역사주의의 영향 아래에서 학문적 철학의 계열을 이탈하고 단순한 세계관 철학 속으로 합류하려는 의도처럼 보인다. 이 책의 두번째 논의인 "역사주의와 세계관 철학"은 이러한 두 철학들의 구별에 대한 원리적 구명과 그들 각각의 정당성에 관한 고찰에 바쳐진다.

자연주의 철학

자연주의는 자연을 발견한 결과로서 나타난 것이다. 이때 자연이란 정밀한 자연 법칙에 따르는 시간·공간적 존재의 통일이란 의미에서이다. 자연 과학이 한없이 많은 엄밀한 인식을 항상 새롭게 정초하는 가운데 통일된 자연의 이념을 점진적으로 실현해 나감에 따라 자연주의도 또한 더욱더 만연한다. 이와 매우 유사하게 역사주의는 '역사를 발견한' 결과로서, 그리고 항상 새로운 정신 과학들을 정초한 결과로서 나타난 것으로 자연주의보다 뒤늦게 성장한다. 이러한 각자가 가지고 있는 파악에 대한 지배적인 관습에 상응하여 자연 과학자는 모든 것을 바로 자연으로, 정신 과학자는 모든 것을 정신 또는 역사적 형성물로 간주하는 경

14
(294)

향이 있고, 그 결과 그렇게 간주될 수 없는 것은 오해하는 경향이 있다. 그래서 자연주의자는 이제 우리가 특히 그를 응시하도록 하기 위해 자연, 무엇보다도 물리적 자연 이외의 어떠한 것도 인정하지 않는다. 존재하는 모든 것은 물리적 자연의 통일적 연관에 속하는 그 자체로서 물리적인 것이거나 심리적인 것이긴 하지만, 물리적인 것에 종속된 단순히 가변적인 것, 즉 기껏해야 제 2 차적인 "병존적 수반 사태"(parallele Begleittatsache)일 뿐이다. 모든 존재자는 심리 · 물리적 자연이고 이것은 확고한 법칙에 따라 일의적으로 규정된다. 실증주의의 의미에서(그것이 자연주의적으로 해석된 칸트에 의존하든지, *8) 흄을 새롭게 하여 그 결과로 발전하는 것 *9)에 의존하든지간에) 물리적 자연이 감각 복합 속에서 음, 색, 압력 등 감각론적으로 해체되고, 그와 똑같이 소위 심리적인 것이 여전히 이러한 감각 또는 다른 '감각들'의 보충적인 복합으로 해체된다고 하더라도, 이러한 파악에 있어 우리에게 본질적으로 변화되는 것은 없다.

15
(295/5)
통속적인 유물론으로부터 *10) 시작해서 최근의 감각 일원론과 *11) 에너지론에 *12) 이르기까지 극단적으로 철저한 자연주의의 모든 형태들을 특

---

*8) 칸트에 대한 해석상, 경험론에 입각해서 관념적 요소를 배척한 실증주의적 신칸트 학파의 입장으로 라스(E. Laas, 1837~1885), 바이힝거(H. Vaihinger, 1852~1933)를 들 수 있다.

*9) 마하(E. Mach, 1838~1916), 아베나리우스(R. Avenarius, 1843~1896)로 대표되는 실증주의. 진정한 실재는 감각적 경험 요소인 '세계 요소'뿐이며, 물질이나 정신은 단지 이 감각 요소의 특수한 복합에 지나지 않는다. 과학은 경험을 초월한 통일 원리에 의해 실재 세계를 설명하는 것이 아니고 현상적인 경험적 사실을 기술하는 것이다. 이 기술에 있어서 개념이나 법칙이란 모두 감각을 정리하기 위한 사유 경제적 수단이라고 이들은 주장한다. 이 입장은 후에 비엔나 학파의 논리적 실증주의에 깊은 영향을 주었다.

*10) 기계적 인과 법칙에 의해 인간의 의식을 포함한 모든 사물을, 특히 생물학적 입장에서 설명하려 했던 기계적 유물론으로 보그트(K. Vogt, 1817~1895), 뷔히너(L. Büchner, 1824~1899), 몰레스코트(J. Moleschott, 1822~1893)로 대표된다.

*11) 옮긴이 주 10)의 입장.

*12) 모든 자연 법칙을 에너지의 양적 불변과 질적 변화라는 유일한 형식하

징지우는 것은 한편으로는 지향적-내재적 의식의 모든 소여성을*13) 포
함하는 **의식의 자연화**이며, 다른 한편으로는 **이념의 자연화**이고, 이것은
동시에 모든 절대적 이상과 규범의 자연화이다.

이념의 자연화라는 점에 관해서 자연주의는 이 점을 깨닫지 못하고 스
스로 자기 모순에 빠진다. 우리가 형식 논리학을 모든 이념성의 전형적
인 지표로 간주한다면, 자연주의에 의해서는 다 아는 바와 같이 형식적
-논리적 원리들, 소위 사유 법칙이 사유 작용의 자연 법칙으로 해석된
다. 이것이 그 각각의 말의 정확한 의미에서 회의적 이론을 특징짓고 있
는 모순에 스스로 이르른다는 사실은 다른 곳에서 상세히 제시되었다.
2)*14) 또한 우리는 자연주의의 가치론과 실천학―그 중에 윤리학도 포

16
(295)

에 귀착시켜 물질의 화학적 성질을 이론적으로 구축하려는 오스트발트
(W. Ostwald, 1853∼1932) 등의 입장.
*13) 내재적 의식과 초월적 자연은 소여 방식상 원리적으로 다르며, 의미상
으로도 큰 차이가 있다.
　초월적 실재는 다양한 지각 속에서 개별적 자기 통일자로 파악 가능
한 실체적 통일성이며, 함께 주어지는 것의 한 측면을 가짐으로 우연적
이고 또한 음영을 지닌 채 지각된다. 따라서 충전적이 아니며, 새로운
경험 속에서 확인되거나 수정될 수 있으므로 필증적이 아니다. 반면에
현상의 전체로서의 의식은 지각 대상이 지각 작용과 동일한 체험의 흐
름 속에 있기 때문에 아직 충족되지 않은 예측적 사념이나 우연적 사념
이 하나도 없이 전체를 모두 파악하므로 충전적이며, 가상이나 우리가
본 것과는 다르게 있을 수 없게 필증적으로 인식된다.
　또한 의식은 실재 세계에 어떠한 기초도 갖지 않고 독립적으로 존재
하나, 초월적 사물의 세계는 그 의미가 의식에 의해 동기지워진 지향성
속에서 구성되는 한에서만 존재하므로 의식에 의존하는 상관자이다. 그
러나 그 관계는 실재적이 아니라 선험적이다.
2) 나의 《논리 연구》, 제 1 권(1900) 참조. *14)
*14) 이 책은 논리학의 본질, 특히 인식 작용의 주관성과 인식 내용의 객관
성에 대한 비판적 학문 이론으로서 순수 논리학과 인식론의 새로운 정
초를 수행한다.
　심리학주의에 의하면, 논리 법칙은 사실에 인식론적 근거를 갖는 규
범적 변형이므로 심리적 법칙이다. 즉 내성에 의한 심리 물리적 실험의
반복을 통해 일반화된 아 포스테리오리한 발생적 법칙으로 사유의 기능
법칙 혹은 모든 사유 작용의 조건들을 진술하는 법칙이라고 주장한다.

함하여―그리고 자연주의의 실천 자체에 대해서도 유사한 근본적인 비
판을 가할 수 있다. 왜냐하면 현실적인 이론적, 가치론적, 윤리적 태도
속에 있는 모순성(명증적인 불일치)은 불가피하게 이론적 모순성에 따
르기 때문이다. 우리는 자연주의자는 자신의 태도에 있어서 관념론자이
며 객관론자라고 총괄적으로 말할 수 있다. 자연주의자는 도대체 진정
한 진리, 진정한 아름다움 그리고 진정한 선이란 무엇이며, 그것이 어
떻게 보편적 본질에 따라 규정될 수 있으며, 그것이 개별적 경우에 어
떤 방법으로 획득될 수 있는가 하는 문제들을 학문적으로, 말하자면 모
든 이성적인 사람들이 이 점을 승인하면서 인식에 도달하도록 하기 위
해 매우 열심히 노력한다. 그리고 자연주의자는 자연 과학과 자연 과학
적인 철학에 의해 주요 논제의 목적이 달성되리라고 믿으며, 이러한 의
식이 제공하는 열망으로 가득차서 그는 이제 '자연 과학적인' 진, 선, 미
에 대한 교사와 실천적 개혁자로서 정면에 등장한다. 그러나 자연주의
가 이론들을 구축하든지 혹은 가치나 실천적 규범들을 가장 아름답고 동
시에 최상의 것으로서 정초하고 추천하든지간에, 그는 실로 자신의 관
념적 태도에서 전제하는 것을 바로 부정하는 이론을 제기하고 추정적으
로 정초하는 하나의 관념론자이다. 즉 자연주의가 일반적으로 이론화하
는 한, 그리고 그가 일반적으로 평가 작용이 그것에 상응해야만 할 가

　　이에 반해, 훗설은 순수 논리 법칙은 인식 현상의 현존 내용을 함축
하지 않는다고 비판한다. 심리학은 사실 존재를 고찰하는 우연적인 사
유의 자연 법칙이고, 논리학은 존재 당위를 다루는 필연적인 사유의 규
범 법칙이다. 모순율도 명증적 통찰에 의한 직접적 이해로서 어떠한 사
실에 의해서도 확인되거나 반박되지 않는 보편 타당한 논리적 필연성은
모호한 확률적 귀납에 의한 맹목적 확신으로서 어떤 상황이나 조건 아
래서 심정적으로 느껴진 강제의 인과적 필연성과는 혼동될 수 없다. 인
식은 경험과 더불어 시작하지만, 경험으로부터 나오는 것은 아니기 때
문에 심리학만이 논리학의 정초를 제공한다는 심리학주의는 이념적 대
상 및 법칙과 실재적 대상 및 법칙을 혼동한 기초 이동(metabasis)이요,
불합리한 것으로 결국 상대주의적·회의주의적 배리에 빠지게 된다. 진
리 그 자체는 경험에 의존하지 않으면서도 경험에 대하여 보편 타당하
며, 생성 소멸되는 시간적(실재적) 존재나 의미를 전혀 갖지 않는다. 논
리 법칙을 상대화하는 것은 모든 진리 일반을 상대화하는 것이다.

치와 이와 똑같이 일반적으로 그것에 맞게 모든 사람이 원하고 행동해
야 할 실천적 규칙들을 객관적으로 제기하는 한, 그는 자신이 전제하는
것을 부정한다. 자연주의자는 가르치고 설교하고 교화하고 개혁한다.[3]
그러나 그는 모든 설교 그리고 모든 주장 자체가 그들의 의미상 전제하
는 것을 부정한다. 다만 자연주의자는 고대 회의론에서 말한 유일하게
이성적인 것은 이성—이론적 이성뿐만 아니라 가치론적이고 실천적 이
성까지도—을 부정하는 것이라는 표현 그대로 설교하지 않는 것뿐이다.
그뿐 아니라 자연주의자는 그러한 설교를 배척하려고까지 한다. 그러나
그에 있어서 그러한 배리는 명백하게 드러나 있는 것이 아니라, 그가 이
성을 자연화하는 것 속에 스스로를 은폐하고 있는 것이다.

　비록 실증주의 그리고 실증주의를 능가하는 실용주의가[*15] 상대주의
라는 점에서 더 높이 고조된다고 하더라도, 자연주의가 이성을 자연화
하는 배리에 관한 논쟁은 사실적으로 판결이 나 있다. 물론 귀결들로부
터의 논증이 갖는 실질적 효력이 얼마나 사소한가 하는 점은 바로 이러
한 사정에서 명백히 드러난다. 편견은 사람을 맹목적으로 만들며, 그래
서 오직 경험적 사실들만 보고 경험 과학만을 진정으로 타당한 것이라
고 승인하는 사람은 자연의 사실에 반대되는 모순들로서 경험 속에서 입
증될 수 없는 배리적인 귀결들에 의해 크게 혼란됨을 느끼지는 않을 것이
다. 그는 이러한 것을 '스콜라적 사변'으로 제쳐 놓을 것이다. 그러나
귀결들로부터의 논증은 또한 다른 방향, 즉 이와 같은 강력한 논증의 힘
에 감응되기 쉬운 사람들에 대해 잘못된 영향력을 아주 손쉽게 행사한

---

　3) 거기에는 헤켈(E.H. Häckel)과 오스트발트가 뚜렷한 대표자로서 우리
　　에게 도움이 된다.
*15) 다윈(C. Darwin)의 진화론과 자연 신학을 미국의 개척 시대 상황에 맞
　　게 수용하여, 진리가 아 프리오리하게 절대적 사유 속에 있는 것이 아
　　니라, 시행 착오의 상대적 과정에 의해 경험 속에 쌓여 있는 신념에 동
　　화시키려는 힘이라고 보는 철학이다. 따라서 진리는 현실적 활동, 생존
　　의 도구라고 주장하여 실험주의적·행동주의적 결과주의를 추구한다. 그
　　대표적인 철학자는 퍼어스(C.S. Peirce), 제임스(W. James), 듀이(J.
　　Dewey)가 있다.

다. 철학을 엄밀한 과학의 토대 위에 세우고 엄밀한 학문으로 형성하고
자 했던 자연주의가 완전히 믿을 수 없는 것으로 나타나기 때문에, 이
제는 역시 그러한 방법적 목표 자체도 믿을 수 없게 된 것으로 보인다.
또한 실증 과학만을 엄밀한 학문으로, 그리고 오직 이와 같은 과학 위
에 기초지워진 것만을 학문적 철학으로 생각할 수 있다는 경향이 이러
한 방향으로 더욱더 확장될수록 철학을 엄밀한 학문으로 형성하려는 방
법적 목표 자체도 더욱더 믿을 수 없는 것으로 나타난다. 그렇지만 그
러한 생각 역시 단순한 편견일 뿐이고, **그렇기 때문에** 엄밀한 학문의 계
열로부터 분리시키고자 하는 것은 근본적으로 전도된 것이리라. 자연주
의가 자연과 정신의 모든 영역에서, 그리고 이론과 실천에서 엄밀한 학
문적 성격의 원리를 실현하고자 애쓰고, 이와 더불어 그것이 존재와 가
치에 관한 철학적 문제를 학문적으로 — 자연주의의 견해에 따르자면 "정
밀하게 자연 과학적으로" — 해결하고자 노력하는 바로 그 에너지 속에
자연주의의 공적과 동시에 우리 시대의 자연주의가 갖는 중요한 강점이
있다. 아마 근대 생활 전반에 걸쳐 학문의 이념보다 더 강력하고 제어
할 수 없도록 세차게 몰아치는 이념은 없을 것이다. 아무 것도 학문이
가는 승리의 행진을 방해할 수는 없을 것이다. 사실 학문은 그 정당한
목적상 당연히 모든 것을 포괄하고 있다. 이상적인 학문이 완성되는 상
태에서 생각해 보자면, 학문은 자신과 동등하거나 자신을 초월하는 어
떠한 권위도 가질 수 없는 이성 자신이리라. 따라서 자연주의가 그것들
을 경험론적으로 고쳐 해석하기 때문에 동시에 왜곡시키는 이론적, 가
치론적, 실천적 이상들 모두는 또한 확실히 엄밀한 학문들의 영역에 속
한다.

그렇지만 우리가 일반적인 확신들을 정초하지 않을 때에 그것들은 아
무 것도 주장하는 바가 없게 되고, 우리가 학문의 목표에 도달하는 어
떠한 방법도 알아 챌 수 없을 때에 학문에 대한 희망도 사라진다. 그러
므로 엄밀한 학문으로서의 철학의 이념이 앞서 지적된 문제들과, 그리
고 그들과 본질적으로 관련된 모든 문제들을 무력하게 회피하지 않으려
면, 우리는 철학의 이념을 실현할 수 있는 명백한 가능성들을 분명히 가

져야만 한다. 또한 철학의 이념을 실현한다는 것은 그것이 그러한 문제
들의 고유한 본질에 의해 요구되기 때문에 문제들을 해명함으로써, 그
리고 문제들의 순수한 의미를 깊이 파고들어감으로써 그러한 문제들에
적합한 방법들을 완전히 통찰할 수 있도록 제시해야만 한다. 그렇기 때
문에 철학의 이념을 실제로 수행하고, 이로써 학문에 대한 생동적이고
활발한 신뢰와 동시에 학문의 참된 단서를 획득하는 것은 지금 꼭 필요
하다. 이러한 관점에서 보자면, 자연주의에 대한 유효하고 더구나 불가
결한 반박을 단지 귀결들로부터 수행하는 것은 우리에게 거의 아무 것
도 해주지 않는다. 그러나 우리가 자연주의의 근본 토대들, 그의 방법
들 그리고 그의 작업 성과들에 대해서 필요한 적극적이며 동시에 항상
원리적인 비판을 행할 때에는 사정이 전혀 다르다. 이와 같은 적극적이
고 원리적인 비판이 그러한 사정을 구별해 주고 명백하게 해주기 때문
에, 말하자면 문제들로서는 대개 모호하고 다의적으로 정식화된 철학적
동기의 본래적 의미를 추구하도록 그러한 비판이 강요하기 때문에 그러
한 비판은 보다 나은 목표들과 방법들에 대한 표상들을 일깨우고, 우리
의 계획을 적극적으로 추진하는 데 적당하다. 이러한 의도에 따라 우리
는 특히 위에서 뚜렷하게 논쟁되어 밝혀진 철학의 성격, 곧 **의식의 자연
화**를 상세히 검토해 보자. 그렇게 되면 위에서 논의된 회의적 귀결들의
보다 깊은 관련들이 다음에서 스스로 명백해질 것이고, 그와 똑같이 이
념의 자연화에 관한 우리의 두번째 비난이 의도하고 있고 정초할 수 있
는 전체의 범위가 이해될 수 있을 것이다.

　우리는 철학적 사색을 한다는 자연 탐구자의 보다 통속적인 반성에 우
리의 비판적 분석을 가하려고 하는 것은 당연히 아니고, 실제로 학문적
으로 무장되어 나타나는 전문인인 철학에 전념한다. 그러나 우리는 특
히 이러한 철학이 궁극적으로 정밀한 학문의 지위에 도달하였다고 굳게
믿는 방법과 분과에 전념한다. 이러한 철학은 자기 스스로 정밀한 학문
의 지위에 도달하였다고 확신하고서 그 밖의 모든 철학적 사색을 경멸
하고 있다. 즉 다른 모든 철학적 사색이 정밀 과학적인 철학함에 대해

19
(297/8)

갖는 관계는 마치 르네상스 시대의 불명료한 자연 철학과 갈릴레이(G. Galilei)의 참신하고 정밀한 역학(力學)의 관계와 같고, 또한 연금술(鍊金術)과 라브와지에(A.L. Lavoisier)의 정밀한 화학과의 관계와 같다고 한다. 그런데 우리가 정밀한 역학과 비슷한 것으로서 정밀하긴 하나 아직은 제한적으로 완성된 철학을 지금 문제로 삼는다면, 우리는 어쨌든 아무도 엄밀한 학문의 지위를 부정할 수 없는 심리 물리적 심리학, 그리고 특히 **실험 심리학***16)을 지적할 수 있다. 이 심리 물리적 심리학은 그토록 오랫동안 추구되어 온 것이며, 이제야 비로소 기정 사실(Tat)로서 형성된 정밀 과학적 심리학이라고 그들은 말한다. 그리고 논리학과 인식론, 미학, 윤리학과 교육학은 결국 실험 심리학을 통해 그 학문적 기초를 획득하였을 뿐만 아니라, 그 학문들은 이미 실험적 분과들에로의 개조가 전면적으로 활발하게 진행중이라고 그들은 말한다. 그 밖에 엄밀한 심리학은 자명하게 모든 정신 과학 그리고 심지어 형이상학의 근본 토대라고 그들은 말한다. 그렇지만 그들은 똑같은 정도로 물리적 자연 과학도 이러한 가장 보편적 현실성에 관한 학설들의 기초지움(Fundamentierung)에 참여하고 있다고 말하기 때문에, 형이상학의 근본 토대라는 점에서 심리 물리적 심리학이 우선적으로 취급된 기초는 아니다.

20
(298)
　　이에 대한 우리의 반론은 다음과 같다. 첫째로 간략한 고찰이 가르쳐 주게 되듯이 사실학으로서의 심리학 일반은 모든 규범 설정의 순수 원리들과 관계된 철학의 분과들, 즉 순수 논리학, 순수 가치론과 실천학 등에 기초를 제공하기에 적합하지 않다는 점이 통찰되어야만 한다. 우리는 보다 자세하게 논의하는 노고를 절약할 수 있다. 왜냐하면 이것은 명백하게 우리를 이미 언급된 회의적 배리들에로 환원시킬 것이기 때문

─────────────────

　*16) 직접 경험에 주어진 심적 현상을 조작주의적 방법과 심리 물리학적 측정 그리고 관찰을 수단으로 하여 단순한 요소(순수 감각, 단순 감정)로 분석하고, 그것을 구성함으로써 정신 현상을 설명하는 분트(W. Wundt, 1832~1920)가 확립한 생리학적 심리학.

이다. 그러나 하여튼 우리가 순수 보편학(Mathesis universalis)의 의미에서 순수 논리학(그것이 인식 작용과는 아무 관계도 갖지 않는 것으로서)과 구별되는 **인식론**에 관해 이야기하자면, 인식론적 심리학주의와 물리학주의에 대립된 많은 반론이 언급될 수 있으며, 그것들 중 몇몇은 여기에서 예시될 수 있겠다.

모든 자연 과학은 그 출발점을 보면 소박하다.*17) 자연 과학이 탐구하려고 하는 자연은 자연 과학 자신에 대해 단순히 거기에(einfach da) 있다. 사물들은 자명하게 **존재하고 있으며**, 무한한 공간 속에서 정지하고 운동하며 변화하는 것으로서, 그리고 무한한 시간 속에서 일시적인 사물들로서 존재하고 있다. 우리는 이러한 사물들을 지각하고 단순한 경험 판단들로 사물들을 기술한다. 객관적으로 타당하게, 그리고 엄밀한 학문적 방식으로 이 자명하게 주어진 것들을*18) 인식하는 것이 곧 자연 과학의 목표이다. 이것은 확장된 심리 물리적 의미에서의 자연과 또한 이러한 자연을 탐구하는 학문들, 특히 심리학에도 유사하게 적용된다. 심리적인 것은 그 자체로 떨어져 있는 세계가 아니다. 이것은 자아 혹은 (매우 다른 의미에서) 자아 체험으로서 주어져 있으며, 그러한 것은 신체라 부르는 어떤 물리적 사물들과 경험적으로 결합된 것으로 나타난다. 또한 심리적인 것은 자명한 선소여성(先所與性)이다. 그러므로 자명하게 거기에 존재하는 심리 물리적 자연의 연관 속에서 이 심리적인 것의 자기 형성 작용과 자기 변형 작용, 그리고 그것의 생성 작용과 소멸 작용에 대한 합법칙성을 발견하는 것이 곧 심리학의 과제이다. 모든

21
(298/9)

---

*17) 소박함이란 용어는 경멸적인 의미를 가질 필요는 없다. 훗설에 따르면 자연 과학은 소박함에 있어서 그 자신의 정수(精髓)를 추구하며, 그렇게 함으로써 자연 과학은 중대한 성과들은 성취한다. 단지 훗설이 비판한 것은 소박한 과학은 엄밀하게 학문적인 철학 속에서 궁극적으로 정초되지 않으면 불충분하다는 것이다.
*18) 학문적 반성에 앞서기 때문에 미리 주어진 것이다. 칸트와 훗설의 가장 큰 차이점은 칸트가 감각적인 직관만을 승인하는 반면, 훗설은 피히테(J.G. Fichte)와 셸링(F. W. Schelling)에 좀더 가까운 입장에서 순수하게 지적인 직관을 주장한다는 점이다. 대상성을 명증적으로 만드는 것은 바로 직관이다.

심리학적 규정은 바로 심리 물리적 규정이다. 즉 심리학적 규정은 그것이 결코 물리적 함축을 결여하지 않는다는 가장 넓은 의미에서(우리는 지금부터 이 의미를 확고히 유지한다) 심리 물리적 규정이다. 심리학 — 경험 과학 — 이 단순한 의식의 사건에 대한 규정을 겨냥하였고, 보다 좁은 일상적인 의미에서 심리 물리적 의존 관계를 겨냥하지 않았던 곳에서조차 이러한 의식의 사건들은 그래도 자연의 사건들로서, 말하자면 인간 혹은 동물의 의식에 속하는 것으로 생각된다. 그 의식은 인간의 신체나 동물의 몸에 자명하게 연계되어 있으며, 동시에 연계된 것으로 파악된다. 자연과의 관계를 배제하는 것은 심리적인 것에서 객관적-시간적으로 규정할 수 있는 자연의 사실, 요컨대 심리학적 사실의 특성을 제거하게 될 것이다. 그렇기 때문에 우리는 모든 심리학적 판단은 그것이 실로 명확하든지 그렇지 않든지간에 물리적 자연에 대한 존재적 정립을 자신 속에 포함한다고 주장하는 것이다.

22
(299)
그 결과 다음과 같은 것이 분명해진다. 즉 물리적 자연 과학은 특수한 의미에서 철학일 수는 없으며, 결코 철학의 근본 토대로서 이바지할 수도 없고, 단지 그것에 앞서는 철학의 기초 위에서만 형이상학의 목적을 위한 철학적 이용을 획득할 수 있다는 것 때문에 결정적 논증이 주어져야만 한다면, 그 경우에 그와 같은 모든 결정적 논증들은 즉시 심리학에도 적용되어야만 되리라.

실제로 이와 같은 결정적 논증이 결코 없지는 않다.

23
(299)
위에서 논의된 바에 따라서 자연 과학과 함께 자연을 주어져 있는 것으로 받아들이는 '소박성'을 지적하면 충분하다. 이 소박성은 자연 과학에서 사라지지 않고, 자연 과학이 단적인 경험에 의존하는 수행 방법의 어떤 자리에서든지 새로이 반복된다. 그리고 결국은 **모든** 경험 과학적 방법을 경험에 환원시킨다. 물론 자연 과학도 **그 자신의** 방식에 있어서는 매우 비판적이다. 비록 경험이 아무리 축적되었다 할지라도 단순히 개별적으로 분리된 경험은 여전히 자연 과학에는 별로 중요하지 않다. 자연 과학이 타당한 경험과 부당한 경험을 구별하며, 각각의 경험은 그에 따라서 각각 단계지워진 타당성의 가치를 간직하고, 이리하여 일반적으로 객관 타당한 인식, 곧 자연에 대한 인식을 성취하는 것은 바로 경험들을 방법적으로 질서지우고 연결시키는 것, 즉 그의 논리적으로 확고한 규칙들을 갖는 경험 작용과 사유 작용 사이의 상호 작용 속에서이다. 그러나 이러한 방식의 경험 비판이 우리를 아무리 만족시킨다 하더라도, 우리가 자연 과학 속에 있고 자연 과학적 태도에서 사고하는 한, 총체적인 경험 일반과 경험 과학적 사고 작용을 동시에 문제삼는 전혀 다른 경험 비판(Erfahrungskritik)은 여전히 가능하고 또한 불가피하다.

어떻게 의식으로서의 경험이 대상을 부여하거나 대상과 맞아떨어질 수 있는가? 다시 말하면 어떻게 경험들이 경험들을 통해 단지 서로 주관적으로 폐기되거나 주관적으로 강화되지 않고서, 서로 권리를 보증해 주거나 잘못을 교정해 줄 수 있는가? *19) 어떻게 경험 논리적 의식 *20)의 활동이 객관적으로 타당한 것, 곧 그 자체로 그리고 그 자체에 대해 존재하는 사물에 대해 타당한 것을 의미할 수 있는가? 왜 소위 의식의 활동 규칙은 사물에 대해 무관하지 않을까? 자연 과학이 각각의 진전들에 있어서 그 자체로 존재하는—의식의 주관적 흐름에 대립하여 그 자체로 존재하는—자연을 정립하고 또한 인식한다고 추정하는 한, 어떻게 자연 과학은 모든 그리고 각각의 경우에 있어서 이해될 수 있는가?

24
(299/300)

---

*19) 흄(D. Hume)에 있어서는 경험들의 객관성을 확증해 줄 어떠한 것도 지속적인 다양한 경험들에는 없다. 그러나 훗설에 있어서는 어떠한 존재적 함축도 없이 경험 속에 있는 의식의 지속적 동일성이 바로 객관적 타당성을 의미한다.

*20) 철학은 전통적으로 이성과 경험을 종합하고자 추구하였다. 그러나 훗설은 경험의 자료들을 합리적으로 추론하는 그러한 종합에 만족하지는 않는다. 경험은 이성 속에 포함되어야만 하고, 이성의 학문인 논리학이 또한 '경험의 논리학'이 될 수 있도록 철저하게 합리화되어야만 한다. 즉 훗설의 시도는 경험 자체의 로고스를, 그리고 근원적인 합리성을 발견하는 것이었다. 따라서 경험은 그것이 스스로 그 자신의 대상에 구성적이 될 때에만 그렇게 합리화될 수 있다. 물론 이것은 존재의 완전한 합리성을 전제한다. 오직 의식 속에서만 존재는 절대적이다. 그리고 이것은 의식의 최고 형식인 이성 속에서만 그러하다.

이 주장은 칸트의 단지 형식적인 아 프리오리에 대한 불만과 질료적인 아 프리오리에 대한 요구의 귀결이다.

이런 문제들을 진지하게 심사 숙고해 보면, 이것들은 모두 수수께끼이다. 다 아는 바와 같이 인식론은 그러한 문제들에 답변하려는 분과이다. 그렇지만 그 분과는 가장 위대한 탐구자들이 그러한 문제들에 힘을 기울여 왔던 모든 사유 작업에도 불구하고, 이제까지 학문적으로 명백하게, 즉 모든 사람이 일치하여 결정적으로 답변하지 못하였다.

₂₅
₍₃₀₀₎
"자연 과학적 인식론"의 배리(背理), 따라서 또한 모든 심리학적 인식론의 모순을 통찰하기 위해 이러한 문제성의 수준을 확고하게 견지하는 데에는 단지 엄밀한 일관성(물론 이제까지의 모든 인식론들에는 결여되었던 일관성이지만)만이 필요하다. 일반적으로 말해서 어떤 수수께끼들이 자연 과학에 원리적으로 내재적(immanent)이라면, 전제들과 결과들에 따라 이러한 수수께끼를 해결하는 것은 자연 과학의 초월적(transzendent)이라는 점은 원리적으로 자명하다. 자연 과학 그 자체에 딸린—그러므로 처음부터 끝까지 철두철미하게 자연 과학에 딸린—모든 문제들의 해결을 자연 과학 자체로부터 기대하려고 하고, 혹은 심지어 자연 과학이 그러한 문제의 해결에 대해 그 어떤 전제들을 제공할 수 있다고 생각하고 있음은 모순적인 순환론 속에 빠져 있음을 의미한다.

₂₆
₍₃₀₀₎
또한 자연을 과학적으로 설정하는 것과 마찬가지로 과학 이전의 입장에서 설정하는 모든 것은 모든 사람이 이의없이 일치하는 그러한 의미를 유지해야만 할 인식론에 있어서는 원리적으로 배제되어야만 하고, 그에 따라서 시간, 공간, 인과성 등으로 규정되는 사물성들에 대한 존재를 주제적으로 정립하는 것을 함축하는 모든 언표(言表)들도 배제되어 있어야만 한다는 것은 분명하다. 그리고 그러한 배제는 또한 탐구하고 있는 인간의 존재(Dasein)와 그의 심리적 능력 등의 존재에 관계하는 모든 존재 정립(Existenzsetzung)에까지 명백히 확대된다. *21)

₂₇
_(300/1)
그 이상의 논의는 다음과 같다. 그럼에도 불구하고 만약 인식론이 의식과 존재의 관계에 대한 문제들을 탐구하려고 한다면, 인식론은 의식의 상관자로서의 존재만 명백하게 가질 수 있다. 즉 그 존재는 의식에

---

*21) 우리는 여기에서 《이념들 I 》(1913)에서 나타나는 판단 중지(Epoche)와 환원(Reduktion) 이론에 대한 희미한 윤곽을 발견할 수 있다.

적합하게 '사념된 것'으로서, *22) 말하자면 지각된 것, 기억된 것, 기대된 것, 상징적으로 표상된 것, 상상된 것, 동일화된 것, 구별된 것, 믿어진 것, 추측된 것, 평가된 것 등이다. 그렇다면 이러한 탐구가 의식의 본질을 학문적으로 인식하는 것으로, 즉 서로 구별 가능한 모든 형태를 **자체**에 있어서도 의식의 **본질상** 의식이 어떻게 '존재하는가' 하는 것에로 향해져야 함을 우리는 안다. 그러나 이와 동시에 의식이 **대상적인 것**을 생각하는 그러한 상이한 방식들— 이러한 형태들은 본질상 때로는 명백하거나 명백치 않으며, 때로는 현재하거나 현전하는, 때로는 기호적으로 혹은 상징적으로, 때로는 직접적으로, 때로는 사고에 적합하게 매개된 채로, 때로는 이런 혹은 저런 주의 양상(attentionaler Modus) 속에서 그리고 무수히 다른 형식들 속에서— 에 대해서뿐 아니라 의식이 '**의미하는**' 바의 것, 의식이 경우에 따라서는 대상적인 것을 '타당하게', 즉 '현실적으로' 존재하는 것으로 '증명하는' 것에로 이러한 탐구가 향해져야만 한다는 것도 우리는 안다.

이성적 논의의 대상과 학문 이전의 인식의 대상, 그리고 그 이후에 학문적 인식의 대상이어야 할 모든 종류의 대상은 인식에서, 즉 의식 자체에서 스스로 표명되어야만 하고, 모든 인식의 의미에 적합하게 (의식의) **소여성**으로 주어져야만 한다. 인식이란 명칭 아래 의식이, 말하자면 목적론적으로 질서지우고, 더 상세히 말하자면 상이한 대상-범주들에 따라 그룹— 특히 이들 대상-범주들에 상응하는 인식 기능의 그룹으로서 —을 형성하는 바와 같이, 모든 종류의 의식은 서로의 본질 연관 속에서, 그리고 서로의 의식 양태에 속해 있는 의식의 소여성 형식들에 관한 소급적 관계 속에서 연구되어야만 한다. 그러면 모든 인식 작용에 있어서 제시되어야 할 정당성 문제의 의미가 이해되어야만 하고, 정초된 정당성 증명과 이상적 정초 가능성 혹은 타당성의 본질은 더우기 모든 인식 단계에 대해, 즉 최상으로는 학문적 인식에 대해 완전히 밝혀져야만 한다.

28
(301)

---

*22) 이것은 사유하는 작용(noesis)를 전제한 상관자(noema)를 의미한다.

29
(301/2)
　　대상성이 **존재한다는 것**, 그것이 자신을 존재하는 것으로, 더구나 인식에 적합하게 존재하는 것으로 제시한다는 것이 주장하는 바는 의식 자체로부터 바로 순수하게 명증적으로 되어야 하고, 따라서 남김없이 이해될 수 있어야만 한다.*23) 그리고 그렇게 되기 위해서는 의식 **전체**에 관한 연구가 필요하다. 왜냐하면 의식은 그의 **모든** 형태들에 따라서 가능한 인식 기능들 속에 나타나기 때문이다. 그러나 모든 의식이 '~에 대한 의식'인 한, 의식에 관한 본질 연구는 또한 의식의 의미 자체와 의식의 대상성 자체에 관한 본질 연구를 포함한다. 어떠한 종류의 대상성이라 하더라도 그것을 그 보편적 본질에 따라 연구(즉 인식론과 의식 탐구에 직접 관계가 없는 관심을 추구할 수 있는 연구)하는 것은 대상성이 주어지는 소여성의 방식들을 추구하고, 그에 속한 '해명'의 과정들에서 그것의 본질 내용을 모두 드러내 밝히는 것이다.*24) 여기에서 연구의 태도가 의식의 방식들과 그들의 본질 탐구를 향한 것이 아니라고 하더라도, 그럼에도 여전히 해명의 방법은 사념된 것의 방식들과 주어진 것의 방식들에 대한 반성을 불가피하게 한다는 점까지도 필연적으로 수반한다. 그러나 어쨌든 대상성에 관한 모든 근본적인 해명은 그 반대로 의식의 본질 분석에 있어서 필수불가결하고, 따라서 의식의 본질 분석에 함께 포함되어 있다. 그러나 이것은 실제로 그것의 과제를 의식과 대상 사이의 상관 관계에 대한 탐구에서 파악하는 인식론적 분석에는 한

---

*23) 대상성이 순수 의식의 기능이기 때문에 훗설은 철학의 역할을 의식 탐구에 의해서 대상성을 정초하는 '자기-인식'의 과업이라고 주장한다.
*24) 방법론으로서의 현상학은 본질 파악을 그 목표로 한다. 그리고 바로 이 파악이 훗설에 있어서는 철학이다. "순수 직관의 내부에서 바로 본질학이 되려는 현상학에서 우리는 선험적인 순수 의식의 범례적 소여들에서 직접적인 본질 직관을 수행하고, 그것을 개념적으로 확정한다"(《이념들 Ⅰ》, 124 면).
　　"현상학에 관한 한, 현상학은 현상학적 태도 속에서 선험적인 순수 체험의 기술적인 본질학이 되고자 한다. … 순수 직관 속에서 환원된 체험들에서 그것이 내실적 존립 요소이든지 지향적 상관이든지간에 형상적으로 파악되어야 하는 것은 현상학에 고유한 것이고, 이것은 현상학에 대하여 절대적 인식의 중요한 원천이다"(같은 책, 139 면).

층더 필수불가결하다. 그런 것에 따라 **현상학적**이라는 명칭 아래 앞으로 나뉘어지게 될 상관적인 연구들이라 하더라도, 우리는 그와 같은 모든 연구들을 포괄한다.

그것에 의해 우리는 하나의 학문—그것의 굉장한 범위에 대해 현대 인들이 아직 어떠한 상상도 해보지 못한 학문—즉 의식에 관한 학문이 기는 하지만, 그러나 심리학은 아닌 **의식에 관한** 어떠한 **자연 과학**에도 대립하고 있는 **의식의 현상학**과 만난다. 그러나 여기서 물론 우연적인 유사한 용어가 중요한 것은 아니기 때문에 현상학과 심리학은 이 양자가 비록 서로 다른 방식으로 서로 다른 '태도'를 취하고 있다 하더라도, 이들이 모두 의식을 다루는 한, 매우 밀접한 관계에 놓여 있음에 틀림없다는 것이 미리 예상된다. 따라서 우리는 위와 같은 것을 심리학은 '경험적 의식'을 자연과의 관련 속에서 존재하고 있는 사실로서 경험적 태도에서 다루지만, 그에 반해서 현상학은 '순수' 의식을, 즉 현상학적 태도에서 의식을 다룬다고 표현할 수도 있겠다.

만약 이러한 표현이 옳다면, 심리학은 물리적 자연 과학과 마찬가지로 더 이상 철학이 아니며, 또한 철학이 될 수도 없다는 사실을 배제하지 않고서도 심리학은 본질적인 이유로부터, 즉 현상학의 매개를 통해 철학에 보다더 밀접하고 또한 심리학의 운명상 가장 긴밀하게 철학에 결합되어 있음에 틀림없으리라는 결론이 나올 것이다. 결국 모든 심리학주의적 인식론은 그 인식론적 문제 제기에 대한 본래의 의미를 잘못 처리해서 추정적으로 다루기 쉬운 순수한 의식과 경험적 의식 사이의 혼동을 면치 못하였다는 점을 통해 성립되었음에 틀림없다는 것, 혹은 달리 말하자면 심리학주의적 인식론이 순수한 의식을 '자연화'한다는 것이 예견될 수 있겠다.

사실 이것은 나의 견해이고, 이에 대한 좀더 자세한 설명들이 다음에서 제시되어야 할 것이다.

개괄적인 시사로 위에서 방금 언급된 것, 특히 심리학과 철학 사이의 밀접한 유사성에 관해 언급된 것은 철학과는 어느 정도 소원한 상태에

30
(302)

31
(302)

32
(302/3)

있는 **현대의 정밀 심리학**에는 물론 거의 적합하지 않다. 그러나 아무리 이 심리학이 실험적 방법들의 도움으로 자신을 유일한 학문적 심리학으로 간주하려고 하고 '사변-심리학'을 경멸한다고 하더라도, 나는 현대의 정밀 심리학이 유일한 심리학, 곧 의미상 완전한 심리학적 학문이라는 견해를 중대한 착오라고 밝히지 않을 수 없다. 이러한 심리학에 일관된 근본 특성은 모든 직접적이고 순수한 의식 분석 — 즉 내재적 직관 작용의 서로 다른 가능한 방향들에서 나타나는 소여성에 대한 체계적으로 수행될 '분석'(分析)과 '기술'(記述) — 을 제거하는 것이다. 이것은 기껏해야 외면적으로 이해할 수 있는 의미만을 갖는 모든 심리학적 사실이나 심리학적으로 관련된 사실들을 간접적으로 확정시키기 위한 것이다. 이러한 사실의 심리 물리적 규칙성을 실험적으로 확정하기 위해 현대의 정밀 심리학은 곧 지각, 상상 직관, 언표, 계산과 오산, 크기 측정, 재인식, 기대, 기억, 망각 등과 같은 조야한 분류 개념들로서 그럭저럭 꾸려 나간다. 한편 그 역으로 실험 심리학이 사용하는 그 같은 개념들의 바탕은 심리학의 문제 설정 범위와 그것이 획득할 수 있는 확정 범위를 제한한다.

33
(303) 사회 통계학이 본래의 사회학에 관계하듯이, 유비적으로 실험 심리학이 본래의 심리학에 관계한다고 우리는 주장할 수도 있겠다. 이와 같은 통계학은 가치있는 사실들을 수집하고, 그 사실들 속에서 가치는 있지만 극히 간접적인 종류의 규칙성들을 발견한다. 오직 본래의 사회학만이, 즉 사회학적 현상들을 직접적인 소여성에로 이끌고, 그들의 본질에 따라 탐구하는 사회학만이 사실들과 규칙성들에 대한 명백한 이해와 그것들에 대한 실제적인 해명을 수행할 수 있다. 이와 유사하게 실험 심리학도 경우에 따라서는 가치있는 심리 물리적 사실들과 규칙들을 확정하는 방법이지만, 그러나 심리적인 것을 내재적으로 탐구해 가는 체계적인 의식의 학문에 의하지 않고서는 그러한 사실들과 규칙들에 대한 보다 깊은 이해와 궁극적인 학문적 이용의 모든 가능성을 가지고 있지는 못한 방법이다.

34 정밀 심리학은 여기에 그들의 수행 방법의 커다란 결점이 놓여 있음

을 깨닫지 못하며, 정밀 심리학이 내성(內省)*25)의 방법에 반대하는 일 (303/4)
에 보다 활발하게 열중하면 할수록, 그리고 실험적 방법들을 통해 **자신**
의 결점들을 극복하는 것에 힘을 쓰면 쓸수록 자신의 수행 방법의 결점
을 더욱더 깨닫지 못하게 된다. 그러나 이것은 누구나 입증할 수 있는
바와 같이, 여기서 수행되어져야 할 것에 관해서는 전혀 문제가 되지 않
는 방법에 대한 결점들을 극복하려고 시도하는 것이다. 바로 심리적인
것으로서의 사실에 대한 강제는 너무나 강렬해서 의식 분석이 때때로 수
행될 수 없는 것으로 판명된다. 그렇다면 이러한 분석은 일반적으로 단
지 현상학적인 소박성에 의한 것일 뿐이고, 그 소박성은 그 심리학이 정
밀성을 획득하고자 노력하고, 또한 많은 영역에서(그들이 그 목표에 관
하여 겸손하다면) 정밀성에 도달하는 의심할 바 없는 성실성과는 현저
하게 대조적이다. 정밀성에 도달하려는 이 성실성은 실험적 확정들이 주
관적이고 감각적인 현상들에 관계하는 곳에서는 어디에서나 타당하다.
이와 같은 현상들의 기술과 표시는 '객관적' 현상들에 있어서와 정확하
게 똑같이, 즉 본래적인 의식의 영역으로 옮겨 놓는 개념들과 해명들을
전혀 받아들이지 않고서 수행되어야 한다. 더 나아가 그 성실성은 심리
적인 확정이 본래의 심리적인 것에 의하여 대략적으로 윤곽지워진 부류
들에 관계하는 곳에서도 타당한데, 그 이유는 우리가 확정들의 본래적
인 심리학적 의미를 추구하는 것을 포기하는 한, 보다 깊은 의식의 분
석없이도 그 확정들이 처음부터 충분히 제시된다는 데 있다.

그러나 그때그때의 분석들에 있어서 근본적으로 심리적인 것 모두에   35
관한 오류의 원인은 다음과 같은 점에 있다. 즉 순수하고 체계적인 현   (304)
상학에서만 비로소 여기서 수행되어야 할 연구의 의미와 방법이 드러나
고, 동시에 방법적으로 경험되지 않은 것과 무차별적으로 합류하는 엄
청나게 풍부한 의식의 차별상들이 뚜렷이 드러나기 때문이다. 이러한 방
식으로 현대의 정밀 심리학은, 비록 그것이 심리 물리적 규칙성들과 관

---

*25) '내성'과 '반성'의 차이점을 주목해야만 한다. 내성은 마음 내부의 상태
  들, 즉 의식의 활동들을 단지 '관찰'하지만, 의식의 대상적 상관자를 파
  악하지는 못한다. 그러나 반성은 그것들을 생생하게 파악한다.

계를 맺는 심리적인 것의 의미를 추구한다고 해도, 즉 참된 심리학적 이
해를 통찰한다고 해도, 현대의 정밀 심리학 자신이 스스로를 이미 방법
적으로 완전하고 엄밀하게 학문적인 것이라고 간주하는 바로 그 사실에
의해 사실상 비학문적이 된다. 바꾸어 말하면 심리적인 것에 관한 불명
료한 표상들의 결함이 보다 깊은 인식에로 통찰해 나아가는 노력에도 불
구하고 모호한 문제 설정에로, 따라서 단순한 가상적 결과들에로 이끄
는 모든 경우에 있어서도 똑같이 비학문적이 된다. 실험적 방법은 상호
주관적인*26) 사실 연관들에 관한 확정이 문제가 되는 어디에서나 똑같
이 필수불가결하다. 그러나 실험적 방법은 어떠한 실험도 수행할 수 없
는 것, 즉 의식 자체의 분석을 전제한다.

36
(304/5)
스툼프,*27) 립스*28) 그리고 그 밖에 이들과 밀접한 입장에 서 있는 몇
몇의 심리학자들은 실험 심리학의 이러한 결함을 인식하였고, 이들은 중
대한 의미에서 브렌타노가*29) 제기한 획기적인 이론의 진가를 인정할 수
있게 되었다. 그러므로 이들은 이제 지향적 체험을 분석적이고 기술적
으로 철저하게 탐구하는 브렌타노의 단서들을 계속 추구하고자 노력하
였다. 그런데 이 노력은 실험적 방법에 대한 광신자들에 의해 충분치 못
한 것으로 간주되었거나, 혹은 그들이 실험적으로 탐구하는 경우에만 오

*26) 여기서 이 말은 훗설 후기 현상학의 중요한 테마인 '상호 주관성'과 관
련된 선험적 의미에서가 아니라 경험적 의미로 사용되었다.
*27) 스툼프(C. Stumpf, 1848~1936)는 브렌타노의 친구이자 제자로서 그의
심리학은 훗설의 초기 현상학적 방법의 전개에 결정적 영향을 주었다.
*28) 립스(T. Lipps, 1851~1914)는 심리학이 의식 체험의 학문이며, 의식은
내성에 의해 직접 파악되는 경험 과학이므로 논리학, 인식론, 윤리학,
미학은 개인의 의식 체험을 확정하는 기술 심리학에 포함된다는 심리학
주의를 주장한다. 그러나 이러한 입장은 훗설이 한 비판의 영향을 받아
다소 후퇴한다. 그리고 뮌헨 현상학파는 대부분 립스의 제자들이었다.
또한 미의식에 있어서의 감정 이입의 의미를 강조하여 타인의 정신 생
활에 관한 인식까지도 이 감정 이입에 기인하는 것으로 보았다. 이는 훗
설 사상의 후기에 있어서 감정 이입 이론에 간접적으로 영향을 주었다.
*29) 브렌타노는 신칸트 학파에 대립하여 경험적·기술적 심리학의 방법으
로서 철학의 정초를 추구하였다. 특히 그가 심리적 현상의 특징으로서
밝힌 지향성 개념은 훗설의 현상학에 깊은 영향을 미쳤다.

직 이러한 견지에서 그 가치가 인정되었다. 그리고 그들은 몇 번이고 되풀이하여 스콜라적 사변 철학자로서 논박된다. 내재적인 것을 진지하게 그리고 내재적 분석이라는 유일하게 가능한 방식으로, 혹은 우리가 보다 이해하기 쉽게, 말하자면 본질 분석이라는 유일하게 가능한 방식으로 탐구하는 최초의 보다 새로운 시도는 스콜라적 사변 철학자로서 비난될 수 있었고, 그래서 무시될 수 있었다는 것은 미래의 세대에게는 지극히 놀랄 만한 일이 될 것이다. 그리고 그처럼 비난되고 무시된 것은 내재적 분석을 통한 탐구의 자연적인 출발점이 심리적인 것에 대한 언어 관습적 표시 때문이라는 것, 그리고 그 경우에 언어 관습적인 표시의 의미에 정통하게 되어서 그와 같은 표시들이 무엇보다도 애매하고 모호하게 관련된 현상들을 문제삼게 되었기 때문이라는 것 이외에는 아무런 이유도 없다. 또한 확실히 스콜라 철학의 존재론은 언어에 의해 좌우되어 왔다. *30) (이것으로써 나는 모든 스콜라 학파의 탐구가 존재론적 탐구였다고 주장하는 것은 아니다.) 그러나 스콜라 철학의 탐구는 단어의 의미들로부터 분석 판단을 이끌어 낼 수 있고, 그렇게 함으로써 사실들에 관한 인식을 획득할 수 있다는 생각에 몰두하였다. 이에 반하여 단어 개념 일반으로부터 어떠한 판단도 이끌어 내지 않고, 오히려 관련된 단어들을 통해 언어가 관심을 야기하는 현상들 속에 파고들어가 조사하거나, 혹은 경험의 개념, 수학적 개념 등의 완전히 직관적인 실현 작용을 형성하는 현상들 속에 깊이 파고들어가는 현상학적 분석자는 바로 그 때문에 또한 스콜라적 사변 철학자로 낙인찍혀야 하는가?

다음과 같은 점이 깊이 고찰되어야만 한다. 즉 모든 심리적인 것은 그것이 현상학에서와 마찬가지로 심리학에서도 첫번째 연구 대상이 되도록 그렇게 완전히 구체적으로 생각되는 한, 다소 복잡한 '∼에 대한 의식'이라는*31) 성격을 갖는다. 이 '∼에 대한 의식'은 극도로 혼란된 형태

37
(305)

---

*30) 안셀무스(Anselmus Cantaberiensis) 이래 스콜라 철학이 신(神)의 개념으로부터 신의 존재를 추론하는 존재론적 증명을 말한다. 이것은 후에 보편 논쟁으로 발전하였다.
*31) 의식의 본질 분석은 의식의 모든 작용이 필연적으로 '지향적'이기 때문

들을 갖는다. 또한 연구의 출발에 있어서 자명함과 객관적인 기술의 역
할을 할 수 있다는 모든 표현들은 유동적이고 자의적이며, 그에 따라서
최초의 출발은 자명하게 지금 눈 앞에서 형성되고 있는 가장 조잡한 애
매성들을 분명히 설명하는 것 이외에 다른 어떤 것일 수 없는 것이다.
학문적 언어의 궁극적 확정은 현상에 대한 완전한 분석 — 이는 아득히
먼 곳에 놓여 있는 목표이다 — 을 전제한다. 현상에 대한 완전한 분석
이 수행되지 않는 한, 외면적으로 고찰해 보면 연구의 진보 역시 매우
현저한 범위에서 이제야 비로소 분명하게 형성된 새로운 다의성을 제시
하는 형식으로 진행한다. 더우기 그것은 이전의 연구들 속에 이미 추정
적으로 확정된 개념들에 있어서의 다의성을 지적하는 형식으로 진행한
다. 이러한 것은 사태의 본성에 근거하기 때문에 명백히 불가피하다. 그
것에 따라서 심리학의 정밀성과 학문적 성격을 수호하려는 사명을 지닌
자가 단순히 '어휘적인', 단순히 '문법적이고' 스콜라 철학의 '사변적인'
분석들이라고 하는 말에 따라서 그 이해의 천박한 깊이와 경멸적 평가
는 판단되어야 한다.

38
305/6)
    스콜라 철학에 대한 반동이 활발하게 일어나는 시기에 내세워진 구호
는 공허한 단어의 분석을 버리라는 것이었다. 우리는 사태 자체(die
Sachen selbst)를 문제시해야만 한다. 우리의 단어들에 의미와 이성적 권
리를 유일하게 부여할 수 있는 경험과 직관에로 돌아가자. 이것은 얼마
나 적절한가! 그러나 도대체 사태란 무엇인가? 그리고 우리가 심리학
에서 그것에로 되돌아가야만 할 경험은 어떤 종류의 경험인가? 우리가
우리의 문제에 대한 답변으로 실험에서 피실험자들에게 캐물어서 알아
내는 언표들은, 말하자면 사태들인가? 그리고 피실험자들이 제공하는
언표의 해석은 심리적인 것에 관한 '경험'인가? 실험주의자들 자신은 심
리적인 것에 관한 경험이 단순한 제2차적 경험이라고 주장할 것이다.
제1차적 경험은 피실험자들 자신에 놓여 있고, 실험하고 해석하는 심
리학자에게 있어서 제1차적 경험은 심리학자 자신들 본래의 실험하고

─────────────────────

에 그 자신 속에 대상적 관계를 포함한다. 이것이 참되기 때문에 의식
의 분석은 결국 대상성의 분석이 된다.

해석하기 이전의 자기 지각 속에 놓여 있다. 그리고 이 지각은 정당한
이유에서 내성이 아니고 내성일 필요도 없다. 실험주의자들은 내성과—
그들이 말하듯이—오로지 내성에 근거한 사변 심리학에 대한 탁월한 비
판가로서, 그들이 "우연적인, 예측되지 않은, 그리고 고의로 야기되지
않은 경험들"의 형식 속에서만 직접적 경험을 이용하고[4] 악명높은 내성
을 전적으로 배제하여 실험적 방법을 완성하였다는 점에 적지 않은 자
부심을 갖고 있다. 이 주장에는 지나치게 과장된 점이 있긴 하지만, **한
편으로는** 의심할 여지없는 성과가 있다. 그러나 나는 다른 한편으로는
이러한 심리학이 범하고 있는 원리적인 착오가 밝혀져야만 한다고 여긴
다. 그것은 곧 실험 심리학은 타인의 경험을 감정 이입으로[*32] 이해하
는 가운데 수행된 분석과 이와 비슷하게 실험자 자신에게 그 당시에는
관찰되지 않았던 체험들에 근거한 분석을(비록 간접적인 경험 분석이기
는 하지만) 물리적 자연 과학의 경험 분석과 동일한 단계 위에 세우고
있다. 사실상 이렇게 실험 심리학은 자신이 물리적 자연 과학이 물리적
인 것에 관한 경험 과학인 바와 원리상 같은 의미에서 심리적인 것에 관
한 경험 과학이어야 한다고 실제로 믿는 착오이다. 그런데 실험 심리학
은 소박한 경험들로부터(그것이 지금 관찰되는 경험들이든 관찰되지 않
는 경험들이든, 혹은 현실적인 현재 의식의 테두리 안에서 진행되든 기
억이나 감정 이입의 테두리 안에서 진행되든간에) 학문적 의미에 있어
서 경험들이 될 수 있기 위해서는 실험 심리학에 선행되지 않으면 안 될
어떤 의식 분석의 특수한 성격을 간과하였다.

이것을 분명히 밝혀 보자.

심리학자들은 그들의 모든 심리학적 인식은 경험의 덕택이고, 그러므
로 실험의 방법적 기술(技術)에 의해 경험적 추론에 대한 근본 토대가
되어야만 할 그 소박한 기억들이나 혹은 기억들 속에 있는 감정 이입의

---

4) 그것에 관해서는 분트의 *Logik*, 제 2 권(제 2 판), 170면 참조.
*32) 훗설은 감정 이입에서 정의적(情意的) 내용을 제거한다. 감정 이입은 어
느 정도까지는 신비에 싸여 있는 것을 통찰하려고 시도하며, 어쨌든 이
것에 의해 주관은 다른 주관의 경험에 깊이 파고들어갈 수 있다.

덕택이라고 생각한다. 그렇지만 소박한 경험의 소여성들에 대한 기술(記述)과 그 기술과 제휴해 나가는 내재적 분석과 이것들에 대한 개념적 파악은 미리 축적되어 있는 개념들을 매개로 하여 행해지고, 이와 같은 개념들의 학문적 가치 여부는 그 이후에 모든 방법적인 진행에 대하여 결정적인 것이다. 약간의 심사 숙고가 명증적으로 보여주듯이, 이러한 개념들은 실험적 문제 설정과 방법 전체의 성질상 그 이후의 수행 방법에서 항상 검토되지 않은 채 남아 있으며, 따라서 최종 결과에로, 그리고 또한 학문적이라고 잠칭하는 경험 판단 속으로 스스로 깊이 들어간다. 다른 한편 이러한 개념들의 학문적 가치는 처음부터 거기에 있지도 않았고, 또한 피실험자와 실험자 자신의 매우 축적된 경험들에서도 유래할 수 없으며, 어떠한 경험의 확정을 통해서도 논리적으로 획득될 수는 없는 것이다. 그리고 자연주의적 심리학자에게는 아무리 생소하고 공감할 수 없는 것으로 들릴지는 몰라도, 결코 경험적 분석은 아니고 또한 경험적 분석일 수도 없는 현상학적 본질 분석이 놓일 자리는 바로 여기에 있다.

40
(307)
　　로크 이래 그리고 여전히 오늘날에도 경험적 의식이 발전해 온 역사로부터 지녀 온 확신(그러므로 그것은 이미 심리학을 전제한다), 즉 모든 개념적 표상은 그것 이전의 경험들에서 '유래한다'는 확신은 이와는 전적으로 다른 확신, 즉 각각의 개념은 그것의 사용 가능한 권리 근거를, 말하자면 기술하는 판단 작용들 속에서 경험으로부터 이끌어 냈다는 확신과 혼동되었다. 그리고 후자의 확신은 여기서 다음과 같은 것을 뜻한다. 즉 **현실적인** 지각들이나 기억들을 제공하는 것을 **고려해서만** 개념의 타당성, 요컨대 그 개념의 본질 구비성이나 본질 상실성에 대해, 그리고 그 결과 앞으로 진술하려는 개별적인 경우들에 있어서 그 개념의 타당한 적용 가능성에 대해 권리 근거들이 발견될 수 있다는 확신이다. 기술할 때에 우리는 지각, 기억, 상상 표상, 언표 등의 단어를 사용한다. 그러나 이와 같은 하나의 단어가 얼마나 풍부한 내재적 구성 요소들—우리가 단어로 기술된 것 속에서 구성 요소들을 분석적으로 발견하는 것이 아니라, 기술된 것의 단어를 '파악하면서' 삽입하는 구성 요소들 — 을 지시하는가? 의식의 '역사' 속에서 그것이 어떻게 주어졌는지, 우리가 알지 못하는 이러한 단어의 통속적 의미에서, 즉 모호하고 완전히 혼돈된 의미에서 이러한 단어들을 사용하는 것은 충분한가? 그리고 우리가 의식의 역사 속에서 단어들이 어떻게 주어졌는지를 또한 안다고 하더라도, 이러한 역사가 우리에게 무슨 소용이 있는가? 모호한 개념들은 여전히 모호할 뿐이고, 그들에게 본래적인 특성 때문에 명백히 비학문적이라는 것을 이러한 역사가 어떻게 변경할 수 있겠는가? 우리가 보다 나은 어떠한 개념도 갖고 있지 않는 한, 우리는 이러한 개념들이 실제적인 생활의 목적을 위해서는 충분하지만, 조잡하게 구별되어 있다고 믿으면서 이러한 개념들을 사용해도 좋다. 그러나 학문적 확정이나 방법적 정교화없이 그것의 대상들을 **규정하고 있는** 개념들을 그대로 방치해 두는 심리학은 도대체 '정밀성'을 요구할 수 있는가? 무게, 온도, 질량 등의 일상적 개념들에 만족하였던 물리학이 정밀성을 요구할 수 없는 바와 같이, 당연히 그러한 심리학도 정밀성을 요구할 수 없다. 현대의 심리학은 더 이상 '영혼'에 관한 학문이 아니라 '심리적 현상들'에 관한 학문이고자 한다. 그런데 만약 현대의 심리학이 심리적 현상들에 관한 학문이 되고자 한다면, 그것은 개념의 엄밀함 속에서 심리적 현상들을 기술해야만 하고 규정할 수 있어야 한다. 또한 현대의 심리학은 방법적인 연구에서 필요한 엄밀한 개념들을 획득했어야만 한다. 그렇다면 이 방법적 연구는 '정밀' 심리학의 어디에서 수행되었는가? 이것을 목표로 하여 우리들은 방대한 문헌들을 찾아보았으나 실패하고 말았다.

어떻게 해서 자연 그대로의 '혼란된' 경험이 학문직 경험으로 되는가, 또는 어떻게 해서 자연 그대로의 혼란된 경험이 객관적으로 타당한 경험 판단을 확립할 수 있는가 하는 문제는 모든 경험 과학의 방법상의 핵심 문제이다. 이러한 문제는 추상적으로 그리고 어떠한 경우에도 순수하게 철학적으로 문제가 제기되고 답변될 필요는 없다. 즉 이러한 문제는 실행, 즉 경험 과학의 천재적 개척자가 그에 필요한 경험적 방법의 의미를 구체적이며 직관적으로 파악하고, 경험이 접근할 수 있는 영역

41
(308)

속에서 경험적 방법을 순수하게 준수함으로써 한 부분의 객관적으로 타
당한 경험 규정을 착수하고, 그래서 학문을 맨 먼저 창시하는 실행을 통
해 그 답변을 역사적으로 발견한다. 이러한 경험 과학의 천재적 개척자
들은 자신들의 수행 과정의 동기를 어떤 계시에서가 아니라, 경험 자체
의 의미 속에서 또는 경험 자체에 주어진 '존재'의 의미를 심사 숙고함으
로써 얻는다. 왜냐하면 비록 그 존재는 '주어져' 있기는 하지만 '모호한'
경험 속에서 '혼돈된' 채 주어져 있을 뿐이며, 그런 까닭에 어떻게 그 존
재가 참으로 실제적인지, 어떻게 그 존재가 객관적으로 **타당하게** 규정될
수 있는지, 그리고 그 규정이 무엇을 통해 어떻게—어떤 방법을 통해
서—앞으로 보다 개선되어야 할 '경험들'로 객관 타당하게 규정될 수 있
는지 등의 불가피한 물음이 주어지기 때문이다. 외적인 자연에 대한 인
식에 있어서 소박한 경험으로부터 학문적 경험에로, 모호한 일상적 개
념으로부터 완전히 명확한 학문적 개념에로의 결정적인 진전은 다 아는
바와 같이 갈릴레이에*33) 의해 비로소 수행되었다. 그런데 심리적인 것,
즉 의식의 영역에 대한 인식에 관해서 우리는 스스로를 정밀한 자연 과
학과 완전히 대등하게 정당한 자격을 갖춘 것으로 간주하는 '실험적이고
정밀한' 심리학을 갖고 있지만, 그러나 이러한 심리학은 그 주안점에 따
라 보면 갈릴레이 시기 **이전의** 상태에 있다는 사실을 거의 의식하지 못

---

*33) 갈릴레이(G. Galilei)의 수학적 자연 과학의 이념은 중세적 존재 방식에
대해서 자신과 자신의 환경 세계를 이성적으로 새롭고 자유롭게 형성하
려는 근대 르네상스의 합리주의에 토대를 두고 있다.
그러나 동시에 갈릴레이와 더불어 학문 이전의 직관된 자연은 새로운
수학의 지도 아래 이념화된 자연으로 대치되어, 단지 하나의 방법에 불
과한 것을 참된 사실적인 자연에 실천적으로 적용하는 기술(技術)로 변
형시켜 이념의 옷, 상징의 옷을 입혀 기계화하는 수학과 수학적 자연 과
학은 방법, 정식, 이론 자체의 본래적 의미를 이해할 수 없는 의미의 공
동화(Sinnentleerung)를 야기시켰고, 이것은 곧바로 데카르트(R. Des-
cartes)의 이원론으로 이어졌다.
따라서 훗설은 갈릴레이를 발견의 천재인 동시에 은폐의 천재라고 비
판하고, 학문의 이념이 단지 지엽적 개념인 실증주의적 사실학으로 환
원되어 인간 삶의 중대사가 상실된 학문의 위기는 과학적 객관주의가 선
험적 주관주의에로 전회함으로써만 극복될 수 있다고 주장한다.

하고 있다.

정밀 심리학이 이것을 의식하지 못하고 있다는 **사실**은 물론 의아스러 42
울지도 모르겠다. 우리는 과학 이전의 소박한 자연학(Naturkunde)이 자 (308/9)
연 그대로의 경험에 대한 어떠한 것도, 즉 자연 그대로의 소박한 경험
개념에 의해 자연 그대로의 경험 자체의 연관 속에서 명백하게 될 수 없
는 어떠한 것도 결여하지 않았다는 점을 파악하고 있다. 그런데 이러한
자연학은 그 소박성 때문에 사물들이 어떤 '본성'을 갖고 있으며, 이 본
성이 어떤 정밀한 개념에 의해 경험–논리적 수행 과정*34) 속에서 규정
될 수 있다는 사실을 예상하지 못하였다. 그러나 심리학은 심리학 연구
소와 정밀한 기계 장치 그리고 예리하게 고안된 자신의 방법들로서 고
대의 소박한 경험적 영혼학(Erfahrungsseelenkunde)의 단계를 초월하였
다고 당연히 느낀다. 거기에다 또 심리학은 자신의 방법에 대한 주도면
밀하고 몇 번이고 되풀이하여 새롭게 된 반성을 시도하는 데 수고를 아
끼지 않았다.

그렇다면 도대체 어떻게 해서 심리학은 원리적으로 가장 본질적인 것
을 보지 못하고 놓쳐 버릴 수 있었는가? 어떻게 해서 심리학은 이제 결
코 없어서는 안 될 자신의 순수한 심리학적 개념들에 경험에 실제로 주
어진 것을 단순히 받아들이지 않고 그 주어진 것에 적용되는 내용을 필
연적으로 부여한다는 점을 보지 못하고 놓치고 말았는가? 심리학이 심
리적인 것의 의미에 보다 접근하는 한, 심리학은 이러한 개념 내용들의
분석을 불가피하게 수행한다는 것, 그리고 그에 상응해서 경험에 적용
되지만 경험에 대립하여 아 프리오리한*35) 현상학적 관련들을 타당한 것
으로 불가피하게 인정한다는 것을 보지 못하고 놓쳐 버릴 수 있었는가?
어떻게 해서 심리학은 그것이 실제로 심리학적 인식을 수행하려는 한,
실험적 방법의 전제들이 실험 심리학 자체에 의해서는 결코 정초될 수

*34) 옮긴이 주 20)을 참조.
*35) 이 용어는 논리적으로는 경험에 앞서며 인식상으로는 경험에 의존하지
　　않는다는 의미로서, '선천적' 혹은 '생득적'이란 표현은 적절치 않다. 따
　　라서 옮긴이는 원어 그대로 사용하고자 한다.

없다는 것을 보지 못하고 놓쳐 버릴 수 있었는가? 그리고 물리학은 현상적인 것 속에 나타나는 본성을 추구하기 위해 현상적인 것을 원리적으로 배제하는 반면, 심리학은 여전히 현상 자체에 관한 학문이고자 하는 한, 심리학의 수행 방식과 근본적으로 구별된다는 것을 어떻게 해서 심리학은 보지 못하고 놓쳐 버릴 수 있었는가?

43
(309)
그러므로 실험 심리학은 자연 과학을 모방하려고 애쓰고, 실험적 수행 방법에서 중요한 사실을 찾으려는 그의 열의와 더불어 자신의 자연주의적 태도 때문에 이 모든 것을 놓쳐 버릴 수 있었고, 또한 놓쳐 버렸음에 틀림없다. 과연 이 심리학은 심리 물리적 실험의 가능성에 대해 실험적 시험 장치를 계획하고, 가장 정교한 기구를 구성해 내고, 가능한 오류의 근원을 탐색하는 등 고심하고 때로 매우 예리하게 심사 숙고하였지만, 여전히 이 심리학은 심리학적 판단에 본질적으로 깊이 파고 들어가는 그와 같은 개념들이 어떻게 그리고 어떠한 방법을 통해 혼란된 상태로부터 명료하고 객관적으로 타당한 상태로 될 수 있는가 하는 문제를 보다 깊이 추구해 나가는 것을 소홀히 하였다. 더우기 이 심리학은, 심리적인 것이 어떤 자연으로서 서술하는 대신에 그것에 고유하고, 어떤 심리 물리학보다 엄밀하고, 아주 충전적으로 앞으로 탐구될 그러한 '본질'을[*36] 어느 정도까지 갖는가 하는 점을 심사 숙고하는 데 소홀하였다. 그리고 심리학적 경험의 '의미' 속에 무엇이 놓여 있는가, 또한 심리적인 것의 의미 속에 있는 존재가 **자기 자신으로부터** 방법들에 대해서 어떠한 '요구를 제기하는가' 하는 것을 심사 숙고하지 않았다.

44
(309/10)
이미 경험적 심리학이 18세기에 출발한 이래 항상 혼란을 거듭한 것은 바로 물리학적-화학적 방법의 모형을 따른다는 자연 과학적 방법의

[*36] 훗설 현상학의 지속적인 슬로건은 '사태 그 자체'에로이다. 여기에는 사물들이 현상학적 연구에로 이끌어져야만 할 그 자신의 본질을 갖는다는 확신이 표현되어 있다. 그러나 이 본질은 '사물들'을 경험하는 것 속에서 '구성되었음'을 잊지 말아야 한다. 그러나 본질이 구성되었다고 주장하는 것은 본질이 '발견되었다'는 것을 부정하는 것은 결코 아니다.

환상(Trugbild)이다. 원리적인 일반성에서 고찰하자면, 모든 경험 과학들의 방법이 동일한 것이며, 따라서 물리적 자연에 관한 과학에서와 같이 심리학에 있어서도 방법은 동일하다는 확고한 신념에 사람들은 사로잡혀 있다. 만약 형이상학이 그 동안에 때로는 기하학적 방법, 때로는 물리학적 방법을 잘못 모방하여 고통을 받아 왔다면, 여기 심리학에서도 동일한 과정이 반복된다. 실험적 정밀 심리학의 창시자들이 생리학자들과 물리학자들이었다는 점은 중요하다. 그러나 참된 방법은 앞으로 탐구되어야 할 사태의 본성을 추구하는 것이지, 우리의 편견이나 선입견을 추구하는 것은 아니다. 자연 과학은 소박하고 감각적인 현상 속에서 모호하고 주관적인 사물들로부터 정밀하고 객관적인 특성들을 갖는 객관적인 사물들을 이끌어 낸다. 따라서 사람들은 심리학이 소박한 파악으로 인해 심리학적으로 모호한 것을 객관적으로 타당한 규정에로 이끌어야 한다고 말한다. 그리고 이것은 객관적인 방법을 통해 수행되며, 이 방법은 자연 과학에 있어서 무수한 성공에 의해 빛나는 업적으로 실증된 실험적 방법과 자명하게 동일한 방법이라고 한다.

그렇지만 경험에 주어진 것이 어떻게 객관적 규정이 되는지, 그때마다 '객관성'과 '객관성의 규정'은 어떤 의미를 갖는지, 그리고 그때마다 실험적 방법은 어떤 기능을 담당할 수 있는지 등의 문제들은 주어진 것의 고유한 의미에, 또는 해당된 경험 의식(그 밖의 어떤 존재자에 대한 것이 아닌 바로 그 존재자에 대한 사념 작용으로서의 경험 의식)이 본질상 그것들에 부여하는 의미에 의존한다. 자연 과학의 **모형**을 따른다는 것은 거의 불가피하게 의식을 사물화(事物化)하고 처음부터 우리를 모순에로 끌고 들어가며, 그것으로부터 항상 새로이 모순적인 문제 설정과 그릇된 탐구 방향에로 이끄는 경향이 일어난다는 것을 의미한다. 우리는 이것을 좀더 상세히 숙고해 보자. **45**
(310)

시간·공간적 물체의 세계는 정확한 의미에서 단지 자연이다. 모든 다른 개별적 존재자, 요컨대 심리적인 것은 제 2 차적인 의미에서의 자연이고, 이 점이 자연 과학적 방법과 심리학적 방법 사이의 본질적인 차이를 결정한다. 원리적으로는 물체적 존재자만이 다수의 직접적 경험들 **46**
(310/11)

속에서, 따라서 지각들 속에서 개별적인 동일자(individuell Identisches)
로서 경험될 수 있다. 그러므로 만약 지각들이 서로 다른 '주관들'에 분
배된 것으로 생각된다면, 단지 이러한 물체적 존재자만이 수많은 주관
들에 의해 개별적인 동일자로 경험될 수 있고, 상호 주관적인 동일자로
기술될 수 있다. 동일한 사물성(사물, 사건 등)은 우리 모두에게 명백
히 존재하고, 그 '본성'에 따라 우리 모두에 의해 규정될 수 있다. 그러
나 사물성의 '본성'은 다음과 같은 것을 의미한다. 즉 사물성은 다양하
게 변화하는 '주관적 현상'으로 경험 속에서 스스로를 나타내지만, 그것
들은 그래도 지속하는 성질들 혹은 변화하는 성질들의 시간적 통일로서
거기에 존재한다. 그리고 사물성은 하나의 물체적 세계를 하나의 시간,
하나의 공간에 그것들 모두와 결합하는 상관 관계 속에서 통합된 것으로
거기에 존재한다. 오직 이러한 통일 속에서만 사물성은 그들이 존재하
는 바 그대로 존재한다. 그리고 오직 상호 인과적 관계나 혹은 상호 결
합 속에서만 사물성은 그들의 개별적인 동일성, 곧 실체를 유지하며, 이
것을 '실재적 특성들'의 담지자로서 유지한다. 모든 사물적이며 실재적
인 특성들은 인과적이다. *37) 모든 물체적인 존재자는 가능한 변화의 법
칙에 지배되고, 이러한 법칙들은 동일자, 즉 사물에 관계한다. 그러나
이 사물은 그것 자체로만 분리되어 존재하는 것이 아니라 오히려 하나
의 자연의 통일적인 상관 관계, 현실적이며 그리고 가능적인 상관 관계
속에 존재한다. 모든 사물은 하나의 전체 자연(Allnatur) 안에서 그것이
인과 관계들의 통일점이라는 사실을 통해 그것의 본성(그것, 곧 동일자
는 존재하는 바의 실재적 특성들의 총괄 개념으로서)을 갖는다. 이 실재
적 특성들(사물적이며 실재적인 물체의 특성들)은 동일자의 변화에 관
해 인과 법칙상 미리 묘사된 가능성들에 대한 명칭이다. 따라서 동일자

---

*37) 만일 인과 법칙이 오직 자연에만 속한다면, 인과적인 것과 물질적인 것
은 불가분적이다. 이것은 훗설이 흄으로부터 칸트를 거쳐 이어받은 편
견인 것 같다. 그러나 훗설은 《이념들 Ⅱ》에서 그가 '동기'라 부르는 '정
신적 인과성'을 논의하고 있다. 결국 훗설은 흄의 기계론적인 "관념들
의 연상 법칙"은 받아들이지 않는다.

는 그것이 무엇인지에 관해서는 오직 이러한 인과 법칙에 호소함으로써
만 규정될 수 있다. 그런데 사물성은 직접적인 경험의 통일, 즉 다양한
감각적 현상의 통일로서 주어져 있다. 그리고 감각적으로 파악할 수 있
는 불변성과 가변성 및 변화의 상호 의존 관계들은 언제나 인식을 지도
하고, 말하자면 '모호한' 매개로서 인식에 대한 기능을 수행한다. 그리
고 이 매개 속에서 참된 자연, 즉 객관적이며 물리학적으로 정밀한 자
연이 자신을 제시하고, 그 매개를 통해 (학문적 경험적 사고로서의) 사
고는 철저하게 참된 것을 규정해 내고 구성해 낸다.[5]

이러한 모든 주장들은 경험된 사물들과 사물들의 경험에 대해 없는 것   47
을 무엇이 실제로 있는 것같이 날조해 낸 것이 아니라, 오히려 사물의   (311)
본질에 다음과 같은 방식으로 불가분적으로 귀속된 것이다. 즉 사물이
실제로 무엇인가에 대한 — 사물이란 경험된 것으로 끊임없이 어떠한 것,
예컨대 존재자, 규정된 것 그리고 동시에 규정 가능한 것으로서 나타나
지만, 그러나 그것이 나타나는 모습의 변화와 사정의 변화에서 항상 반
복되어 다시 다른 존재자로 나타난다 — 직관적이고 논리적으로 일관된
모든 탐구는 필연적으로 인과적인 상관 관계들로 이행되고, 이러한 상
관 관계들에 상응하는 객관적 특성들의 규정 속에서 합법칙적인 특성들
로서 규정된다. 그래서 자연 과학은 말하자면 사물 자체가 경험된 것으
로 존재한다고 잠칭하는 것의 의미만을 단지 논리적 일관성으로 추구한
다. 그리고 자연 과학은 이것을 "제2성질들의 배제", "그 밖의 남아 있
는 성질들, 즉 제1성질들을 유지"하면서 "현상에 있어서 단지 주관적
인 것의 배제"라고 매우 애매하게 부른다. 그러나 그러한 말은 명료하
지 않은 표현 이상의 것이나, 여전히 그것은 자연 과학의 참된 수행 방
법에 있어서는 저급한 이론이다.

5) 이 경우 또한 다음과 같은 것이 고려되어야 한다. 즉 그 속에서 자연 과
   학적 직관 작용과 사고 작용이 끊임없이 이루어지는 현상성의 이 매개
   는 자연 과학적 사고 작용으로부터는 학문적 주제로 될 수 없다. 이것
   을 수행할 수 있는 것은 새로운 학문, 곧 심리학(상당한 부분의 생리학
   이 이것에 속하는)과 현상학이다.

48
(311/2)

우리는 이제 '심리적인 것'의 '세계'로 눈을 돌려서 새로운 심리학이 자신의 대상 영역으로 간주되는 '심리적 현상들'에 제한하여 살펴보자. 즉 일단은 영혼과 자아에 관련된 문제들을 고려하지 말자. 그러므로 우리는 다음과 같이 질문할 수 있다. 사물적인 것에 대한 모든 물리적 경험과 모든 지각의 의미에서와 같이 심리적인 것에 대한 모든 지각 속에는 '자연'의 객관성이 포함되어 있는가? 우리는 심리적인 것의 영역에 있는 사정들이 물리적인 것의 영역에 있는 사정들과 전적으로 다르다는 것을 손쉽게 안다. 심리적인 것은 (형이상학적으로가 아니고 비유적으로 말한다면) 어떠한 창(窓)도 갖고 있지 않고, 오직 감정 이입을 통해 상호 교제하고 있는 모나드로*38) 나뉘어져 있다. 심리적 존재, 즉 '현상'으로서의 존재는 원리적으로 여러 가지로 분리된 지각들 속에서 개별적으로 동일하게 경험될 수 있는 통일은 아니며, 심지어 지각들 가운데서의 동일한 주관의 통일로 경험되는 것도 아니다. 바꾸어 말하면 심리적 영역 속에는 현상과 존재 사이에 어떠한 구별도 없다. 그리고 만약 자연이 현상들 속에서 나타나는 존재자라면, 현상들 자체(이것은 물론 심리학자가 심리적인 것으로 간주하는 것인데)는 또다시 그것의 배후에 놓여 있는 현상들을 통해 나타나는—어떤 현상의 지각에 대한 모든 반성이 명백히 보여주듯이—존재는 결코 아니다. 그래서 다음과 같은 것이 명백하게 된다. 즉 본래적으로 말하자면, 단 하나의 자연, 즉 사물 현상 속에 나타나는 자연만이 존재한다. 가장 넓은 의미의 심리학에서 우리가 심리적 현상이라 부르는 모든 것은 그것 자체를 고찰해 보면 곧바로 현상(Phänomenon)이지 결코 자연(Natur)은 아니다.

49
(312)

그러므로 현상은 결코 어떠한 '실체적'(substanziell) 통일은 아니다. 그것은 어떠한 '실재적 특성들'(reale Eigenschaft)도 갖지 않으며, 어떠한 실

---

*38) 모나드는 라이프니츠 (G.W. Leibniz)가 개체들 각각을 실체라고 부른 용어이다. 이 점에서 원자와 유사하지만, 모나드는 연장성을 띄지 않는 정신적인 개념으로서 불가분적이며 욕망과 표상으로 구성된다.
　　훗설은 이 용어를 라이프니츠로부터 빌려 왔으나, 심리적인 것의 영역에는 어떠한 외부 세계의 인과 법칙도 없다는 점을 강조하기 위해 상호 주관성 문제에 대한 현상학적 해명을 시도한다.

재적 부분들이나 어떠한 실재적 변화들, 어떠한 인과 관계도 알지 못한
다. 이러한 모든 단어들은 자연 과학적인 의미에서 이해된 것이다. 하
나의 자연을 현상들로 귀착시키고, 현상들의 실재적 규정 요소들과 현
상들의 인과적 상관 관계들을 탐구하는 것은 순수한 배리이고, 이것은
우리가 수(數)에 대한 인과적 특성들, 인과적 상관 관계들을 문제로 삼
고자 하는 것보다 조금도 나을 것이 없다. 이것은 그 본질상 자연으로
서의 존재를 배제하는 것을 자연화하는 배리이다. 사물은 실제로 있는
바 그대로 존재하고, 항상 자신의 동일성 속에 남아 있다. 곧 자연은 영
원하다. 실재적 특성들이나 특성들의 변양들에 있어서 하나의 사물 — 실
제 생활에 있어서의 감각적 사물, 즉 "그것이 감각적으로 나타나는 바"
의 사물이 아니라 자연의 사물 — 에 참으로 귀속하는 것은 객관적으로
타당하게 규정될 수 있고, 항상 새로운 경험들 속에서 확인되거나 수정
될 수 있다. 반면에 심리적인 것, 예컨대 '현상'은 생성 소멸하며, 더우
기 그것은 자체상 자연 과학적인 의미에서 객관적으로 규정할 수 있는
— 말하자면 구성 요소들로 객관적으로 구분할 수 있고(teilbar), 본래적
의미에서 "분석할 수 있는"(analysierbar) — 어떠한 지속적이고 동일한 존
재도 간직하고 있지 않다.

　심리적 존재는 '무엇인가' 하는 문제를 경험은 물리적인 것에 타당한
것과 동일한 의미로 우리에게 말할 수 없다. 실제로 심리적인 것은 나
타나는 것으로 경험되지는 않는다. 심리적인 것은 '체험'이고 반성 속에
서 간취된 체험이다. 심리적인 것은 자기 자신을 통해 그 자신으로 나
타나며, 지금 그리고 다음 순간에는 이미 '점차 사라지는', 즉 끊임없이
과거에로 여운을 남기고 사라져 가라앉음을 직관할 수 있는 절대적 흐
름*39) 속에서 나타난다. 또한 심리적인 것은 회상된 것, 따라서 어떤 변
양된 방식으로 경험된 것일 수 있으며, '회상된 것' 속에 "과거에 지각

50
(312/3)

---

*39) 훗설의 사상에 있어서 '흐름'의 개념은 점차 중요해진다. 그 개념은 그
　가 자연적인 것에 대립되어 있는 심리적(정신적)인 것의 본질적 특성으
　로 간주한 것을 기술하고 있다. 현상적인 것에는 통일성과 불변성이 있
　지만, 그것은 동일한 반복이 아닌, '흐름'의 통일성과 불변성이다.

되었던 것"이 놓여 있다. 그러므로 심리적인 것은 회상하는 가운데 회
상된 것을 '반복할' 수 있고, 회상은 회상들 자체를 다시 회상된 것으로
혹은 여전히 확고하게 유지된 것으로 다시 의식하는 의식 작용 속에 하
나로 결합된다. 이러한 연관에서, 즉 이 유일한 연관에서 이와 같은 '반
복들'의 동일자로서의 아 프리오리한 심리적인 것은 존재하는 것으로 '경
험되고' 확인될 수 있다. 이제 **이렇게** 경험되는 것으로서 모든 심리적인
것은 하나의 포괄적 관계 속에서, 요컨대 의식의 '모나드적' 통일 속에
서 정돈된다고 우리는 똑같은 명증성을 가지고 말할 수 있다. 이러한 통
일은 자연, 시간과 공간, 실체성, 인과성 등에 그 자체상 무관하며, 전
혀 완전히 독자적인 자신의 '형식들'을 갖는다. 모든 심리적인 것은 하
나의 일관된 지향적 계열을 갖는 양극 모두에서 한정되지 않은 현상들
의 흐름이다. 비유해서 말하자면 그것은 모든 것을 남김없이 꿰뚫고 나
가는 통일의 지표, 즉 시작도 끝도 없이 내재적이며 어떠한 정밀한 시
계도 측정할 수 없는 '시간'의 계열을 갖는다.

51
(313)
　　내재적 직관 작용 속에서 현상들의 흐름을 조사해 보면, 우리는 현상
으로부터 현상에로 이행하지(각각의 현상은 흐름 속에서 통일을 파악하
고, 흐르고 있는 상태 속에서 스스로를 파악한다), 결코 현상들 이외의
다른 것에로 이행하지는 않는다. 내재적 직관과 사물의 경험이 종합될
때에야 비로소 간취된 현상과 경험된 사물이 하나의 관계 속으로 들어
오게 된다. 동시에 사물의 경험과 이와 같은 관계의 경험을 매개로 해
서 심리적인 것에 대한 간접적 직관 작용의 한 종류로서의 감정 이입이
나타나고, 그것은 그 자체로 제 2 차적 모나드적 상관 관계 속에 파고들
어가 직관하는 것으로서 특징지워진다.

52
(313/4)
　　그러면 이러한 심리적인 것의 영역에서 이성적 탐구나 타당한 언표 등
이 어느 정도까지 가능한가 ? 또한 우리가 방금 가장 미숙한(전체의 차
원을 못보고서 빠뜨린) 기술(記述)들로서 그것에 부여하였던 바와 같은
언표들이 어느 정도까지 가능한가 ? 그런데 만약 탐구가 곧 '심리적인 것'
에 대한 경험들로서 주어지는 '경험들'의 의미에 순수하게 전념한다면,
그리고 탐구가 이 경우에 심리적인 것을 그렇게 간취할 때, 말하자면 그

것이 받아들여지고 규정되기를 요구하는 바 그대로 정확하게 '심리적인 것'을 받아들이고 규정하려고 시도한다면, 따라서 무엇보다도 우리가 배리적인 자연화를 허용하지 않는다면, 여기에서 이제 탐구는 자명하게 유의미하게 된다. 말하자면 우리는 현상들을 주어지는 그대로 받아들여야 한다. 즉 있는 그대로의 흐르고 있는 의식 작용(Bewußthaben), 사념 작용, 나타나는 작용으로서 전경적(Vordergrund) 의식 작용과 배경적(Hintergrund) 의식 작용으로서, 즉 현재화된 것 혹은 현재화되기 이전의 것으로서, 상상된 것 혹은 기호화된 것 또는 묘사된 것으로서, 직관적인 것 혹은 직관이 비어 공허하게 표상된 것 등으로서 받아들여야 한다. 그래서 또한 우리는 현상들을 이러저러한 태도들의 변경 속에서, 즉 이러저러한 주의 양상의 변경 속에서 그러그러하게 변화하고 변형하는 것으로서 받아들여야만 한다. 이 모든 것은 '~에 관한 의식'이란 명칭을 지니고 있으며, 따라서 '의미'를 '가지고 있고' '대상적인 것'을 '사념한다'. 이 대상적인 것은 — 관점에 따라서 '허구' 또는 '현실'을 뜻한다 — "내재적으로 대상적인 것", "사념된 것 그 자체"로 기술되며, *40) 사념 작용의 이러저러한 양상 속에서 사념된다.

  심리적인 '경험' 영역의 의미상 여기에서 탐구할 수 있고, 언표할 수 있으며, 더우기 명증적으로 언표할 수 있다는 것은 절대적으로 명백하다. 위에서 나타낸 요구를 준수하는 것은 물론 어려운 일이다. 심리적인 것의 영역에서 앞으로 수행되어야 할 연구들의 일치성이나 모순성은 결국 '현상학적' 태도의 일관성과 순수성에 달려 있다. 그런데 우리는 자연주의적 태도에서 생활하고 사유하며, 그렇기 때문에 심리적인 것을 자연주의적으로 왜곡시키는 타고난 본연의 습관을 쉽게 극복할 수는 없다. 더우기 이러한 타고난 본연의 습관을 극복하는 것은 전적으로 다음과 같은 통찰에 달려 있다. 즉 심리적인 것(현상적인 것 그 자체라는 여기서

53
(314)

---

  *40) 현상학의 특징은 '설명'하기보다는 '기술'한다는 것이다. 이러한 기술은 경험 속에 포함된 '본질들'의 직관적 파악을 목표로 해야 한다. "기술적 개념들은 … 단순한 직관 속에서 발견된 본질들을 직접 표현하는 개념들이다"(《이념들 Ⅰ》, 138면).

사용된 단어의 가장 넓은 의미상)에 대한 "순수하고 내재적인" 탐구는 실제로 가능하다. 바로 이렇게 개괄적으로 특징지워진 종류의 탐구는 심리적인 것을 심리 물리적으로 탐구하는 것에 대립해 있으며, 아직 우리가 심사 숙고하지는 않았지만, 그래도 당연히 자신의 권리를 갖는다.

54
(314)

그런데 내재적으로 심리적인 것이 실로 그 자체로서는 자연이 아니고 자연에 맞서는 상응자라면, 우리는 그것에서 심리적인 것의 '존재'로서 무엇을 탐구하는가? 심리적인 것이 '객관적' 동일성 안에서 몇 번이고 되풀이하여 앞으로 파악되어야 할, 경험 과학적으로 앞으로 규정되고 확증되어야 할 실재적 특성들의 실체적 통일로서 규정될 수 없는 것이라면, 더우기 심리적인 것이 영원한 흐름으로부터 이끌어 내어 나타낼 수 있는 것이 아니라면, 그리고 심리적인 것이 상호 주관적으로 타당한 대상이 될 수 없다면, 도대체 우리는 이러한 심리적인 것에서 무엇을 파악하고 규정하고 객관적 통일로서 확정할 수 있는가? 그러나 이러한 것들은 다음과 같이 이해되어야 한다. 즉 우리는 순수한 현상학적 영역 속에 머물러 있어야만 하고, 사물적으로 경험된 신체에의 관계들과 자연에의 관계들은 고려의 대상에서 제외시켜야 한다. 그렇다면 답변은 다음과 같다. 현상들 그 자체가 어떠한 자연도 아니라면, 현상들은 직접적인 직관 작용 속에서 파악 가능하고, 더우기 충전적으로 파악할 수 있는 본질을 갖는다. 현상들을 직접적인 개념으로 기술하는 모든 언표들은 그들이 타당한 언표들인 한, 본질 개념으로 따라서 본질 직관 속에서 충실히 이행되어야만 할 개념적 단어 의미로 현상들의 기술을 수행한다.

55
(315/6)

모든 심리학적 방법들의 이러한 궁극적 기초를 제대로 파악하는 것이 중요하다. 자연주의적 태도 속에 우리 모두는 맨 처음부터 서 있고, 그 태도는 우리가 자연을 도외시할 수 없도록 만든다. 이와 함께 이 자연주의적 태도의 마력은 심리적인 것을 심리 물리적 태도 대신에 순수한 태도에서 탐구 대상으로 삼을 수 없게 함으로써 위대한, 즉 전혀 비할 데 없이 중대한 학문에의 길을 차단하였다. 이러한 학문이란 한편으로는 **완전한 학문적 심리학**에 대한 근본 조건이며, 다른 한편으로는 진정한

이성 비판의 영역이다. 또한 뿌리깊은 자연주의의 마력은 우리 모두가 '본
질', '이념들'을 파악하는 것을 매우 곤란하게 만드는 데에도, 혹은 오히
려 우리가 이것들을 모순적으로 자연화하려 하지 않고, 말하자면 그래
도 이것들을 실제로 지속적으로 파악하고 특성에 따라 그것들을 승인하
기가 매우 곤란하게 만들기 때문이라는 데에도 성립한다. 본질 직관은
지각 이상의 난점이나 '신비적' 비밀을 간직하지 않는다. 만약 우리가 '색'   (315/6)
을 완전한 명석성에로, 즉 완전한 소여성에로 직관적으로 가져온다면,
그때 주어진 것은 바로 '본질'이다. 그리고 이와 똑같이 우리가 순수한
봄(Schauung) 속에서, 가령 한 지각으로부터 다른 지각에로 눈을 돌리
면서 '지각', 즉 지각 그 자체 ─ 임의로 흐르고 있는 개별적인 지각의 이
러한 동일자 ─ 를 있는 그대로 소여성에로 이끈다면, 그때 우리는 지각
을 보면서 본질을 파악한 것이다. 직관, 즉 직관적인 의식 작용이 미치
는 한, 그만큼 그에 상응하는 '이념화 작용'(Ideation) ─ 내가 《논리 연구》
에서 곧잘 주장하였던 것같이 ─ 혹은 '본질 직관'(Wesensschauung)의 가
능성에로 도달한다. 직관이 어떠한 일시적인 동시 사념(Mitmeinung)도
포함하지 않는 순수한 직관인 한, 그만큼 직관적으로 파악된 본질은 충
전적으로 간취된 것, 그리고 절대적으로 주어진 것이다. 그러므로 또한
순수 직관의 지배 영역은 심리학자가 심리적 현상들을 단지 그 자체로
순수하게, 곧 순수한 내재성(Immanenz) 속에서 받아들인다면, 그가 '심
리적 현상들'의 영역으로서 분리해서 확보한 총체적 영역들을 포괄한다.
본질 직관의 작용에서 파악된 '본질'은 적어도 매우 넓은 범위에 걸쳐 확
고한 개념들로 확정시킬 수 있으며, 이것에 의해 그들의 독자적인 방식
으로 객관적이며 절대적으로 타당한 확고한 언표들의 가능성들을 제공
한다는 사실은 편견이 없는 모든 사람들에게는 자명하다. 가장 미세하
게 구별되는 색의 차이들, 색의 궁극적 뉘앙스들은 개념적 확정을 경시
할지도 모른다. 그러나 '음'과 구별되는 '색'은 그것이 모든 세계에서 더
이상 확실한 것이 있을 수 없을 정도로 분명한 차이를 나타낸다. 그리
고 그와 같이 절대적으로 구별 가능한 또는 확정 가능한 본질들은 감각
적인 '내용들'과 현상들('시각적 사물들', 환상들 등)의 본질일 뿐만 아

니라 진정한 의미에서 모든 심리적인 것의 본질이다. 즉 그것은 예를 들면 지각, 상상, 기억, 판단, 감정, 의지 등과 같은 그들의 무수한 모든 특수 형태들과 함께 모두가 잘 아는 명칭에 상응하는 모든 자아-'작용들'과 자아-상태들의 본질이다. 비록 기술 가능한 흐름 작용의 유형이 직관적으로 파악되고 확정될 때 절대적 인식을 가능하게 해주는 그의 '이념들'을 동시에 다시 갖지만, 그럼에도 불구하고 '흐름'의 비규정성에 속하는 궁극적 '뉘앙스들'은 배제된 채 남아 있다. 그러나 지각 혹은 의지와 같은 모든 심리학의 명칭들은 '의식 분석', 즉 본질 탐구의 가장 포괄적인 분야에 대한 명칭이다. 이것이 이상하게 들릴지는 몰라도 이러한 관점에서만 오직 자연 과학과 비교될 수 있는 하나의 넓은 영역이 여기에서는 중요하다.

56
(316)　　그러나 이제 본질 직관이 지각, 기억 혹은 이와 동등한 작용이란 의미에서의 '경험'이 결코 아니며, *41) 더 나아가 이러한 의미에서 개별적 경험에 관한 개체적 존재자를 존재적으로 함께 정립하는 하나의 경험적 일반화가 결코 아니라는 인식은 지극히 중요한 의미를 갖는다. 직관은 **본질**을 **본질 존재**로 파악하지, 결코 **존재자**를 정립하지는 않는다. 그에 따라서 본질 인식은 결코 사실에 관한 인식(matter-of-fact-Erkenntnis)이 아니며, 어떠한 개체적(예를 들면 자연적) 존재자에 관해 최소한의 정립 내용도 포함하지 않는다. 본질 직관의 토대, 예를 들면 지각, 기억, 판단 등의 본질의 토대 혹은 보다 적절히 말하자면 작용의 출발은 어떤 지각의 지각, 어떤 기억의 지각, 어떤 판단의 지각일 **수는 있으나**, 그러나 이것은 실제로 그 자체로서는 경험이 아니며, 어떠한 **존재자도** 파악하지 않지만, 또한 하나의 단순한 상상, 단지 '명백한' 상상일 수도 있다. 그러나 본질 파악은 그것에 의해 결코 영향받지 않으며, 그것은 본질 포

---

*41)《경험과 판단》,《데카르트적 성찰》에 이르기까지 훗설은 '직관'과 '경험'을 동일시한다. 이것은 칸트에 있어서와 같이 오직 (감각적) 경험만이 직관적이라는 것이 아니라, 가장 완전한 의미에서 경험은 '본질 직관'이라는 것을 의미한다. 즉 훗설에 있어서는 직관이 축소된 것이 아니라 경험이 확대된 것이다.

착으로서 직관하는 파악이고, 이것은 곧 경험 작용과는 다른 종류의 직관 작용이다. 물론 본질들은 또한 모호하게 표상되고, 말하자면 기호적으로 표상되고 잘못 정립될 수도 있다. 그러나 그들의 불일치성을 파악하는 것으로의 이행이 명백히 가르쳐 주듯이, 이러한 본질들은 모순에 사로잡혀 있는 단지 추정된 본질들이다. 하지만 모호한 정립도 본질 소여성을 직관하는 것으로 되돌아감으로써 *42) 타당한 것으로 확증될 수 있다.

본질들 속에 무엇이 놓여 있는가, 어떤 유(類)의 본질이나 특수화의 본질이 어떻게 다른 유(類)의 본질이나 특수화의 본질과 관계를 맺는가, 예를 들자면 '직관'과 '공허한 사념', '환상'과 '지각', '개념'과 '직관' 등등이 어떻게 서로 결합되어 있는가, 그들은 이러저러한 본질의 구성 요소들을 근거로 하여, 말하자면 '지향'과 '충족'으로 서로 잘 어울리면서 어떻게 필연적으로 '결합할' 수 있는가, *43) 혹은 그 역으로 그것들이 '환

57
(316/7)

---

*42) 이렇게 직관에로 되돌아가는 것은 오직 직관 속에서만 '명증성'이 있기 때문에 필연적이다. 따라서 선험적 현상학 전체는 결국 명증성의 추구이다.

*43) 《논리 연구》의 '지향'과 '충족'에 대한 논의는 다음과 같다. 즉 표현에는 의사 소통을 하는 통지 기능과 통지하고 통지받는 것의 일치를 통해 단순한 말소리를 의미를 지닌 생생한 표현으로 이해시키는 의미 기능, 그리고 의미 작용에 의해 일정한 대상성을 지시하는 명명 기능이 있다. 이 중에서도 의미 기능이 본질적이다. 왜냐하면 통지가 없어도 의미는 있을 수 있으나(예를 들어 표정, 몸짓, 독백), 의미 기능이 없는 표현은 불가능하며, 의미를 통해 표현된 대상성은 비록 그 대상이 가상(假想)일지라도 그 표현을 무의미하게 만들지 못하기 때문이다.
　이 의미 기능에는 의미를 부여하는 의미 지향과 의미를 충족시키는 의미 충족이 있다. 의미 지향은 표현된 대상성과의 관계를 개념적으로 지향하고, 의미 충족은 이 의미 지향을 충족(확인, 보증, 예시)시켜 대상성과의 관계를 실제화하는 직관이다. 그런데 의미 지향은 의미 충족이 없는 상태(예를 들어 둥근 사각형, 황금산)에서도 표현에 대한 이해를 제공하므로 의미 충족에 선행하며 더 본질적이다. 그리고 기호에 대한 단순한 이해와 구별되는 진리는 의미 지향과 의미 충족이라는 부분 계기들의 동일화 혹은 인식 통일, 즉 전체의 충족 통합이라는 일치의 명증성에 있다. 따라서 의미 지향이 직관에 의해 충족되어 의미 통일이 되지 않으면, 단순히 생각된 기만으로서 공허할 뿐이다.

멸의 의식'을 기초지우면서 어떻게 결합할 수 없는가 등등의 문제를 충전적으로 형성된 확고한 개념들을 통해 충전적으로 표현하는 모든 판단 — 이러한 모든 판단은 절대적 인식 — 은 보편 타당한 인식이다. 그리고 이러한 판단은 본질 판단의 한 종류이므로 그것을 경험을 통해 정초하고 확정하며 혹은 반박하려는 것은 배리일 것이리라. 그런데 이러한 판단은 흄이 생각해 내기는 했지만, 그가 본질과 '관념' — '인상'과 대립된 것으로서의 관념 — 을 실증주의적으로 혼동하여 잘못 처리하였음에 틀림없는 '관념의 관계'(relation of idea), 즉 진정한 의미에서 아 프리오리를 확정한다. 그럼에도 불구하고 흄의 회의론 자체도 여기에서 논리적 일관성을 유지하지 못하였으며, 그와 같은 인식 — 흄이 그것을 아는 한도까지 — 을 감히 파괴하지도 못하였다. 흄의 감각론이 그로 하여금 '~에 관한 의식'의 지향성에 관한 전체 영역에 눈멀게 하지 않았다면, 그리고 흄이 그 전체 영역을 본질 탐구에서 파악하였다면, 그 경우에 그는 위대한 회의론자가 아니라 오히려 참된 '실증적' 이성 이론의 정초자가 되었을 것이다. 흄이 그의 저술 《인성론》(*A Treatise of Human Nature*)에서 그의 마음을 매우 격정적으로 뒤흔들어서 혼란에서 계속 혼란으로 몰고 간 문제들, 그리고 흄이 자신의 입장에서는 결코 적절하고 말끔하게 정식화할 수 없었던 문제들, 이 모든 문제들은 전적으로 현상학의 지배 영역에 놓여 있는 것이다. 이러한 문제들은 의식 형태들의 본질 연관들을 추구함으로써, 이와 마찬가지로 의식 형태들에 상관적이며 본질적으로 속한 사념들의 본질 연관들을 추구함으로써 어떠한 유의미한 문제도 더 이상 미해결로 남겨 두지 않는 보편적으로 직관하는 이해를 통해 남김없이 해결된다. 그래서 대상에 관한 인상들 또는 지각들의 다양성에 대립해 있는 대상의 동일성에 관한 강력한 문제들도 해결된다. 사실 다양한 지각들 또는 현상들이 어떻게 해서 동일한 대상을 "현상으로 이끌어내서" 나타내고, 그 결과로 대상이 지각들과 현상들 자체에 대해, 그리고 다양한 지각들이나 현상들을 결합시키는 통일 의식(Einheit-bewußtsein) 혹은 동일 의식(Identitätsbewußtsein)에 대해 '동일한 것'이 될 수 있는가 라는 문제는 현상학적 본질 탐구를 통해서만 명백히 제기되고(물론 이

문제를 정식화하는 우리의 방식은 현상학적 본질 탐구를 이미 예시하였
다) 해결될 수 있는 문제이다. 이러한 문제를 경험적이고 자연 과학적
인 방법으로 해결하려는 것은 그 문제를 이해하지 못하고 배리적인 문
제로 오해하고 있음을 뜻한다. 일반적으로 경험과 마찬가지로 지각은 바
로 그렇게 방향지워지고, 바로 그렇게 채색되고 형성된 등등의 바로 이
러한 대상에 관한 지각이라는 것은, 비록 그것이 언제나 대상의 '존재'
가 어떠한 상태이든지간에, 지각의 본질에 관한 문제이다. **44) 더우기 이
러한 지각은 지각의 연속성으로 배열되는 것이지 항상 "동일한 대상이
항상 다른 방향 등등으로 나타난다"는 어떤 임의적인 지각의 연속성으
로 배열되는 것은 아니라는 것도 또한 순수하게 지각의 본질에 관한 문
제이다. 요약하자면, 여기에 학술적인 면에서 아직 전혀 개발되지 않은
'의식 분석'의 광대한 영역이 놓여 있다. 이 점에서 위에서 서술된 심리
적인 것이라는 명칭과 더불어 의식이란 명칭은 비록 그것이 정확하게 적
절하든지 그렇지 않든지간에, 그 명칭이 내재적인 모든 것과 또한 의식
속에서 사념된 모든 것을 그 자체로서, 그리고 모든 의미에서 지시할 수
있다고 할 만큼 그렇게 넓게 확장되어야만 하리라. 그리고 수세기 동안
그토록 많이 논의된 근원적 문제들은 그 문제들을 배리적으로 전도시키
는 그들의 잘못된 자연주의로부터 해방시키는 현상학적 문제들이다. 그
렇다면 '공간 표상', 시간 표상, 사물의 표상, 수의 표상, 원인과 결과
의 '표상' 등등의 근원에 관한 문제들도 마찬가지로 현상학적 문제들이
다. 이러한 순수한 문제들이 유의미한 것으로 규정되어 정식화되고 해
결되어야만 비로소 인간 의식의 사건들로서의 이와 같은 표상들의 성립
에 관한 경험적인 문제들이 학문적으로 파악될 수 있고, 그 문제들의 해
결에 도움이 될 수 있는 의미를 지닌다.

**44) 작용의 본질은 그것이 일정한 대상과의 관계가 파악되기까지는 올바로
파악될 수 없다. 사유하는 작용은 단지 사유하는 활동이 아니다. 사유
를 인식하는 것은 사유된 것을 인식하는 것이고, 오직 사유 속에서만 대
상의 본질은 발견될 수 있다. 대상이 작용을 '초월'하지만, 작용의 밖에
존재하고 있는 것이 아니라는 점은 중요하다.

58
(318)　　그러나 이 모든 것은 우리가 하나의 소리를 직접 듣는 것과 정확히 똑같이 하나의 '본질', 즉 '소리'의 본질, '사물 현상'의 본질, '시각적 사물'의 본질, '심상 표상'의 본질, '판단' 혹은 '의지'의 본질 등등을 직접 직관할 수 있고, 직관 작용으로 본질 판단을 내릴 수 있다는 사실을 우리가 이해하고 이것을 완전히 우리의 것으로 만드는 데에 달려 있다. 그러나 다른 한편 우리가 흄과 같은 혼동을 경계하고, 그럼으로써 현상학적 직관을 '내성', 예를 들어 내적 경험, 간단히 말하자면 작용들—그 작용들은 본질 대신에 오히려 본질들에 상응하는 개별적 개체들을 정립한다—과 혼동하지 않는 것에 달려 있다. 6)

59
(318)　　학문으로서의 순수 현상학은 그것이 순수한 한, 그리고 자연의 존재 정립을 조금도 사용하지 않는 한, 단지 본질 탐구일 뿐이지 결코 존재자 탐구일 수는 없으며, 모든 '내성'과 이와 같은 경험에 기초한 모든 판단은 순수 현상학의 테두리 밖에 떨어져 있다. 그의 내재성에 있어서 개별자는 바로 이것(dies da)으로서만—이렇게 저 먼 곳으로 흘러가 버리는 지각, 기억 그리고 그와 같은 것들로서만—정립될 수 있고, 결국 본질 분석에 의해 얻어지는 엄밀한 본질 개념들 아래서만 제시된다. 왜냐하면 개체는 본질은 **아니지만**, 그러나 개체는 그것에 의해 명증적으로 타당하게 언표될 수 있는 본질을 '**갖기**' 때문이다. 그렇지만 그 개체를 개체로서 확정시키고, 개별적 존재자의 '세계' 속에서 그 개체에 위치를 부여하는 것, 이것을 그와 같은 단순한 포섭 관계는 명백히 수행할 수 없다. 개별자는 순수 현상학에 대해 영원한 비한정자이다. 본질과 본질 연

---

6) 체계적인 현상학에 대한 그 단편들 속에서 맨 처음 여기에서 특징지워진 의미에 있어서의 본질 분석을 수행한 《논리 연구》는 몇 번이고 되풀이하여 내성 방법을 부활하려고 시도하는 것으로 오해되고 있다. 이 점에 있어서는 물론 《논리 연구》, 제 2 권, 제 1 연구의 "서론"에서 현상학을 심리학으로 묘사한 그 방법상 결함을 지닌 특성에 책임이 있다. 그러나 이에 대한 필요한 해명을 《체계적 철학 총서》, 제 9 권(1903), 397~400 면에 실린 나의 논문 "1895 년에서 1899 년까지의 독일에 있어서 논리학의 저술들에 관한 세번째 보고"(Bericht über deutsche Schriften zur Logik in den Jahren 1895~1899)에서 이미 수행하였다.

관을 객관적으로 타당하게 인식할 수 있는 것은 오직 순수 현상학뿐이
다. 그리고 이것에 의해 모든 경험적 인식과 모든 인식 일반을 해명하
는 이해에 필요한 모든 것을 수행할 수 있으며, 그것도 결정적으로 수
행할 수 있다. 다시 말해서 순수 현상학은 모든 형식 논리적 지도 원리
이며 자연 논리적 지도 원리이다. 그뿐 아니라 그 밖의 그 어떤 지도적
인 '원리들'의 근원에 대한 해명, 그리고 이 지도 원리들과 밀접하게 관
련된 '존재'(자연 존재, 가치 존재 등)와 '의식'의 상관 관계에 관한 모
든 문제들의 '근원'에 대한 해명(Aufklärung des 'Ursprunges')을 수행할
수 있다. 7)*45)

이제 심리 물리적 태도로 넘어가 보자. 심리 물리적 태도에서 '심리적   60
인 것'은 자기에게 **고유한** 총체적 본질과 더불어 신체에, 그리고 물리적   (319)
자연의 통일에 종속된 결합(Zuordnung)을 유지한다. 즉 내재적 지각에
서 파악된 것, 그리고 본질적으로 그렇게 성질이 부여되어 파악된 것은
감각적으로 지각된 것과 관계를 맺고 따라서 자연과 관계를 맺는다. 이
러한 종속된 결합을 통해서만 비로소 심리적인 것은 간접적이고 자연적

---

7) 현상학이 철학의 체계적인 기초학 요컨대 자연, 정신, 이념의 진정한
   형이상학에 이르는 출입구라는 명칭 대신에, 기껏해야 내성의 영역에서
   는 매우 유효하기는 하지만, 세부 작업에 대한 특수 분과에 관한 명칭
   이었던 시대 상황에서 내가 나의 사상을 표현한 규정은 다년간, 그리고
   부단한 연구들에 그 배경을 갖는다. 그리고 이러한 연구들이 추진한 성
   과들을 토대로 하여 1901년 이래 나의 괴팅겐 대학의 철학 강의가 이
   루어졌다.
      모든 현상학적 층들과, 따라서 또한 이러한 층들에 관련된 탐구들도
   기능상 밀접하게 결합되어 있기 때문에, 그리고 순수한 방법론 자체의
   형성이 수반하는 특별한 어려움 때문에 나는 개별화되고 여전히 문제점
   을 안고 있는 분명치 못한 점들이 있는 성과들을 발간하는 것이 적절하
   지 못한 것으로 간주하였다. 그 동안에 전면적으로 확정되고 포괄적인
   체계적 통일로서 전개된 현상학 및 이성의 현상학적 비판의 탐구들이 그
   다지 멀지 않은 미래에 보다 넓은 공공 사회에 제출될 수 있기를 희망
   한다. *45)
*45) 이것은 1913년 《이념들 Ⅰ》로 출간되었다.

인 객관성을 획득하고, 자연의 공간과 — 우리가 시계를 통해 측정하는 — 자연의 시간 속에서 어떤 위치를 간접적으로 획득한다. 보다 상세하게 규정되지는 않았으나, 그러나 어떠한 범위에서는 심리적인 것의 물리적인 것에 관한 경험적인 '의존성'이 심리적인 것을 개별적 존재로서 상호 주관적으로 규정하고 동시에 점차로 심리 물리적 관계를 철저하게 탐구할 수 있는 수단을 제공한다. 이것은 단어의 의미상 심리 물리적 심리학이고, 더구나 당연히 현상학에 대립하고 있는 경험 과학인 "자연 과학으로서의 심리학"의 영역이다.

61
(319/20)
물론 '심리적인 것'에 관한 학문인 심리학을 단지 '심리적 현상들'과 이 현상들의 신체와의 결합들에 관한 그러한 학문으로 간주한다는 것은 마땅히 고려해 보아야 할 것임에 틀림없다. 그러나 사실상 심리학은 그 본질상 뿌리깊고도 불가피한 객관화(Objektivierung) — 객관화들의 상관자들은 한편으로는 인간과 동물이라는 경험적 통일이고, 다른 한편으로는 영혼과 인격 또는 인격의 성질과 성향의 경험적 통일이다 — 에 의해 언제나 이끌려 왔다. 그러나 우리의 목적을 위해 이러한 통일 형태들의 본질 분석을 추구하는 것은 필요치 않으며, 어떻게 통일 형태들이 그들 자체에 있어서 심리학의 과제를 규정하는가 하는 문제를 추구하는 것도 필요치 않다. 왜냐하면 다음과 같은 것이 즉각적으로 매우 명백하게 될 것이기 때문이다. 즉 이러한 통일은 자연의 사물성과는 원리적으로 다른 종류이며, 이 자연의 사물성은 문제되고 있는 통일에는 결코 적용되지 않는 반면에 오히려 그것의 본질상 음영지워져*46) 나타나는 현상을 통해서만 주어진 것이기 때문이다. 단지 '인간의 신체'라는 통일을 기초지우는 토대 — 그러나 인간 자체는 아닌 — 는 사물적 현상들의 통일이고, 더구나 인격, 성격 등등의 것들은 결코 그러한 통일은 아니다. 명백히

---

*46) 음영(陰影)은 복잡하고 다양한 사물들이 그 전체성에서가 아니라 한 측면만을 통해 나타나는 고유한 방식을 가리킨다. 그에 반해서 심리적인 의식 체험은 음영지워져 나타나는 연속들로서가 아니라, 그들이 존재하는 바 그대로, 즉 달리 있을 수 없는 그대로를 필증적으로 드러내어 밝혀 준다.

우리는 이와 같은 모든 통일과 더불어 그때그때 각각의 의식의 흐름에 대한 내재적 삶의 통일에로 되돌아가게 되고, 또한 이와 같은 상이한 종류의 내재적 통일을 구별해 주는 형태학상의 특성에로 되돌아가게 된다. 그러므로 모든 심리학적 인식도 또한 심지어 그것이 인간의 개성, 성격, 성향들에 제1차적으로 관계되는 곳에서조차도 결국 의식의 이러한 통일에로 되돌아가게 되고, 따라서 **현상들 자체**와 그 현상들의 상호 관련에 대한 탐구에로 되돌아가게 됨을 깨닫게 된다.

이제 우리는 특히 모든 상론들이 표명된 이후에는 위에서 이미 진술된 것—즉 일상적 의미에서 모든 심리학적 인식은 심리적인 것에 대한 **본질 인식을 전제한다**는 것, 그리고 심리 물리적 실험들과 바로 저 우연적인 내적 지각 또는 경험들을 통해 심리 물리적 언표들로 나타난 심리적인 것의 특징과 심리 물리적 언표들 자체에 단지 학문적 가치를 부여할 수 있는 엄밀한 개념들을 **그것들을 통해** 획득할 수 있도록 하기 위해 기억, 판단, 의지 작용 등등과 같은 것의 **본질**을 탐구하고자 시도하는 희망은 불합리한 것들의 정점(頂點)이리라는 것—을 명백하게 그리고 가장 깊은 근거들로부터 통찰하기 위해 더 이상의 상세한 논의가 필요하지는 않다. 62 (320)

참된, 즉 완전히 학문적 의미에서 심리학이 되려는 것을 방해하는 현대 심리학의 근본적 오류는 그것이 이러한 현상학적 방법을 인식하지도 못했고 형성하지도 못했다는 점이다. 현대 심리학은 역사적인 편견들 때문에 해명하는 모든 개념 분석들 속에 놓여 있는 현상학적 방법의 단초들을 이용하는 것을 스스로 가로막았다. 이것과 관련하여 대부분의 심리학자들은 이미 명백하게 제시된 현상학의 출발점들을 이해하지 못하였고, 그뿐 아니라 순수한 직관적 태도에서 수행된 본질 탐구조차 종종 형이상학적-스콜라 철학적 추상의 한 변종으로 간주하였다. 그러나 직관적 태도에서 파악된 것과 기술된 것은 오직 직관적 태도에서만 이해되고 음미될 수 있을 뿐이다. 63 (320)

모든 논의가 이루어진 다음에는 다음과 같은 사실이 명백하고, 또한 내가 희망할 만한 충분한 이유를 갖는 것처럼 때로는 보다 일반적으로 64 (320/22)

승인될 수 있다. 즉 심리학이 **체계적인** 현상학의 토대 위에 구축될 때, 다시 말하면 심리학이 체계적인 상관 관계 속에서 순수하게 직관적으로 탐구되고, 확정된 의식의 본질 형태들과 의식의 내재적인 상관자의 본질 형태들이 모든 종류의 현상들에 대한 개념들 — 따라서 경험적 심리학자가 그의 심리 물리적 판단으로 심리적인 것 자체를 표현하는 그 개념들 — 의 학문적 의미와 내용들에 대한 규범들을 제공할 때, 그때에 비로소 심리직인 것에 관한 실제로 충분한 경험 과학이 심리적인 것의 자연과의 관계 속에서 착착 진행될 수 있다. 개별화된 반성들과 더불어 우연히, 그리고 개별화된 반성들 속에서 수행된 것이 아니라, 극도로 다양하고 복잡한 의식의 문제들에 오로지 몰두함으로써 어떠한 자연주의적 편견에도 현혹되지 않고 완전히 자유로운 정신으로 수행된 실제로 철저하고 체계적인 현상학만이 '심리적인 것' — 개인 의식과 함께 공동 사회 의식의 영역에서 — 에 관한 **이해**를 우리에게 줄 수 있다. 그리고 그때에 비로소 우리 시대의 강력한 실험적 작업, 즉 수집된 수많은 경험적 사실들의 규칙성 — 그리고 그 일부는 매우 흥미있는 규칙성인데 — 은 평가적 비판과 심리학적 해석을 통해 그의 정당한 성과들을 지니게 될 것이다. 그때에 우리는 또한 우리가 오늘날의 심리학에 대해 결코 승인할 수 없는 사실 — 즉 심리학은 철학과 밀접한 관계가 있을 뿐만 아니라 가장 긴밀한 관계가 있다는 — 을 다시 승인할 수 있게 된다. 그때에 인식론은 결코 심리학적 이론일 수 없다는 반(反)심리학주의의 패러독스도, 또한 모든 참된 인식론이 그래서 모든 철학과 심리학에 공통된 기초를 형성하는 현상학에 필연적으로 기인해야만 한다면, 모든 효력을 상실할 것이다. 그리고 결국 그때에 요즈음 그토록 무성하게 만연하고 있고 게다가 가장 진지한 학문적 성격을 잠칭하면서 자연 과학의 토대, 그리고 무엇보다도 "실험 심리학의 토대" 위에서 그의 인식 이론과 논리적인 이론들과 윤리학, 자연 철학, 교육학을 제공하는 그러한 종류의 가상적인 철학적 문헌은 더 이상 가능하지 못할 것이다. [8] 사실상 우리는

---

8) 그러한 가상적인 철학적 문헌은 결코 적지 않게 다음과 같은 사정에 의해 조장되었다. 즉 심리학 — 그리고 자명하게 '정밀한' 심리학 — 이 학

이러한 가상적인 철학적 문헌에 직면해서 인류의 가장 위대한 사상가들이 그들의 필생의 작업으로 헌신해 온 한없이 심오한 문제들과 곤란한 문제들에 대한 의의가 쇠퇴하는 데 대해 놀랄 뿐이고, 또한 유감스럽게도 우리의 파악에 따르면 실험 심리학에 부착되어 있는 원리적인 결함들에도 불구하고 실험 심리학 자체 내에서 그래도 우리에게 그토록 많은 경의를 표하게끔 강요하는 진정한 철저성에 대한 의의가 쇠퇴하는 데 대해 놀랄 뿐이다. 나는 이러한 가상적인 철학적 문헌에 대한 역사적 판정이 장차 언젠가는 그토록 가혹하게 비난된 18세기의 통속 철학에 대한 역사적 판정보다도 더욱 혹독하게 이루어질 것이라고 굳게 확신한다. 9)

문적 철학의 기초라는 견해는 적어도 자연 과학적 그룹의 철학 교수진들에게 확고한 공리로 되었다. 이러한 그룹은 자연 과학자들의 압력에 굴복하여, 이제 그들 각자의 영역에서는 매우 탁월하지만, 가령 화학자나 물리학자보다 더 이상 철학과 내적 접촉을 갖지는 않는 다른 탐구자들에게 철학 교수의 직책을 양도하는데 여전히 열중하고 있다.

9) 내가 이 논문을 준비하는 동안에 마침 뮌헨 대학의 가이거(M. Geiger) 박사의 "감정 이입의 본질과 의미에 관해서"(Über das Wesen und die Bedeutung der Einfühlung)라는 탁월한 연구 보고―이는 인스브루크에서 개최된 "실험 심리학 제4차 학회 보고서"(Leipzig, 1911)에 수록되어 있다―를 우연히 입수할 수 있었다. 매우 유익한 방식으로 가이거 박사는―감정 이입의 기술(記述)과 이론에 관한 이제까지의 시도들 속에서 부분적으로는 명백하게 밝혀졌고 또 부분적으로는 서로 모호하게 혼동된―진정한 심리학적 문제들을 구별하고자 노력하였고, 이 문제들을 해결하기 위해 무엇이 시도되고 수행되었는가를 비평하고 있다. 그러나 토론에 관한 보고(같은 글, 66면)로 미루어 알 수 있듯이, 그의 시도들은 학회의 참석자들에게 부적당한 것으로 생각되었다. 마틴 양은 다음과 같이 말하여 청중의 박수 갈채를 받았다. "내가 여기에 왔을 때는 나는 감정 이입의 영역에서 실험들에 관한 것을 듣고자 기대했습니다. 그러나 내가 실제로 들은 것은 무엇입니까? 그것은 공공연하게 낡아 빠진 진부한 이론뿐입니다. 이 영역에 관한 실험에 대해서는 아무 것도 듣지 못했습니다. 이것은 철학회도 아닙니다. 이와 같은 이론들을 여기서 소개하는 어느 누구라도 그 이론들이 실험을 통해 확증될 수 있는지의 여부를 제시해야 할 시대가 도래하였다고 나는 생각합니다. 미학의 영역에서도 이미 그러한 실험이 수행되었는데, 예를 들면 시각 운동의 미학적 의미에 관한 스트라톤 씨의 실험과 이러한 이론을 내적 지각에 적용시킨 나의 연구 등이 그것입니다." 더 나아가 마르베 씨는 "또

65
(322)
우리는 이제 심리학주의적 자연주의의 논쟁터를 떠나자. 아마 우리는 로크 시대 이래 세차게 밀고 나오는 심리학주의는 본래 그 속에서 유일하게 정당한 철학적 경향이 철학의 현상학적 정초 위에서 충분히 연구되어 있었어야만 하는 하나의 희미해진 형식이라고 말할 수도 있겠다. 더구나 현상학적 탐구가 본질 탐구이고, 또한 진정한 의미에서 아 프리오리한 탐구인 한, 그것은 동시에 선천주의(Apriorismus)의 정당화된 모든 동기들을 철저히 고려하고 있다. 어쨌든 우리의 비판은 자연주의를 원리적으로 잘못된 철학이라고 인식하는 것이 여전히 엄밀한 학문적 철학의 이념, 즉 '아래로부터의 철학'의 이념(die Idee einer 'Philosophie von unten')을 포기하는 것이 아니라는 점을 명백히 밝혀야 할 필요가 있다. 심리학적 방법과 현상학적 방법에 대한 비판적인 구별은 현상학적 방법에 있어서 이성의 학문적 이론에로의 참된 길을, 그리고 완전한 심리학에로의 참된 길을 제시해 준다.

이제 우리의 계획에 맞추어 역사주의의 비판과 세계관 철학에 대한 논의로 넘어가 보자.

역사주의와 세계관 철학

66
(323)
역사주의는 경험적인 정신 생활의 사실 영역에 위치하고 있다. 그리고 역사주의는 경험적인 정신 생활을 올바로 자연화하지 않고서 절대적으로 정립하기 때문에(특히 자연에 관한 특수한 의미는 역사적인 사유

한 실제로 이러한 영역에서 그 밖의 실험적 탐구들이 이미 시행되었듯이 나는 감정 이입 이론의 의미를 실험적인 연구에 대한 자발적 관심에서 파악한다. 감정 이입에 관한 대표적인 이론가들의 방법은 마치 소크라테스(Socrates) 이전 철학자들의 방법이 현대 자연 과학의 방법과 관계를 갖듯이, 많은 점에서 실험적-심리학적 방법과 관계를 갖고 있다"고 말한다. 나는 이러한 사실들에 대해 더 이상 말할 어떠한 것도 갖고 있지 않다.

로부터는 멀리 떨어져 있으며, 어떠한 경우에라도 일반적으로 역사적 사유에 결정적인 영향을 끼치지는 않는다) 자연주의적인 심리학주의와 밀접한 유사성을 가지고 있으며, 따라서 그와 비슷하게 회의적인 난점들로 빠져들어가는 상대주의가 싹텄다. 여기서 우리가 관심을 갖는 것은 오직 역사주의적인 회의의 특성이고, 우리는 이러한 특성을 상세하게 살펴보고자 한다.

모든 정신 형태 ─ 이 말은 모든 종류의 사회적 통일, 즉 가장 밑으로는 개인 자체의 통일뿐만 아니라, 모든 문화 형태도 포괄할 수 있는 가능한 한 가장 넓은 의미에서 생각된 것인데 ─ 는 정신 생활의 흐름 속에서 스스로 성장하고 다시 변형되며, 변형 자체의 방식에서 또다시 구조와 유형상의 차이를 뚜렷이 드러내 주는 자신의 내적인 구조와 그 유형 그리고 놀랄 만큼 풍부한 외적·내적 형식들을 갖는다. 유기적인 생성의 구조와 유형은 가시적인 외적 세계에서 우리에게 정확한 유사성들을 보여준다. 여기에는 어떠한 고정된 종(種)도 없으며, 고정된 유기적 요소들로부터 만들어진 어떠한 종의 구성도 없다. 겉으로 보아 고정된 것으로 보이는 모든 것은 발전의 흐름일 뿐이다.

67
(323/4)

우리가 내적 직관을 통해 정신 생활의 통일에 깊이 파고들어가 보면, 우리는 그 정신 생활 속에서 지배하는 동기(Motivation)들을 추후로 감지(nachfühlen)할 수 있고, 또한 그렇게 함으로써 정신적인 통일을 형성하고 발전시키는 동기에 대한 그의 의존 관계 속에서 그때그때의 정신 형태의 본질과 발전을 '이해할' 수 있다. 이러한 방식으로 모든 역사적인 것은 그 '존재'의 특성상 우리에게 '이해되고 설명되며', 그것은 바로 '정신적 존재'이고 내적으로 스스로 요구하는 의미 요소들의 통일체이며, 동시에 내적인 동기에 따라 자신에게 의미있는 형태와 발전의 통일체이다. 그러므로 이러한 방식에서 예술, 종교, 도덕 등등이 직관적으로 탐구될 수 있다. 그리고 이것들에 밀접하게 관련되어 있고, 동시에 이것들 속에서 표현될 수 있는 세계관도 이와 똑같이 직관적으로 탐구될 수 있는데, 이 세계관은 그것이 학문의 형식을 취하고, 학문적인 방식으로 객관적인 타당성에 대한 요구를 내세울 때는 흔히 형이상학 혹은 철학이라고까지 일컬어지곤 한다. 따라서 이와 같은 철학들에 있어서는 그 발전 관계와 더불어 그것의 형태학적 구조와 유형을 철저히 탐구하고 가장 내적인 추체험(innerste Nachleben)을 통해 그것의 본질을 규정하고 있는 정신의 동기들을 역사적으로 이해하려는 막중한 과제가 생긴다. 이러한 문제에 있어서 어떻게 의미심장하고, 사실상 경탄할 만한 가치가 있는 연구가 수행될 수 있었는가 하는 점은 딜타이의*47) 저술들, 특히 최근에 발표된 세계관의 유형들에 관한 논문이 보여주고 있다. 10)

68   물론 이제까지는 역사에 관해 논의한 것이지, 역사주의에 대해 논의한 것은 아니다. 우리는 몇몇의 문장에서 딜타이가 서술한 바를 좇아가 보면, 그를 역사주의에로 밀어 붙이는 동기를 아주 쉽게 파악할 수 있다. 그것은 다음과 같다.

"회의주의에 항상 새로운 양분을 제공해 주는 근거들 가운데 가장 유력한 것 중의 하나는 철학적 체계들의 무정부 상태이다"(3면). "그러나 인간의 의견들의 대립에서 생겨난 회의적 귀결보다는 역사적인 의식의 진보적 발전에서 생겨난 회의가 보다더 심각하다"(4면). "(문화 형태의 발전적 역사에 기초한 인식과 밀접히 관련된 자연 과학적 진화론으로서의) 발전 이론은 역사적 생활 형식의 상대성에 관한 인식과 필연적으로 결합되어 있다. 현재 세계와 과거 사건들을 달관하는 눈매 앞에서는 생활 제도와 종교 그리고 철학의 그 어떤 개별적 형식의 절대적 타당성도 사라지고 만다. 따라서 역사적 의식의 성숙은 세계 연관을 강제적으로 개념들의 연관을 통해 표현하고자 시도하는 그 어떤 철학들의 보편 타당성에 관한 신뢰라 하더라도 그것을 체계의 논쟁에 관한 개관보다 더

---

*47) 딜타이는 헤겔의 이성주의와 주지주의에 반대하여 체험에 기초한 생철학을 주장하였다. 그는 자연 과학의 인과적 '설명'에 대항하여 정신 과학의 독자적 원리 및 범주를 정립하여, 생의 구조와 작용 연관 속에서 전체의 의미와 통일로써 정신 현상을 '이해'하려고 시도하여 해석학, 역사주의, 구조(이해) 심리학, 문예학 등에 영향을 주었다.

10) 딜타이와 그 밖의 사람들이 저술한 총서 《세계관, 철학 그리고 종교》 (*Weltanschauung, Philosophie und Religion*, Berlin : Reichel & Co., 1911) 참조.

근본적으로 파괴한다"(6면).

여기서 서술한 문장들의 **사실적 진리**는 명백히 의심할 여지가 없다. 그러나 **원리적인 보편성**에서 생각해 보자면, 그것이 과연 정당화될 수 있는지의 여부가 문제이다. 확실히 세계관과 세계관 철학은 인류 발전의 흐름 속에서 생성하고 소멸되는데, 그때에 그들의 정신적 내용은 주어진 역사적 상황 아래에서 결정적으로 동기지워진 문화 형태이다. 이것은 엄밀한 학문들의 경우에서도 마찬가지이다. 엄밀한 학문들이 객관적 타당성을 지니고 있지 못한 까닭은 바로 그 때문인가?

아주 극단적인 역사주의자는 아마도 이것을 긍정할 것이다. 그리고 그는 여기서 어떻게 해서 오늘은 증명된 이론으로 간주된 것이 내일은 무가치한 것으로 인식되는 것인지, 또는 어떻게 해서 다른 사람은 단지 가설로, 그리고 또 다른 사람은 모호한 착상이라 부르는 것을 어떤 이들은 확실한 법칙이라고 논하는 것인지 등등의 학문적 견해들의 동요를 지적할 것이다. 그렇다면 학문적 견해들의 이러한 항구적인 동요에 직면해서 우리는 단지 문화 형태들로서의 학문이 아니라, 객관적 타당성의 통일로서의 학문에 관해서 논의할 어떠한 권리도 실제로 갖고 있지 못한가? 우리는 역사주의를 철저하게 수행하면, 그것은 극단적인 회의적 주관주의로 이행한다는 것을 쉽게 파악할 수 있다. 그렇게 되면 진리의 이념, 이론의 이념, 학문의 이념들은 그 밖의 모든 이념과 똑같이 자신의 절대적 타당성을 상실하게 되리라. 그리고 그 경우 하나의 이념이 타당성을 갖는다고 할 때, 그것이 의미하는 바는 그 이념이 하나의 사실적인 정신 형태일 것이라는 점이다. 여기서 이 정신 형태는 타당한 것으로 간주되고 타당화 작용의 이러한 사실성 속에서 사고를 규정한다. 비록 어느 누구도 그것을 실현할 수 없었고, 어떠한 역사상의 인간도 실제로 그것을 실현할 수는 없게 된다고 할지라도 절대적인 타당성, 즉 타당성 '그 자체'는 그것이 존재하는 바 그대로 존재한다. 이것이 존재하지 않는다면, 따라서 모순율에 대한 타당성, 그리고 실제로 우리 시대에 있어서도 여전히 극도로 왕성한 모든 논리학에 대한 타당성도 또한 존재하지 않으리라. 아마도 결국에 가서는 무모순성의 논리적 원리들이

거꾸로 뒤집혀지기에 이를 것이다. 그리고 더 나아가서 우리가 방금 논의한 모든 명제들과 우리가 숙고하였고 타당하게 성립된 것이라고 주장하였던 가능성들까지도 그 자체로는 또한 어떠한 타당성도 갖지 못하리라. 이런 식으로 여기서 더 나아가거나, 이미 다른 곳에서 해명된 논의들을 반복할 필요는 없다. [11]

유동적으로 타당하다는 것(fließendes Gelten)과 객관적인 타당성(objektive Gültigkeit) 사이의 관계, 즉 문화 현상으로서의 학문과 타당한 이론 체계로서의 학문 사이의 관계가 이들을 해명하고 이해함에 있어 아무리 커다란 곤란을 제시한다고 하더라도, 이들 사이의 구별과 대립은 반드시 인지되어야만 한다는 점을 인정하도록 하기에는 위에서 논의한 것만으로도 정말 충분할 것이다. 그러나 만약 우리가 학문을 타당한 이념으로서 승인하였다면, 도대체 우리가 역사적으로 가치있는 것과 타당한 것 사이에서의 위와 유사한 구별들 역시 —우리가 그 구별들을 '이성 비판적으로' 이해할 수 있든지 없든지간에 — 최소한 개방된 가능성으로 간주해서는 안 될 어떤 이유라도 있는 것인가? 역사학 또는 경험적 정신 과학 일반은 과연 문화 형태로서의 종교와 이념으로서의, 즉 타당한 종교로서의 종교, 문화 형태로서의 예술과 타당한 예술, 역사적인 법률과 타당한 법률, 그리고 끝으로 역사적인 철학과 타당한 철학 사이의 구별이 있어야 하는지 어떤지, 그리고 플라톤적으로 말하자면, 전자와 후자 사이에 이념과 그 이념의 흐릿한 현상적인 형식 사이의 관계가 성립하는지 성립하지 않는지에 대해 그 자신으로부터는 긍정적인 의미에서도 부정적인 의미에서도 결코 아무 것도 결정할 수 없다. 그리고 설령 정신 형태들이 이와 같은 타당성과 대립된 관점에서 실제로 고찰되고 평가될 수 있다고 하더라도, 여전히 타당성 자체와 그것의 이상적이고 규범적인 원리들에 대한 학문적 결정은 결코 경험 과학의 업무는 아니다. 그뿐 아니라 수학자는 수학적 이론들의 진리에 대한 가르침을 얻기 위해 역사에 의뢰하지는 않을 것이다. 수학자는 수학적 표상과 판

---

11) 나의 《논리 연구》, 제 1 권 속에서.

단의 역사적 발전을 진리의 문제와 관련지우는 일을 꿈에도 생각하지 않을 것이다. 따라서 도대체 어떻게 역사가 주어진 철학적 체계의 진리를, 특히 그 자체로 타당한 철학적 학문 일반의 가능성을 결정해야만 한다는 것인가? 그리고 더우기 철학자의 이념, 요컨대 어떤 **참된** 철학의 이념에 대한 믿음에 관해서 철학자를 동요시킬 수 있다고 하는 그 어떠한 근거를 역사가는 지금껏 제시하였단 말인가? 일정한 체계를 부정하는 사람, 더 나아가 철학적 체계 일반의 이상적인 가능성을 부정하는 사람은 그 부정의 근거들을 반드시 제시해야만 한다. 물론 발전해 온 역사적 사실 혹은 체계 일반의 발전 방식에 관한 가장 일반적인 사실들은 그러한 근거들, 즉 정당한 근거들일 수는 있다. 그러나 역사적인 근거들은 그 자신으로부터는 단지 역사적인 결과만 제시할 수 있을 뿐이다. 사실들로부터 이념들을 정초하거나 논박하려고 시도하는 것은, 칸트가 ex pumice aquam*48)이라 인용하였듯이, 배리이다. 12)

그와 같은 이유로 역사학은 절대적인 타당성의 가능성 일반에 대항하여, 특히 절대적인, 즉 학문적인 형이상학과 그 밖의 철학들의 가능성에 대항하여 뚜렷한 반대 근거를 전혀 제시할 수 없었다. **여태까지** 어떠한 학문적인 철학도 존재한 적이 없었다는 주장마저도 역사학 바로 그 자체로서는 결코 정초할 수 없다. 역사학은 다른 인식 원천으로부터만 그러한 주장을 정초할 수 있다. 그리고 이것은 매우 분명한 철학적인 인식 원천들이다. 왜냐하면 철학적 비판 역시 그것이 실제로 참된 타당성에 대한 요구를 주장해야만 하는 한에서 철학이며, 그 의미상 엄밀한 학

70
(326)

---

*48) 본래 "물을 빨아들이는 돌(浮石)에서 물을 구함"이란 뜻으로 연목구어(緣木求魚)와 같이 희망없는 시도를 의미한다.

12) 딜타이도 앞서 인용한 책에서 역사주의적 회의론을 배척한다. 그러나 나는 어떻게 그가 세계관의 구조와 유형에 대한 매우 유익한 분석으로부터 회의론에 반대되는 결정적 근거들을 획득하였다고 믿는지 이해할 수가 수가 없다. 왜냐하면 본문에서 상론된 바와 같이 객관적 타당성을 요구하는 그 어떤 것에 대해 반대하거나 **찬성해도**, 어쨌든 정신 과학, 더구나 경험적 정신 과학은 논증할 수 없기 때문이다. 경험적 이해에로 향한 경험적 태도가 현상학적 본질 태도에 의해 대치될 경우, 사정은 완전히 달라진다. 그리고 이것은 딜타이 사상의 내적 동요로 생각된다.

문으로서의 체계적 철학의 이상적 가능성을 함축한다는 것이 명백하기 때문이다. 이른바 수천 년 동안 표면상으로 주장된 시도들이 엄밀한 학문으로서의 철학의 내적 불가능성을 그럴 듯하게 보이도록 만든다는 데 근거해서, 모든 학문적 철학은 하나의 환상이라는 **무제한적인** 주장은 불과 이삼 천년간의 고도의 문화로부터 무한한 미래에 관해 추론하는 것이 결코 정당한 귀납 추리가 아닐 것이라는 이유 때문만으로 전도된 것은 아니다. 그보다는 오히려 $2 \times 2 = 5$ 와 같이 절대적인 모순으로서 전도된다. 이것은 이미 시사된 근거들로부터 전도된다. 즉 만약 철학적 비판이 그것을 객관적으로 타당하게 논박하는 그 무엇인가를 발견한다면, 그 경우에 그 무엇인가를 객관적으로 타당하게 정초지우는 어떤 영역이 또한 거기에 존재한다. 만약 문제들이 증명된 바와 같이 '뒤틀린' 것으로 제기되었다면, 그것을 올바로 정립할 가능성과 올바른 문제들이 있음에 틀림없다. 만약 역사적으로 성장된 철학이 혼란된 개념을 가지고 작업해 왔고, 개념의 혼동과 궤변을 일삼아 왔다는 것을 철학적 비판이 실증한다면, 그리고 적어도 우리가 무의미성에 빠져들기를 원하지 않는다면, 이상적으로 말해서 개념들이 명료하게 되고 명백해지며 서로 구별을 유지하는 것, 그리고 주어진 영역 속에서 정당한 추론들이 이끌어내어진다는 것 등등이 그 비판에서 부정될 수 없다. 모든 정당하고 핵심에 깊이 파고들어가는 비판은 자신에게 이미 진보의 수단을 제공하며, 이상적으로 말해서 정당한 목표와 방법들, 따라서 객관적으로 타당한 학문을 지시하게 된다. 여기에 덧붙여 사실로서의 정신 형태가 역사적으로 지지될 수 없는 것은 타당성이라는 의미에서 지지될 수 없는 것과는 결코 아무런 관계도 없다는 것이 당연히 주장되어야 하리라. 그리고 이것은 이제까지 상론된 모든 것과 마찬가지로 타당성이 요구되는 모든 영역에 대해서도 적용된다.

　　그런데도 여전히 역사주의자를 잘못 인도할지도 모르는 것은 다음과 같은 사정이다. 즉 역사적으로 재구성된 정신 형태에 정통함으로써 그에 속한 동기들의 상호 관련에서와 마찬가지로 그 정신 형태 속에 지배적인 사념 작용이나 의미 작용에서 우리는 정신 형태들의 내적인 의미를 이해할 수 있을 뿐만 아니라, 그것들의 상대적인 가치를 평가할 수도 있다는 것이다. 만약 우리가 역사상의 한 철학자가 마음대로 처리하였던 전제들 속으로 가설적으로 들어가 본다면, 가령 경우에 따라서 우리는 그의 철학의 상대적 '정합성'(整合性)을 승인할 수 있을 뿐만 아니라 그것에 경탄할 수도 있으며, 다른 관점에서 보자면, 그 당시의 문제 제기와 의미 분석의 단계에서는 불가피하였던 문제의 혼란과 혼동을 야기한 그의 철학의 부정합성을 변호할 수도 있다. 우리는 오늘날에는 고등학생도 쉽게 해결할 수 있을 정도의 과학적 문제에 대한 성공적 해결을 하나의 커다란 성과로서 평가할 수도 있다. 그리고 유사한 것이 그 밖의 모든 영역에도 적용된다. 이에 대하여 우리는 그와 같은 상대적 평가의 원리들 또한 이념적인 영역들 속에 놓여 있으며, 그 원리들은 단순한 역사 발전을 이해하려고는 하지 않는 **가치를 평가하는** 역사가가 그것을 단지 전제는 할 수 있지만, 그러나 역사가로서의 그가 정초지을 수는 없는 것이라고 자명하게 주장한다. 수학적인 것의 규범은 수학 속에, 논리적인 것의 규범은 논리학 속에, 윤리적인 것의 규범은 윤리학 속에 놓여 있으며, 다른 것도 마찬가지이다. 또한 만약 역사가가 가치 평가를 참으로 학문적으로 수행하고자 한다면, 그는 이 분과들 속에서 그 근거들과 정초 방법들을 찾아야만 하리라. 만약 이러한 점에 관해 엄밀하게 전개된 어떠한 학문도 존재하지 않는다면, 그 경우에 역사가는 가령 윤리적인 인간으로서 혹은 종교를 믿는 신앙인으로서 자기의 책임을 평가하지만, 그러나 어떠한 경우에도 학문적인 역사가로서 자기의 책임을 평가하는 것은 아니다.

　그러므로 만약 내가 역사주의를 인식론적 착오로서, 즉 자연주의와 똑같이 그 자체의 모순적인 귀결들 때문에 곧바로 단호하게 배척되어야만 하는 것으로 간주한다고 하더라도, 나는 내가 가장 넓은 의미에서의 역사가 철학자들에 대해 막대한 가치를 지닌다는 점을 충분히 인정하고 있다는 사실을 분명히 강조하고 싶다. 철학자에게는 공동 정신의 발견이 자연의 발견과 마찬가지로 중요하다. 실제로 보편적인 정신 생활 속으로 침잠하는 것은 자연 속으로 침잠하는 것보다 더 근원적이고, 그런 까닭에 더 기초적인 탐구 자료들을 철학자에게 제공한다. 왜냐하면 본질학(Wesenslehre)으로서의 현상학의 영역은 개인적 정신으로부터 보편적 정신에 이르는 전 영역에로 바로 확대되기 때문이다. 그리고 만약 딜타이가 심리 물리적 심리학은 "정신 과학들의 근본 토대"의 구실을 할 수 있는 것이 아니라는 점을 그와 같이 감명깊게 관철하였다면, 나는 정신의 **철학**을 정초지울 수 있는 것은 오직 현상학적 본질학뿐이라고 주장했을 것이다.

73
(328/9)   이제 우리는 세계관 철학의 의미와 정당성을 음미하는 데로 나가 보자. 그렇게 함으로써 우리는 그것을 엄밀한 학문으로서의 철학과 비교할 수 있게 될 것이다. 근대의 세계관 철학은 이미 시사되었던 바와 같이 역사주의적 회의론의 산물이다. 일상적으로 이 역사주의적 회의론은 실증 과학들 바로 앞에서 정지하는데, 그 회의주의는 모든 회의주의가 그 방식상 부정합적이듯이 부정합적이며 실증적 과학들에게 타당한 가치를 부여한다. 이에 따라서 세계관 철학은 개별 과학들의 총체를 객관적 진리의 보고(寶庫)로서 전제한다. 그리고 세계관 철학이 완결되고 통합적이며, 모든 것을 포괄하고 이해하는 인식에 대한 우리의 욕구를 가능한 한 충족시키려는 자신의 목표를 이제 그 속에서 발견하는 한, 세계관 철학은 모든 개별 과학들을 자신의 근본 토대로서 간주한다. 그런데 세계관 철학은 이런 점을 고려하여 때때로 스스로를 학문적 철학, 곧 확고한 과학 위에 수립된 철학이라 부른다. 그렇지만 여기서 제대로 이해하자면, 근본 토대의 학문적 성격뿐만 아니라 목적을 부여하는 문제들의 학문적 성격과 방법들의 학문적 성격, 특히 한편으로는 주도적인 문제들과 다른 한편으로는 바로 그와 같은 근본 토대 및 방법들 사이의 일정한 논리적 조화도 역시 어느 한 분과의 학문적 성격에 속하기 때문에 세계관 철학이 학문적 철학이라는 표시는 별로 의미하는 바가 없는 것이다. 그리고 사실상 세계관 철학이 학문적 철학이라는 표시는 일반적으로 매우 진지하게 이해된 것은 아니다. 대부분의 세계관 철학자들은 사실 그들의 철학에 있어서는 학문적인 엄밀함에 대한 요구가 충분

한 상태에 놓여 있지는 않다는 점을 매우 분명히 절감하고 있으며, 그
들 가운데 많은 사람들은 그들의 성과들이 학문적으로 낮은 지위를 갖
는다는 점을 적어도 분명하고 솔직하게 승인하고 있다. 그럼에도 불구
하고 세계관 철학자들은 여전히 세계에 관한 학문이기보다는 바로 세계
관이기를 더 원하는 그러한 종류의 철학에 매우 높은 가치를 두고 있다.
그리고 그들이 세계관 철학을 더 높이 평가하면 할수록, 그들은 곧바로
역사주의의 영향 아래서 엄밀한 철학적 세계 학문을 추구한다는 의도에
대립해서 더욱더 회의적이 된다. 동시에 세계관 철학의 의미를 보다더
상세하게 규정하는 그들의 동기는 대략 다음과 같다.

　모든 위대한 철학은 하나의 역사적인 사실일 뿐만 아니라, 이들은 또 **74**
한 인류의 정신 생활의 발전 속에서 커다란, 더구나 독자적인 목적론적 (329)
기능을 갖는다. 즉 이들은 그 시대의 생활 경험, 교양, 지혜의 최상의
고양으로서 목적론적 기능을 갖는다. 이러한 개념들의 해명을 잠시 일
별해 보자.

　인격적 관습(Habitus)으로서의 **경험**은 생활의 과정 속에서 자연적으로 **75**
경험하는 태도 결정에 앞서 있는 행위들의 침전물이다. 이러한 침전물 (329)
은 특수한 개체성으로서의 인격이 자기의 고유한 경험 작용들에 의해 스
스로에게 동기를 부여하는 방식을 통해서, 그리고 이에 못지 않게 그것
이 타인의 경험이나 전승된 경험에 대해 자기가 동의하거나 혹은 거부
함으로써 스스로에게 영향을 미치는 방식을 통해서 본질적으로 제약되
어 있다. 경험이란 명칭이 포함하고 있는 인식 작용들에 관해 이야기하
자면, 그것은 모든 종류의 자연적 존재자에 관한 인식으로서 단적인 지 (329)
각들과 그 밖의 직접적인 직관적 인식 작용들, 아니면 그 단적인 지각
과 직관적 인식 작용에 근거한 논리적 정교화와 정당화의 상이한 단계
들에 근거한 사유 작용들일 수 있다. 그러나 이것만으로는 충분하지가
않다. 우리는 또한 예술 작품들과 그 밖의 미적 가치들에 관한 경험들
도 갖고 있다. 이에 못지 않게 그것이 우리 자신의 고유한 윤리적 태도
에 근거하든지, 혹은 타인의 윤리적 태도를 깊이 통찰함에 근거하든지,
우리는 윤리적 가치들의 경험 또한 갖고 있으며, 이와 똑같이 재산, 실

천적 유용성 그리고 기술적(技術的) 사용 가능성에 관한 경험들도 갖고
있다. 요약해서 말하자면 우리는 이론적인 경험뿐 아니라 가치론적인 경
험과 실천적인 경험을 갖는다. 이러한 분석은 가치론적 경험과 실천적
인 경험들이 직관의 근본 토대로서 가치 평가의 체험과 욕구의 체험을
끌어들인다는 사실을 보여준다. 그리고 또한 이러한 경험들 위에서 보
다 높고, 논리적 권위를 지닌 경험 인식들이 구축된다. 그에 따라서 모
든 측면을 두루 경험해서 아는 사람 혹은 우리가 '교양인'이라 부르는 사
람은 세계에 관한 경험뿐만 아니라 종교적, 미학적, 윤리적, 정치적, 실
천적, 기술적 등등의 경험, 다시 말해서 '교양'을 갖는다. 그렇지만 우
리가 교양이란 말의 반대어인 무교양이란 말을 실제로 갖고 있는 한, 오
직 앞에서 서술된 관습에 있어서 상대적으로 더 높은 가치의 형식들에
대해서만 우리는 교양이라는 확실히 매우 진부한 표현을 사용한다. 낡
아 빠진 옛말인 **지혜**(세계 지혜, 세계와 인생의 지혜), 그리고 대체로 지
금 유행하는 표현인 세계관과 인생관 혹은 단적으로 **세계관**은 특히 높은
단계의 가치와 관련된다.

76
(330)   이러한 의미에서 우리는 지혜나 세계관을 그러한 보다더 가치있는 인
간 관습의 본질적인 구성 요소로서 간주해야만 할 것이다. 그런데 이 관
습은 완전한 덕(德)의 이념으로 우리의 머리에 떠오르며, 인간의 태도
결정의 모든 가능한 방향에 관계하는, 즉 인식하는 태도, 평가하는 태
도 그리고 의욕하는 태도에 관계하는 관습적 숙달을 나타낸다. 왜냐하
면 이와 같은 태도 결정의 대상성들, 예컨대 환경 세계, 가치, 재산, 행
위 등등에 대해 이성적으로 판단하는 능력 또는 자기의 태도 결정을 명
백히 정당화할 수 있는 매우 잘 형성된 능력은 분명히 이러한 관습적 숙
달과 훌륭하게 제휴해 나가기 때문이다. 그러나 이러한 관습적 숙달은
지혜를 전제하고 있으며, 보다더 높은 지혜의 형식들에 속한다.

77   비록 다양한 유형들과 다양한 가치 단계들을 포함하는 의미에서이기
는 하지만, 이와 같이 규정된 의미에서 지혜나 세계관은 더 이상 상론
될 필요도 없이, 원래는 하나의 추상일지도 모르는 개별적인 인격의 단
순한 수행 결과는 아니다. 이것은 문화 공동체와 그 시대에 속한다. 그

리고 그것은 교양과 세계관이 뚜렷하게 드러난 형식들과 관계하면서 어떤 일정한 개인의 교양과 세계관에 대해서뿐만 아니라, 그 시대의 교양과 세계관에 대해 중요한 의미를 갖는다. 특히 이 점은 이제 다루어질 형식들에도 적용된다.

어떤 위대한 철학적 인격 속에서 생동하며, 내적으로는 가장 풍부하지만, 아직 그 자신에게는 분명치 못해서 파악되지 않는 지혜를 사유를 통해 파악하는 것은 논리적으로 정교화하는 가능성을 열어 준다. 즉 엄밀한 학문들 속에서 완성된 논리적 방법론은 보다 높은 문화의 단계에 대한 적용을 가능하게 한다. 더구나 공동 정신의 타당한 요구로서 개인에 대립하는 이러한 학문들의 총체적 내용은 이와 같은 단계에서는 가치있는 교양이나 세계관의 토대에 속한다는 것은 자명하다. 그런데 이제 그 시대의 생동적인 교양의 동기와 그 때문에 가장 설득력있는 교양의 동기가 개념적으로 파악될 뿐만 아니라 논리적인 전개와 그 밖의 사유적인 정교화를 이루며, 그래서 이렇게 획득된 결과가 새로이 흘러들어오는 직관들과 통찰들의 상호 작용 속에서 학문적으로 통일되고 정합적으로 완성되는 가운데, 처음에는 개념적으로 파악되어 있지 않는 지혜의 특별한 확장과 고양이 생긴다. 여기서 하나의 **세계관 철학**이 생기는데, 이 철학은 거대한 체계들 속에서 인생과 세계의 수수께끼에 대해 상대적으로 가장 완전한 대답을 준다. 즉 이 철학은 경험이나 지혜 그리고 단순한 세계관과 인생관이 단지 불완전하게 극복할 수 있을 뿐인 생활의 이론적·가치론적·실천적 불일치를 가능한 한 최선의 방식으로 해소하고 만족스럽게 해명한다. 그러나 인류의 정신 생활은 항상 새로운 교양의 형성, 새로운 정신의 투쟁, 새로운 경험들의 축적, 새로운 가치 평가들과 목적 설정이 풍부해짐과 더불어 계속 발전하였다. 새로운 정신 형태들 모두가 그 속에서 드러나는 인생의 지평이 확장됨과 더불어 교양이나 지혜 그리고 세계관은 변화하며 철학 또한 보다 높은, 그리고 항상 더 높은 정상에로 향상하면서 변화한다.

세계관 철학의 가치와 함께 이와 같은 철학을 추구하는 노력의 가치가 지혜와 지혜를 추구하는 노력의 가치에 의해서 곧바로 제약되어 있

78
(330/1)

79
(331)

는 한, 세계관 철학이 세우는 목표에 대한 특별한 고려는 거의 필요하지 않다. 우리가 지혜의 개념을 앞에서 수행한 바와 같이 그렇게 넓게 파악한다면, 지혜는 사실 인간 생활이 갖는 그때그때의 기준의 국면에 따라 도달할 수 있는 완전한 숙달이라는 이상(理想) — 즉 달리 말하자면 인간성의 이념에 대한 상대적으로 완전하고 구체적인 음영의 이상—의 본질적인 구성 요소를 표현하고 있다. 그러므로 어째서 모든 사람은 가능한 한 모든 측면에서 숙달된 인격이 될 수 있도록, 즉 인간이라는 측면에서 가능한 한 모든 측면에서 숙달된 인격이 될 수 있도록, 다시 말해 그들의 측면에서 가능한 태도 결정의 근본 방식들에 상응하는 인생의 모든 근본 방향에 맞게 숙달되도록 노력해야 하듯이 가능한 한 '현명하게' 그리고 그러기 위해서 가능한 한 "지혜를 사랑하면서" 또한 이러한 모든 방향들에 있어서 가능한 한 "경험해야 한다는 것"은 명백하다. 이러한 이념에 따라 노력하는 모든 인간은 가장 근원적인 말의 의미상 필연적으로 '철학자'인 것이다.

80
(331/2) 다 아는 바와 같이 인간성의 높은 목표와 그리고 그와 동시에 완전한 지혜라는 높은 목표에 도달할 수 있는 최선의 방법에 대한 자연적 반성으로부터 도덕적인 인간 혹은 숙달된 인간에 관한 기술학(Kunstlehre)이 생겼다. 만약 이러한 기술학이 일반적으로 그러하듯 올바른 행위들에 관한 기술학으로 정의된다면, 기술학도 분명히 동일한 것으로 귀결된다. 왜냐하면 실제로 생각된 행위, 즉 일관성있게 숙달된 행위라는 것은 결국 숙달된 실천적 특성에로 환원되고, 이러한 특성은 가치론적인 관점과 지성적인 관점에서 보자면, 관습적 완전성을 전제한다. 완전성을 추구하려는 의식적인 노력은 다시 인생의 모든 측면에 있어서 지혜를 추구하는 노력을 전제한다. 이러한 기술학은 내용적인 측면에서 볼 때 지혜를 추구하려고 노력하는 사람에게 학문, 예술, 종교 등등에서의 여러 가지 가치들—즉 모든 행위하는 개인의 초(超)주관적이고, 예를 들어 모든 사람을 구속하는 타당성들로서 승인해야만 할 상이한 집단의 가치들—을 지시한다. 그리고 이러한 가치들 가운데 최고의 가치 중의 하나는 이러한 지혜와 완전한 숙달 자체의 이념이다. 그리고 이 윤리적 기

술학은, 그것이 통속적인 것으로 취급되든지 혹은 학문적인 것으로 취급되든지간에, 당연히 세계관 철학의 테두리 속으로 함께 들어오게 된다. 여기서 이 세계관 철학은 그것이 자신의 측면에서 그 시대의 공동체 의식 속에서 발생되어 객관적으로 타당한 것으로서 강한 설득력을 지니면서 개인에 대립됨과 아울러 자신의 모든 영역들에 걸쳐서 가장 중요한 교양의 힘, 즉 그 시대의 가장 가치있는 인격을 위해서 가장 가치있는 교양을 형성하는 에너지의 분출점이 될 수밖에 없다.

우리가 세계관 철학의 높은 가치에 충분한 정당성을 부여하도록 허락한 이상, 이러한 철학을 추구하는 노력을 **무제한적으로** 권장하지 못하도록 방해할 만한 그 어떠한 것도 없는 것같이 보인다.

81
(332/3)

그럼에도 불구하고 철학의 이념을 고려하건대, 다른 가치들, 더구나 **어떤 관점에서 보자면** 더 높은 가치들, 즉 **철학적 학문**의 가치들이 충족되어야만 한다는 점이 아마도 드러날 수 있을 것이다. 다음과 같은 것이 깊이 고찰되어야만 한다. 즉 우리의 고찰은 객관화된 엄밀한 과학들이 강력한 세력을 갖는 시대인 우리 시대의 학문적 문화의 정점으로부터 실행된다는 사실이다. 근대에 와서 교양이나 세계관의 이념과 실천적 이념으로 이해된 학문의 이념은 예리하게 분리되었고, 그 이후로는 영원히 분리된 채로 남아 있다. 우리는 여기에 대해 한탄할 수도 있지만, 그러나 이것을 우리의 실천적 태도가 적절히 결정해야만 할, 지속적으로 영향을 미치는 하나의 사실로서 받아들여야만 한다. 역사상의 철학들은 그것이 지혜 추구의 충동으로서 그들의 창시자를 지배하였던 한에 있어서 확실히 세계관 철학들이었다. 또한 이것들은 엄밀한 학문의 목표가 그들의 철학 속에 생생하게 살아 있었던 한에 있어서, 바로 그만큼은 학문적 철학들이었다. 이러한 두 가지 목표들은 전혀 구별되지 않았거나 또는 확연히 구별되지는 않았었다. 실천적 노력 속에서 이 두 가지 목표들은 융합하였다. 즉 실제로 노력하는 자가 이 두 가지 목표들을 아무리 고원한 것으로서 자각하였다고 할지라도, 사실상 이 두 목표들은 아득히 먼 곳에 놓여 있었기 때문에 올바로 구별할 수는 없었다. 그러나 이것은 엄밀한 학문의 초시간적 보편성이 정립된 이래로 사정은 근본적으로 변하였다. 세대로부터 세대를 거쳐오면서 사람들은 학문의 강력한 구축에 열광적으로 종사하였다. 또한 그들은 학문의 이러한 구축이 앞으로도 결코 완결되어질 수 없는 끝없는 일이라는 것을 항상 자각하면서 그 구축에 자신들의 겸손한 개별적 연구의 부품들을 삽입하였다. 물론 세계관 역시 하나의 '이념'이기는 하지만, 그것은 유한한 것 속에 놓여 있는 목적의 이념으로서 인륜(Sittlichkeit)과 마찬가지로 목적에 부단히 접근하는 방식으로 개인 생활 속에서 원리적인 실현을 목적으로 한다. 여기서 인륜 또한 그것이 원리적으로 어떤 한계를 넘어선 무한자에 대한 이념이라면, 사실상 그 의미를 상실하고 말 것이다. 따라서 세계관의 '이념'은 그 개념들에 대한 앞서의 분석에서 즉각적으로 알 수 있듯이, 각 시대에 따라 서로 다른 것이다. 반면에 학문의 '이념'은 초시간적 이념이다. 이 말은 여기서 각 시대 정신에 대한 어떠한 관계에 의해서도 제한되지 않는다는 것을 뜻한다. 한편 실천적인 목표의 방향에 대한 본질적 구별들이 이러한 구별들과 연관되어 있다. 일반적으로 우리 인생의 목표에는 두 가지 종류가 있는데, 그 하나는 자신의 시대에 관한 것이고 다른 하나는 영원에 관한 것이다. 전자는 우리들 자신의 고유한 완성과 우리 동시대인의 완성에 봉사하는 것이고, 후자는 후손과 또한 가장 먼 세대들에 이르기까지의 완성에 봉사하는 것이다. 학문은 절대적이며 무시간적인 가치들에 대한 명칭이다. 이러한 모든 가치는 일단 발견되면, 그 이후로는 장래의 **모든** 인간의 가치 보고(價値寶庫)에 속하며 교양, 지혜, 세계관의 이념이 갖는 실질적 내용뿐만 아니라 세계관 철학의 실질적 내용을 또한 곧바로 규정한다는 것은 명백하다.

따라서 세계관 철학과 학문적 철학은 어떤 방식에서는 서로 연관되어 있지만, 그러나 결코 혼돈되어서는 안 될 두 가지 이념들로서 서로 확연히 구별되어져서 나타난다. 거기에다 또한 세계관 철학이란 결코 학문적 철학이 그 시대에 있어서 불완전하게 실현된 것이 아니라는 점에 주의해야만 한다. 왜냐하면 만약 우리의 파악이 옳다면, 일반적으로 이제까지 학문적 철학의 이념은 결코 실현된 적이 없었고, 엄밀한 학문으로서 실제로 실현되고 있는 어떠한 철학도 존재하지 않으며, 비록 완결되지 못한 '학설 체계'일망정 우리 시대의 연구 공동체의 통일적 정신 속에서 객관적으로 정립된 어떠한 학설 체계도 존재하지 않기 때문이다. 다른 한편으로 이미 수천 년 전에 세계관 철학들이 존재해 있었다. 그럼에도 불구하고 우리가 학문의 무한성을 하나의 "무한히 멀리 떨어진 점"으로서 비유적으로 마음 속에 상상하고자 원한다면, 우리는 이 두 가지 이념들의 실현(양자 모두에 의해 이러한 실현이 전제된다면)은 무한한 것 속에서 서서히 서로 접근함으로써 결국 일치한다고 주장할 수 있다. 철학이라는 개념은 이러한 경우에 적절하게 넓은 의미로 파악되어야 할 것이다. 즉 모든 개별 과학들이 이성 비판적 해명과 가치 평가를 통해 철학으로 변경되어짐에 따라서 철학이라는 개념이 특수한 철학적 학문들 이외에도 모든 개별 과학들을 포괄하게 될 만큼 넓게 파악되어야 할 것이다.

만약 우리가 이러한 두 가지 구별된 이념들을 인생 목표의 내용으로 간주한다면, 이에 따라서 세계관을 획득하려는 노력에 대항해서 아주 전혀 상이하게 탐구하는 노력이 가능해진다. 이러한 노력이란 학문이 결코 개인에 의해 완성된 창조일 수는 없다는 것을 충분히 자각하고 있지만, 그럼에도 불구하고 학문적 철학에 대해 같은 의견을 가진 사람들과의 공동 작업 속에서 학문적 철학의 획기적인 약진과 점진적인 발전을 돕는 데 최대의 힘을 쏟는 것이다. 현대의 가장 중대한 문제는 이러한 두 가지 목표들을 명백히 구별하는 것 이외에 이러한 목표들을 상대적으로 평가하는 것과 함께 이 두 가지 목표들이 실제적인 통합 가능성을 평가하는 것이다. 83 (333)

어떤 한 종류 혹은 다른 종류의 철학적 사색을 함에 대한 보편 타당한 실천적 결정이 철학적 사색을 하는 개인의 입장으로부터는 주어질 수 없다는 사실을 처음부터 인정해 두자. 어떤 사람들은 현저하게 이론적인 인간들로서 오직 그들이 관심을 두고 있는 영역이 엄밀한 학문적 탐구에 희망을 제시하는 경우에 한해서, 그와 같은 탐구에 자신의 사명을 다 바치는 본성적인 경향을 지닌다. 그리고 이 경우 엄밀한 학문적 영역에 대한 관심, 더우기 격정적인 그 관심은 심정적인 욕구, 가령 세계 84 (333/4)

관의 욕구로부터 나오는 것은 당연하다. 이에 반해서 미적인 본성을 가
진 사람들 또는 실천적 본성을 가진 사람들(예술가, 신학자, 법률가 등
등)의 경우 사정은 전혀 다르다. 이러한 사람들은 미학적 이상 혹은 실
천적 이상, 따라서 이론적인 것 이외의 영역에 속하는 이상을 실현하는
것에서 자신의 사명을 찾는다. 우리는 적어도 그들이 자신의 저술들을
통해 순수한 이론을 추진하려고 하지 않고 우선적으로 실천에 공헌하려
는 한, 신학자, 법률학자 또는 가장 넓은 의미에서 기술(技術)의 연구
자와 저술가들도 이러한 부류에 속하는 것으로 간주한다. 물론 실제의
생활 그 자체에서는 이와 같은 구별이 아주 순수하게 이루어지지는 않
는다. 그리고 실천적 동기가 강력하게 대두되는 바로 그런 시대에 있어
서는 이론적인 본성을 가진 사람 또한 자신의 이론적 사명이 허용하는
한도 이상으로 더 맹렬하게 실천적인 동기의 힘에 복종할 수도 있을 것
이다. 그러나 여기에 특히 우리 시대의 철학에 대한 커다란 위험이 놓
여 있다.

85
(334)
　　그 문제는 단순히 개인의 관점에서뿐만 아니라, 인류와 역사의 관점
에서도 제기될 수 있다. 즉 그 문제가 주로 어떤 하나의 의미에서 결정
되는가 혹은 다른 의미에서 결정되는가, 달리 말하자면 어떤 한 종류의
철학적인 경향이 시대를 전적으로 지배하고 그래서 ─ 우리가 학문적 철
학이라 부르는 ─ 다른 철학적인 경향을 사멸시키는가 하는 것이 문화의
발전에 대해서 또는 개별적 인간의 이념이 아니라 인류의 영원한 이념
을 끊임없이 진보적으로 실현하는 가능성에 대해 의미하는 바가 무엇인
가를 우리가 고려하는 한은 그렇다. 이것 또한 일종의 실천적인 문제이
다. 왜냐하면 윤리적 이상의 가장 먼 범위까지, 예컨대 인류 발전의 이
념이 지시하는 곳까지 우리의 역사적 영향과 더불어 우리의 윤리적 책
임들이 발휘되기 때문이다.

86
(334/5)
　　만약 의심할 여지없이 확실한 철학적 학설의 단서들이 이미 앞에 제시
되어 있다면, 이론적인 성질에 대한 문제의 결정이 어떻게 내려져야만 하
는가 하는 점은 명백하다. 다른 학문들을 살펴보기로 하자. 자연적으로
발생한 모든 수학적 혹은 자연 과학적 '지혜'와 지혜에 관한 학설은 그

에 상응하는 이론적 학설이 객관적으로 타당하게 정초되는 그 범위까지 그만큼 자신의 권리를 상실하여 왔다. 이제는 지혜가 배워야 한다고 학문은 주장하였다. 가령 자연 과학적인 지혜 탐구의 노력은 엄밀한 학문의 존재 이전에는 결코 정당한 권리가 없는 것은 아니었다. 그것이 신용을 잃게 된 것은 그의 시대에 있어서가 아니라, 나중에 가서의 일이다. 인생의 충동 때문에 그리고 태도를 취하지 않을 수 없는 실천적인 필요성 때문에 인간은, 비록 그가 일반적으로 엄밀한 학문의 이념을 이미 알고 있었다는 것을 가정한다 하더라도, 엄밀한 학문이 실현될 때까지, 예를 들어 수천 년 동안 기다릴 수는 없었다.

다른 한편 모든 정밀 과학은 그것이 아무리 정밀하다고 해도 아직 실제로 형성되지 않은 학문의 무한한 지평에 의해 둘러싸여 있는 단지 제한적으로 발전된 학설 체계를 제시할 뿐이다. 그렇다고 도대체 무엇이 이러한 지평에 대해 정당한 목표로서 타당하게 간주되어야 하는가? 엄밀한 학설의 지속적 형성인가, 아니면 '직관'이나 '지혜'인가? 이론적 인간, 즉 자연 탐구를 자신의 사명으로 여기는 인간은 이러한 물음에 대하여 주저하지 않고 다음과 같이 대답할 것이다. 즉 그는 과학이 표명할 수 있는 것은, 수세기 이래 처음으로 비로소 모호한 '직관들'을 경멸적으로 거절하는 것이라고 말한다. 따라서 그는 자연에 대하여 '직관하도록 권장하는' 것을 과학에 대한 모독으로 간주할 것이다. 이렇게 함으로써 확실히 그는 미래 인류의 어떤 권리를 옹호한다. 엄밀한 학문들은 그들의 진보적인 발전의 위대함과 지속성 그리고 충만한 힘을 곧바로 이와 같은 근본주의의 정신성에 힘입은 바가 크다. 확실히 모든 정밀한 탐구자는 스스로 '직관들'을 형성하며, 확고하게 정초된 것을 뛰어넘어서 직관하고 예측하고 추측하면서 살펴본다. 그러나 이것은 오직 엄밀한 학설의 새로운 부분들을 기도(企圖)하기 위한 방법적인 의도에서일 뿐이다. 이러한 태도 결정은 자연 과학자 자신도 잘 알고 있듯이 학문 이전의 의미에서의 경험이라는 것이, 비록 그것이 학문의 통찰들과 결합되어 있지만, 자연 과학적인 기술의 범위 내에서 중대한 역할을 수행하고 있다는 점을 조금도 배제하지는 않는다. 기술적인 과제들은 집을 짓는

87
(335)

다든가 기계를 설치하는 등 당면한 과제가 해결될 것을 원한다. 즉 기술적인 과제들은 자연 과학이 거기에 관련된 모든 정밀한 정보를 제공할 때까지 무작정 기다릴 수는 없는 일이다. 그러므로 실천가로서의 기술자는 자연 과학적 이론가와는 다르게 결정한다. 기술자는 이론가에게서 학설을 받아들이고 인생으로부터는 '경험'을 받아들인다.

학문적 철학에 있어서 사정은 과학에 있어서의 사정과는 완전히 다르다. 왜냐하면 학문적 철학에 있어서는 우선 학문적으로 엄밀한 학설의 단초가 아직 한번도 형성된 적이 없으며, 이러한 철학을 보증하는 역사적으로 전승된 철학은 물론, 지금 생생하게 발전하고 있는 것으로 파악된 철학 역시 기껏해야 학문적으로는 반제품(半製品) 또는 세계관과 이론적 인식이 구별되지 않는 혼합물에 불과하기 때문이다. 다른 한편 유감스러운 일이지만 우리는 여기에서 무작정 기다릴 수도 없다. 세계관의 급박함으로써 철학의 급박함이 우리를 억누르고 있다. 실증적 과학들의 범위가 확장되면 될수록 이러한 철학의 급박함도 더욱더 강해진다. 실증적 과학들이 우리에게 부여하는 과학적으로 '설명된' 엄청난 양의 사실들은 우리에게 별로 도움이 되지 못한다. 왜냐하면 실증적 과학들이 원리적으로 전체 과학들과 더불어 어떤 수수께끼의 차원을 갖고 들어오는데, 그 수수께끼의 해결이 우리에게는 생사(生死)의 문제이기 때문이다. 자연 과학은 우리가 그 속에서 생활하고 활동하고 존재하는 현실, 즉 실제의 현실을 결코 어떠한 점에 대해서도 우리에게 해명해 주지는 않는다. **이러한 수수께끼를 해명하는 것은** 자연 과학의 기능인데, 자연 과학은 단지 그 기능을 아직 충분히 전개하지 못했을 뿐이라고 일반적으로 믿고 있다. 그리고 자연 과학이 —원리적으로— 이러한 수수께끼의 해명을 수행할 수 있다는 견해는 보다 깊은 통찰을 지닌 사람에게는 일종의 미신으로 드러났다. 자연 과학과 철학—비록 몇몇의 영역에서는 본질적으로 자연 과학과 관련된 학문이라 하더라도, 원리적으로는 서로 다른 목표를 향하고 있는 것으로서의 철학—사이의 필연적인 구별이 점차 확립되고 해명되고 있는 중이다. 로체가*49) 말하는 바와 같이 "세계

---

*49) 로체(H. Lotze, 1817~1881)는 당시 사변 철학의 붕괴와 점차 증대해 가

의 경과를 계량적으로 계산한다는 것이 그것을 이해한다는 것을 뜻하지는 않는다.”그러나 이 점에 있어서 자연 과학과 비교해서 정신 과학이 더 낫지는 않다. 인간의 정신 생활을 ‘이해한다는 것’은*50) 확실히 위대하고 아름다운 일이다. 그러나 유감스럽게도 이러한 이해조차 우리를 도와줄 수는 없다. 그리고 이러한 이해가 우리에게 세계와 인생의 수수께끼를 드러내서 밝혀야만 할 철학적 이해와 혼동되어서도 안 된다.

우리 시대의 정신적 급박함은 사실상 견디기 어렵게 되었다. 그래도 만약 우리의 평안함을 방해하는 것이 단지 자연 과학과 정신 과학이 탐구하는 ‘현실성’의 의미 — 즉 궁극적인 의미에서 자연 과학과 정신 과학의 존재가 어느 정도까지 인식되는가, 무엇이 이와 같은 ‘절대적’ 존재로서 간주될 수 있는가, 그리고 과연 이와 같은 존재들은 도대체 인식할 수 있는가 그렇지 않은가 — 에 대한 이론적인 불명확성뿐이라면 얼마나 좋으랴. 이것은 오히려 그것에 의해 우리가 고통받고 있는 가장 근본적인 인생의 급박함이고, 우리 인생의 어떠한 지점에서도 결코 멈출 수 없는 급박함이다. 모든 인생사는 태도를 결정함이요, 모든 태도 결정은 절대적 타당성이 요구되는 규범들에 따라 타당성 혹은 부당성에 대한 판결, 즉 당위(Sollen)에 속한다. 이러한 규범들이 반박되지 않는 한, 그리고 어떠한 회의에 의해서도 위협받거나 조소당하지 않는 한, 단지 어떻게 이러한 규범들을 실천적으로 가장 만족시킬 수 있는가 하는 중대 문제만이 유일하게 존재한다. 그러나 모든 그리고 각각의 규범들이 서로 논쟁되거나 혹은 경험적으로 왜곡되어 그 규범들의 이상적 타당성이 박탈된 지금 그러한 규범들을 어떻게 만족시킬 수 있겠는가? 자연주의자들과 역사주의자들은 세계관을 획득하려고 투쟁한다. 그러나 이들은 서로 다른 측면에서 이념들을 사실들로 바꾸어 잘못 해석하고, 모

89
(336)

는 자연 과학 만능주의에 있어서 관념론과 기계적 자연관의 결합을 기도하였다. 철학은 존재 세계뿐만 아니라 진리와 가치의 세계도 대상으로 삼아 논리학과 실천 철학도 포함해야 한다고 주장한다. 그 밖에 타당성 이론과 가치론은 후에 신칸트 학파(특히 독일 서남 학파)의 선구가 되었다.

*50) 이것은 딜타이의 입장을 의미하고 있다.

든 현실, 즉 모든 인생을 이해할 수 없는, 이념들이 없는 '사실들'에 관한 혼합물로 변형시키는 작업을 수행하고 있는 중이다. 사실에 대한 미신은 이 둘 모두에게 공통적이다.

90
(336)
우리가 무작정 기다릴 수만은 없다는 것이 확실하다. 우리는 태도를 결정해야만 하고, 우리는 현실 — 우리에 대해 의미를 가지며, 또한 그 속에서 우리가 의미를 찾아야만 할 인생의 현실 — 에 대한 우리의 태도 결정 속에 있는 부조화들을, 비록 그것이 학문적은 아닐지언정, 이성적인 '세계관과 인생관'의 형성 속에서 조정하는 노력을 아끼지 말아야 한다. 그리고 만약 세계관 철학자가 이 점에서 우리를 충분히 도울 수 있다면, 어떻게 우리는 그 점에 대해 그에게 깊이 감사하지 않을 수 있겠는가!

91
(337)
방금 주장한 것 속에 아무리 많은 진리가 놓여 있다고 하더라도, 그리고 우리가 고대와 근대의 철학들이 우리에게 제공하는 정신의 고무와 격려를 상실하지 않으려고 최선을 다한다 해도, 다른 한편으로는 우리 또한 인류에 대해 지니는 책임을 망각하지 말아야 한다는 점이 강력하게 주장되어야 한다. 우리는 시대를 위해 영원을 희생할 필요는 없다. 그리고 우리는 급박함을 완화시키기 위해 결국은 근절될 수 없는 악으로서의 급박함들 위에 급박함을 가중시키는 폐단을 후손들에게 물려 주어서도 안 된다. 급박함은 이 경우에 학문으로부터 유래한다. 그러나 학문으로부터 유래하는 급박함은 오로지 학문만이 궁극적으로 극복할 수 있다. 만약 자연주의자들과 역사주의자들의 회의적 비판이 당위의 모든 영역들 속에 있는 진정한 객관적 타당성을 모순 속으로 해체시켜 버린다면, 또 비록 자연적으로 발생했다 하더라도 반성에 있어서 사용된 개념들이 불명확하고 모순적이기 때문에, 그리고 그 결과 문제들이 애매하거나 혹은 전도되었기 때문에 현실에 대한 올바른 이해와 현실에 대한 이성적인 태도 결정의 가능성을 방해한다면, 그리고 만약 특수하기는 하지만, 많은 분야의 학문들에 대해 필수적인 방법적 태도가 습관적으로 수행되어서 그 밖의 다른 태도에로의 이행을 불가능하게 하고 또 심정을 억압하는 모순된 세계 해석이 이와 같은 편견들에 관련되어 있다면, 이러한 그리고 이와 유사한 모든 해악(害惡)에 대해서는 오직 하나의 치료법이 존재할 뿐이다. 그것은 곧 학문적 비판과 동시에 아래로부터 시작하여 확실한 기초들 속에 정초하고 가장 엄밀한 방법들에 따라 전진해 가는 근본적인 학문이다. 이것이 바로 우리가 여기에서 시작하고 있는 철학적 학문이다. 세계관들은 학문이 결정할 수 있고, 그리고 이러한 학문의 결정이 영원의 각인을 지닐 때만 논쟁의 여지가 있는 것이다.

그러므로 철학의 새로운 전회가 설령 어떤 방향으로 나아간다고 할지라도, 철학은 엄밀한 학문에 대한 의지를 결코 포기해서는 안 된다. 오히려 철학은 이론적 학문으로서 실천적인 세계관을 추구하려는 노력에 스스로를 대립시키고, 이와 같은 노력으로부터 자신을 완전히 의식적으로 **분리시켜야** 한다는 점은 의심할 여지가 없다. 왜냐하면 여기에서는 모든 조정의 시도들 역시 거절되어야만 하기 때문이다. 아마도 새로운 세계관 철학의 옹호자들은 물론 이러한 세계관 철학을 따르는 것이 엄밀한 학문의 이념을 포기하는 것을 뜻할 필요는 없다고 이의를 제기할 것이다. 올바른 세계관 철학자는 자신의 근본 태도에 있어서 학문적일 것이고, 즉 엄밀한 개별 과학들이 제공하는 모든 자료들을 확고한 초석으로서 사용할 뿐만 아니라, 그는 또한 학문적 방법들을 실제로 사용하고 더 나아가 철학의 문제들을 엄밀하게 학문적으로 촉진시키는 모든 가능성에 기꺼이 몰두할 것이다. 다만 그는 지나간 시대의 형이상학적 소심함과 회의에 반대하여 시대의 상황에 따라 지성과 감정을 조화롭게 만족시켜 줄 수 있는 세계관의 목표를 달성하기 위해 최고의 형이상학적 문제들도 또한 대담하게 추구한다고 말할 것이다.

92
(337/8)

그러나 이와 같은 점이 세계관 철학과 학문적 철학 사이의 구획선을 결정적으로 말소하기 위한 조정(調停)으로 생각되는 한, 우리는 이것에 대해 이의를 제기해야만 한다. 그것은 단지 학문적 충동의 유약화와 희박화에로만 이끌려질 뿐이고, 지적 성실성을 결여한 가상적인 학문적 저술들만 조장할 뿐이다. 세계관 철학과 학문적 철학 사이에는 그 밖의 다

93
(338)

른 모든 학문에 있어서와 마찬가지로 어떠한 절충도 없다. 만약 세계관
을 형성하려는 충동이 **가장 지배적인** 충동이 되고, 게다가 그의 학문적
형식들로써 이론적 본성들을 가장한다면, 우리는 이론적 성과를 더 이
상 기대할 필요가 없다. 수천 년이 지나는 동안 학문을 형성시키려는 의
지에 열정적으로 지배되어 온 위대한 학문적 사상가들이 철학에 있어서
순수 학설의 어떠한 부분조차도 획득하지 못하였다고 할지라도, 오직 이
러한 의지로부터 — 비록 완전하게 성숙된 것이 아니긴 하지만 — 그들이
이룩한 모든 위대함을 성취하였다면, 그때에는 어쨌든 세계관 철학자들
은 학문적 철학을 촉진하여 궁극적으로는 정초할 수 있다고 생각할 수
없을 것이다. 목표를 유한한 것 속에 세우고, 또한 자신들의 체계를 갖
고서 그것에 따라 시기적으로 적합하게 생활할 수 있게 되기를 바라는
그들은 결코 학문적 철학을 촉진하여 궁극적으로 정초할 자격이 없다.
여기에서 그들이 할 수 있는 일은 오직 한가지뿐이다. 즉 세계관 철학
은 스스로 학문이 되고자 하는 요구를 정직하게 완전히 포기하고, 그와
동시에 사상가들을 당혹하게 만들고 — 이것은 확실히 그들의 순수한 의
도에 거역하는 일이다 — 학문적 철학의 진보를 방해하는 일을 중지해야
만 한다는 것이다.

94
(338/9)
세계관 철학의 이상적 목표가 그 본질상 결코 학문이 아닌 세계관에
순수하게 머물러 있게 하자. 우리 시대에 있어서 세계관 철학은 지나치
게 확장되어 있으며, 여기에서 '과학적으로 정밀하게' 실증되지 않는 모
든 것을 '비과학적인 것'으로 경시하는 과학 만능주의에 현혹되어서는 안
된다. *51) 과학은 동등하게 권리를 갖는 그 밖의 가치들 가운데 **하나의** 가
치이다. 특히 세계관의 가치는 독자적인 근거 위에서 철저하게 확립된
것이고, 세계관은 개별적인 인격의 관습이나 업적으로 평가된다. 그러

---

*51) 수학과 (어떤 범위에서는) 자연 과학에 있어서와 같이, 포함된 대상이
정적인 영역에서는 엄밀한 학문의 필수적 특징으로서 '정확성'을 논의할
수 있다. 그러나 이것이 엄밀한 학문 자체의 본질은 아니다. 엄밀한 학
문에서 요구되는 것은 의심할 여지없이 확실한 인식이다. 그러나 동적
으로 흐르는 의식의 영역에서는 정확성이 엄밀한 학문의 판단 기준이 될
수는 없다.

나 그에 반해서 학문은 여러 세대에 걸친 학자들 공동의 작업 성과로 평가된다는 점을 우리는 앞에서 명백히 밝혔다. 그리고 세계관 철학과 학문적 철학은 이들이 서로 다른 가치 근원을 갖는 것과 마찬가지로 서로 다른 기능들을 가지며, 또 작용하고 가르치는 방식도 서로 다르다. 세계관 철학은 지혜가 가르치는 바 그대로 가르친다. 말하자면 인격은 인격 자체에 의존한다. 그러므로 특히 탁월한 특성과 독자적 지혜에 의해 교육자로서 천부적인 자질이 있는 사람 또는 높은 실천적 관심—종교적·윤리적·법률적 등등의 관심—의 봉사자로서 자격이 있는 사람만이 **이와 같은** 철학의 양식들(Stile) 속에서 교육자로서 보다 넓은 공공 사회에 의뢰할 수 있는 것이다. 그러나 학문은 비인격적이다. 학문을 공동으로 연구하는 사람에게는 지혜가 아니라 타고난 이론적 재능이 필요하다. 그의 기여로 말미암아 인류에 축복을 주는 것임에 틀림없는 영원한 타당성이라는 보고가 풍부해진다. 또한 이것은 우리가 위에서 살펴본 바와 같이 철학적 학문에 대해서도 거의 정확하게 적용된다.

세계관 철학과 학문적 철학의 결정적인 분리가 시대 의식 속에서 관철되어야만 비로소 철학은 진정한 학문의 형식과 언어를 갖게 되며, 또한 철학 자체에 있어서 여러 번 찬양되고 더군다나 모방되어진 것, 이른바 심원함을(Tiefsinn) 불완전한 것으로 인식한다는 사실이 생각될 수 있다. 심원함은 진정한 학문이 우주에로, 즉 단순하고 완전하게 명석하면서 만족스럽게 조화된 질서에로 변형시키고자 한 바로 그 혼돈(Chaos)의 표시일 뿐이다. 진정한 학문은 자신의 참된 학설이 달성되는 범위 안에서는 어떠한 심원함도 알지 못한다. 이미 완성된 학문의 모든 부분들은 그 각각이 직접 통찰적이며 또한 결코 심원하지 않은 사유 과정의 전체이다. 심원함은 지혜의 일이고, 개념적인 명석성과 판명성은 엄밀한 이론의 일이다. 심원함이 나타내는 막연한 추측을 명백한 합리적 형태들로 새롭게 주조하는 것은 엄밀한 학문을 새롭게 구성하려는 본질적인 과정이다. 또한 정밀한 과학들도 심원함에 침잠했던 기나긴 시기가 있었다. 그리고 정밀한 과학들이 르네상스 시대의 투쟁을 통하여 자신들의 목적에 도달하였듯이, 철학도 현대의 투쟁을 통해 심원함의 단계로

95
(339/40)

부터 학문적 명석성의 단계에로 관철될 것이라고 나는 감히 희망해 본다. 그러나 이렇게 되기 위해서는 오직 올바른 목표에 대한 확신과 충분히 자각하면서 목표에로 향하는 위대한 의지, 그리고 이용이 가능한 모든 학문적 에너지를 충분히 발휘하는 의지가 필요할 뿐이다.

사람들은 오늘의 시대를 데카당스의*52) 시대라고 부른다. 그러나 나는 이러한 비난을 정당한 것으로 인정할 수는 없다. 우리는 역사상 이와 같이 집중된 연구력이 총체적으로 움직이고, 그 결과 성공적으로 일이 이루어진 오늘날과 같은 시대를 거의 발견할 수 없다. 어쩌면 우리는 이러한 목표들을 반드시 시인하지 않을 수도 있다. 또한 고요와 쾌적함 속에서 인생을 유유히 살아가는 시기에 정신 생활의 절정이 만발하였지만, 우리 시대에 있어서는 그러한 것을 비슷하게나마 발견할 수도, 희망할 수도 없게 된 점을 우리는 어쩌면 불평할지도 모른다. 그리고 어쨌든 우리 시대가 특히 원하고 있고 앞으로도 계속해서 원하게 될 미적 의미―자유로이 성장하여 온 소박한 미가 이것에 보다 밀접하게 연관되는데―를 받아들이지 않을지도 모른다. 그러나 위대한 의지들이 바로 정확한 목표들을 발견하는 한, 그토록 엄청난 가치 역시 의지의 영역 속에 놓여 있다. 그러나 만약 사람들이 우리 시대가 저속한 것에 대한 의지를 가졌다고 날조하려 하였다면, 그것은 우리 시대를 매우 부당하게 평가한 것이리라. 우리 시대가 갖는 목표의 위대함에 대한 신뢰를 불러일으키고, 그 목표의 위대함을 이해하고 고무적으로 자극할 수 있는 사람은 이러한 목표를 향한 추진력을 쉽게 발견할 것이다. 나는 그 사명에서 볼 때, 우리 시대는 위대한 시대이고, 단지 현대는 고대로부터 불명료한 이상을 철저히 붕괴시켜 버린 회의주의 때문에 병들어 있

*52) 19세기말에 프랑스를 중심으로 유럽 전역에 유행한 풍조로서, 인간의 이성에 대한 신뢰를 상실하고 퇴폐적인 문화에서 미적 동기를 구하는 관능주의이다. 이것은 후에 상징주의 등의 다양한 모더니즘으로 발전하였다. 이것은 낡은 전통이나 권위를 무시하며 근대인의 비정상적인 자극을 구하는 욕망의 표현이라 할 수 있으나, 동시에 사상적인 데카당스 현상은 이전 시대의 문화의 붕괴를 촉진하며 새로운 발전 능력을 낳는다는 다소 적극적인 의미도 있다.

다고 생각한다. 그리고 바로 그것 때문에 현대는 회의적 부정주의
(skeptische Negativismus) — 이것은 스스로를 실증주의라 부른다 — 를 참
된 실증주의를*53) 통해 극복할 수 있기 위해서는 아직 충분히 진전되지
않았고, 아직 학문적으로 완전하지 않은 철학의 발전과 권세가 너무나
미약한데 병들어 있다. 우리 시대는 오직 '실재성'(Realität)만 믿으려 한
다. 그런데 현대에 있어서 가장 강력한 실재성은 바로 학문이고, 따라
서 우리 시대가 가장 필요로 하는 것은 철학적 학문이다.

  그러나 우리가 현대의 의미를 명확하게 해석하면서 앞에서 서술한 위 96
대한 목표를 향해 전진해 간다면, 우리는 그 목표에 도달할 수 있는 길 (340)
은 오직 하나밖에 없다는 사실을 인정해야만 한다. 즉 우리가 진정한 철
학적 학문의 본질에 속하는 철저한 근본주의(Radikalismus)로서 미리 주
어져 있는 어떠한 것도 받아들이지 않고, *54) 전해 내려오는 어떠한 것
도 그 출발점으로 삼지 않으며, 아무리 위대한 대가라도 그 명성에 의
해 현혹되지 않고, 오히려 문제 자체와 그 문제로부터 나오는 요구들에
대한 자유로운 헌신 속에서 탐구의 실마리를 찾으려고 노력해야만 한다
는 것은 명백하다.

  또한 확실히 우리는 역사를 필요로 한다. 물론 위대한 철학들이 성장 97
                                                              (340/1)

---

*53) 훗설의 "사태 그 자체에로"는 모든 주어진 것의 인식을 뜻한다. 왜냐하
  면 본래적 방식으로 주어진 본질들은 사실들과 마찬가지로 똑같이 주어
  져 있기 때문이다. "만약 실증주의가 실증적인 것, 즉 본래적 방식에서
  파악된 것에 모든 학문들의 절대적이고 편견없는 정초를 뜻한다면, 우
  리야말로 진정한 실증주의자이다"(《이념들 I 》, 38면).
    이러한 훗설의 실증주의는 소박한 법칙들에 관계하는 것이 아니라, 환
  원을 통해 의식에 수용될 수 있는 대상으로 순화시킨 선험적 자아 구조
  와 순수 자아의 내용에 관계되는 선험적 실증주의이다(W. 질라시, 《현
  상학 강의》, 이영호 옮김, 종로서적, 1984, 125면 참조).
*54) 인식론적 탐구가 반드시 준수해야 할 '무전제성'의 원리는 철학적 탐구
  를 언어나 논리학까지 모두 배격하여 절대적인 무(無)로부터 출발하려
  는 것이 아니다. 그것은 탐구자가 직관에 주어지지 않은 물질적 대상의
  존재나 본성에 관한 형이상학적 문제나 자연 과학의 설명을 위해 충분
  히 검토되지 않은 단순한 가설적 개념들은 배제하고, 내적 직관의 영역,
  즉 순수 체험에 자신을 국한시켜야 한다는 것을 뜻한다.

하게 된 역사적 발전의 연관들 속으로 휩쓸려 들어간 역사가와 같은 방식에서가 아니라, 위대한 철학 자체가 자신의 독자적인 정신 내용에 따라 우리를 고무할 수 있도록 하는 방식으로 역사가 필요한 것이다. 만약 우리가 역사적인 철학 속에 깊이 들어가 응시하고 그들의 언어와 이론의 정수(精髓)를 철저히 통찰하여 이해한다면, 사실 이러한 역사적인 철학으로부터 아주 풍부하고 생생한 동기들을 지닌 힘찬 철학적 **생명력**을 얻을 수 있다. 그러나 우리는 철학을 통해 철학자가 되는 것은 아니다. 역사적인 것에 깊이 관련된 채 그것에 있어서 역사-비판적 실증에서 일하고, 절충적 정교화나 시대 착오적인 진부한 철학의 르네상스에 의해 철학적 학문을 달성하고자 원하는 것은 모두 아무 희망도 없는 시도일 뿐이다. **철학으로부터가 아니라, 사태와 문제 자체로부터 탐구의 추진력은 출발해야만 한다.** 그런데 철학은 그 본성상 참된 단초에 관한 학문(Wissenschaft von den wahren Anfängen), 근원에 관한 학문(Wissenschaft von den Ursprüng), 그리고 만물의 근원에 관한 학문(Wissenschaft von den rizomata panton)이다.*[55] 근본적인 것에 관한 학문(Wissenschaft vom Radikalen)은 자신의 수행 방식에 있어서도 근본적이어야만 하고, 그것은 모든 점에 있어서 근본적이어야 한다. 무엇보다도 철학은 그것이 **자신의 절대적으로 명확한 출발점**, 다시 말해 자신의 절대적으로 명확한 문제들과 이러한 문제들의 고유한 의미에서 미리 지시된 방법들과 가장 밑바탕이 되는 절대적으로 명확하게 주어진 사태들의 연구 영역을 획득할 때까지 결코 휴식해서는 안 된다. 우리는 **어떠한 경우에도** 철저한 무편견성(radikale Vorurteilslosigkeit)을*[56] 포기해서는 안 되며, 가령 처음부터 이러한 '사태들'(Sachen)을 경험적 '사실들'(Tatsachen)과 동일시해서도 안 되며, 또한 이와 같이 아주 넓은 범위에서 직접적인 직

---

*55) 훗설은 현상의 본질을 탐구하는 자신의 현상학적 연구의 특징을 즐겨 고고학, 즉 나타나 있는 것의 뿌리를 찾는 학문이라 부른다.

*56) 경험주의적인 '자연적 태도'의 일반 정립에 의한 편견을 단순히 귀결로부터만 반박하는 소극적 비판에서 더 나아가, 《이념들 Ⅰ》에서는 이에 대한 적극적 비판의 이론으로서 '현상학적 환원들'이 제시되고 있다.

관 속에 절대적으로 주어진 이념에 대해 맹목적인 태도를 취해서도 안된다. 우리는 아직도 르네상스로부터 유래하는 편견의 마력에 강하게 구속되어 있다. 참으로 편견이 없는 사람에게는 어떠한 확정이 칸트에게서 유래하든 토마스 아퀴나스에서 유래하든, 혹은 다윈이나 아리스토텔레스, 헬름홀츠나[57] 파라셀수스로부터[58] 유래하든, 그것은 별로 중요하지 않다. 필요한 것은 자기 자신의 눈으로 바라보아야 한다는 요구가 아니라, 보여진 것들을 편견이 강요하는 대로 해석하여 보여진 것 이상을 설명하는 것(wegdeuten)이 없어야 한다는 요구가 필요하다.

근대의 가장 감명깊은 과학인 수학적-물리적 과학들에 있어서 겉으로는 이러한 과학들의 대부분의 작업이 간접적 방법들에 따라 그 결과로서 생겨났기 때문에 우리는 간접적 방법들을 지나치게 과대 평가하고 직접적으로 파악하는 것의 가치를 오인하는 경향이 있다. 그렇지만 철학이 자신의 최종적 근원에로 돌아가는 한, 철학의 학문적 작업이 직접적인 직관의 영역에서 진행된다는 것은 철학의 본질에 속한 것이다. 그러므로 우리 시대가 성취해야 할 가장 위대한 첫 걸음은 올바른 의미에서 철학적 직관을 갖고서 **현상학적 본질** 파악의 무한한 작업 영역을 열고, 간접적으로 기호화하거나 수학화하는 어떠한 방법들도 사용하지 않고, [59] 또 추론과 논증의 도구도 사용하지 않은 채, 가장 엄밀하고 **모든** 장래의 철학에 대해 결정적인 풍부한 인식을 획득하는 학문의 길을 여는 것임을 인식하는 것이다. [60]

---

[57] 헬름홀츠(H. Helmholz, 1821~1894)는 신칸트 학파에 속하며 실험 심리학을 주장하고, 에너지 보존 법칙을 완성한 독일의 물리학자, 생물학자.
[58] 파라셀수스(A.T.B. Paracelsus, 1493~1541). 르네상스 시대 스위스의 의학자, 화학자.
[59] 옮긴이 주 33)을 참조.
[60] 훗설의 궁극적 관심사는 인식론적이다. 그에 있어서 철학의 목표는 순수 이성으로 철저하게 정당화될 수 있는 순수한 학문적 절대 인식이다. (《이념들 I》, 5면). 따라서 그의 인식 비판은 철학에의 방법이나 예비적 기초가 아니라, 바로 철학적 학문 자체이다. 왜냐하면 의식 속에서만 그 대상으로서의 존재는 사실적인 우연적 요소에서 배제되고, 절대성을 지닌 본질이 철학적으로 인식되기 때문이다.

내 용 분 석

    1. 철학은 옛날부터 엄밀한 학문, 즉 원리들에 입각한 정확하고 보편타당하며 절대적으로 명증적인 학문이 되고자 노력하였다.

    2. 이러한 노력에서 이룩된 유일한 성과는 수학적 분야들과 함께 자연 과학과 정신 과학을 엄밀하게 정초하고 독립시킨 것이었다. 경험 과학과 비교해서 철학이 어떠한 특징과 고유한 목적을 제시해야만 하는지 어떤지 하는 문제는 명료하지 않은 채 남아 있으며, 지금도 논쟁중이다.

    3. 그 의도상 모든 학문들 가운데 가장 높고 엄밀한 것으로서의 철학은, 순수하고 절대적으로 보편적인 통찰들을 요구하는 한, 결코 학문으로 형성될 수 없다.

    4. 철학은 경험 과학에서와 같이 '불완전한' 학문도 아니며, 아직 학문이 되고자 하는 목적에 있어 어떠한 출발도 하지 않았다.

    5. 철학은 단지 완결되지 않은, 그리고 그 각각의 경우들에 있어서 아직 불완전한 학설 체계를 취급하는 것이 아니라, 일반적으로 어떠한 학설 체계도 취급하지 않는다.

    6. 수백 년에 걸친 작업은 매우 위대한 것을 수행하였을지도 모르며, 이 모든 것은 인간이 그 각각의 학설들을 비판적으로 변경한다는 것을 통해서가 아니라, 진정한 근본 토대를 실행함에 따라 비로소 실제적으로 이용할 수 있게 된다.

7. 이러한 점을 강조하는 것은 중요하다.

8. 왜냐하면 이렇게 분명히 해명하는 일은 의심해 보아 확실하게 된 기초를 가지고 아래로부터 철학의 기초를 정립하는 일에 착수할 것을 우리에게 의무로 부과하고 있기 때문이다.

9. 이러한 의무는 결코 새로운 것이 아니다. 과거에도 탐구는 참된 출발(원리, archai), 결정적인 문제의 정식화, 정당한 방법 등에로 향해 있었다.

10. 낭만주의 철학(맨 처음으로 헤겔)에서 비로소 엄밀한 철학적 학문을 구성하려는 충동을 약화시키고 혹은 왜곡시킨다.

11. 자연주의와 회의주의는 그들에 대한 생생한 반동이다.

12. 한편 모든 철학이 각각 그 자신의 시대에 대해 상대적인 타당성을 갖는다고 승인하는 역사주의 또한 마찬가지이다. 이것을 통해 새로운 '세계관 철학'의 확장은 비호되었으며, 그것은 비록 반(反)자연주의적이고 반(反)역사주의라 하더라도 역시 학문적 성격에 대한 철저한 의지를 통해서 지배된 것은 아니다.

13. 우리가 도달하고자 애쓰는 전회는 엄밀한 학문이라는 의미에서 철학을 새로이 정초하려는 의도에 의해 고무된다. 또한 현재 성행하는 자연주의도 이러한 의도를 추구한다. 그러나 자연주의는, 그것이 실천적으로는 우리 문화에 대한 점증하는 위험을 의미하듯이, 이론적으로는 근본으로부터 잘못되어 있다. 자연주의의 일관된 귀결들을 검증하는 것으로는 충분치 않으며, 그 근본 토대와 방법에 대한 적극적 비판이 필요하다. 이 논문의 첫 부분은 이러한 비판에 이바지할 것이다. 그리고 두번째 부분에서 역사주의와 세계관 철학의 상대적 권리를 검토할 것이다.

14. **자연주의 철학에 대한 비판.** 자연주의 철학에 있어서는 모든 정신적인 현상은 심리 물리적 자연에 관한 현상이며, 확고한 법칙성을 통해서 일의적으로 규정된다.

15. 극단적으로 철저한 자연주의의 모든 형태는 한편으로는 의식의 자연화를 통하여, 다른 한편으로는 이념들과 동시에 모든 이상과 규범의

자연화를 통하여 특징지워진다.

16. 형식 논리학의 법칙들은 자연주의에 의해 사유 작용의 자연 법칙으로 해석된다. 자연주의자는 그의 태도에 있어서 관념주의자이며 객관주의자이다. 그는 가르치고 설교하고 교화하고 개혁한다. 그러나 그는 모든 설교와 주장 자체가 그 의미상 전제하는 것, 즉 보편적인 명증성을, 그리고 절대적으로 통찰되는 것을 부정한다.

17. 아마 근대 생활의 전반에 걸쳐서 학문의 이념보다 더 강력하고 제어할 수 없도록 세차게 몰아치는 이념은 없을 것이다. 어떤 것도 학문이 가는 승리의 행진을 저지할 수는 없을 것이다. 학문의 이상적인 완성 상태에서 생각해 보자면, 학문은 자신과 동등하거나 자신을 초월하는 어떠한 권위도 가질 수 없는 이성 자신이리라. 따라서 자연주의가 그것들을 **경험론적으로** 고쳐 해석하기 때문에 **왜곡시키는** 이론적, 가치론적, 실천적인 이상 모두는 확실히 엄밀한 학문의 영역에 속한다.

18. 엄밀한 학으로서의 철학을 실현할 가능성을 위해서는 자연주의를 반박하는 것만으로는 충분하지 않다. 우리는 자연주의의 근본 토대들과 그 방법들 그리고 그의 작업 성과들에 대해 적극적인 비판을 수행해야만 한다.

19. 자연주의는 의식의 자연화를 정확한 역학(Mechanik)의 방식과 방법에 따라 실험 심리학으로서 수행한다.

20. 사실 학문은 이것들에 대해 규범을 설정하는 어떠한 순수 원리들도 부여할 수 없다는 반론이 제기되어야만 한다.

21. 영혼과 의식의 기계화는 모두 물리적 자연의 존재를 소박하게 정립하는 것을 포함한다.

22. 물리적 자연 과학은 철학의 근본 토대로서 이바지할 수 없고, 그것은 다음과 같은 이유에서이다.

23. 첫째는 자연 과학이 자연을 자명한 것으로 확정하고 미리 주어져 있는 것으로 받아들이는 소박성 때문이다. 자연 과학도 그 각각의 경험들과 그 관계에 대해서 비판적이기는 하지만, 경험 일반의 가능성과 조건들에 대해서 비판적인 것은 아니다.

24. 둘째는 어떻게 경험 논리적 의식의 활동이 객관적으로 타당한 것을 파악하는가 하는 반성을 제기하는 문제 때문이다. 물론 그 언표들이 의식의 수행 방식들—그것의 활동 규칙들—이 사물의 인식과 무관한지 아닌지, 그리고 왜 그러한지에 대한 검토없이 그 자체로, 그리고 그 자체에 대해 존재하는 사물들에 관계한다는 것이 전제된다. 오늘날에 와서 그 주제 영역과 근본 기초가 더욱 문제시되는 소위 인식론이 중요하다.

25. "자연 과학적 인식론"의 모순은 명백하다. 과학이 제기하는 문제들은 그 과학에 내재적이며, 학문적 성격이라는 문제는 원리적으로 그것에 초월적이다. 또한 심리학이나 경험 과학 일반과 마찬가지로 자연 과학은 스스로에게 자신의 정초를 부여할 수 없다.

26. 자연 과학을 기초지우려면 주관적 관점에서와 같이 객관적 관점에서도 모든 존재-정립을 괄호로 묶어야만 한다.

27. 이러한 탐구는 의식의 본질 인식에로 향해져야만 하며, 게다가 구별 가능한 그 모든 상태들 자체로 '존재하고 있는' 것을 명백히 나타내기 위하여 그 행위들의 모든 양상에로 향해져야만 한다.

28. 모든 종류의 의식은 그것이 주어지는 방식의 형식들을 실마리로 하여 연구되어야만 한다.

29. 의식의 본질 분석을 위해서는 그것이 주어지는 방식들의 근본적인 종류에 관한 반성이 필수 불가결하다.

30. 이에 상응하는 반성적 학문은 순수 의식의 현상학이다.

31. 심리학은 '자연화된' 의식에 관한 경험적 학설이다.

32. 물론 현대의 정밀 심리학도 이러한 요구에 부합하지는 않는다. 그 심리학은 기껏해야 심리-물리적 법칙성들을 다룬다.

33. 실험 심리학과 본래적 심리학(현상학)과의 관계는, 사회 통계학이 사회학적 현상들 자체를 직접적인 소여성으로 이끄는 사회학과 갖는 관계와 유사하다.

34. 정밀(실험) 심리학이 지닌 결점의 귀결.

35. 실험적 방법은 불가결하다. 그러나 그것은 어떠한 실험도 의식 자

체의 분석을 수행할 수 없다는 점을 전제한다.

36. 단어 개념 일반으로부터는 어떠한 판단도 이끌어 내지 않고 현상들 속에 파고들어가 조사해야 한다는 (이제까지는) 등한시된 원리는 또한 진정한 철학적 심리학의 단초에도 적용된다.

37. 제기된 과제들이 한번에 해결될 수는 없다. 무엇보다도 가장 조잡한 애매성들이 해결되어야만 한다. 이것들은 '～에 대한 의식'이 극도로 혼란된 형태들을 갖기 때문에 불가피하다.

38. 사태란 무엇인가, 그리고 우리가 심리학으로부터 시작할 경우에 그것에로 돌아가야만 할 것은 어떤 종류의 경험인가? 기술적 심리학에 철학적 가능성이 있는가? (딜타이) 먼저 특수한 성격의 의식 분석이 선행되어야 하고, 그와 함께 소박하고 검사될 수 없는 경험들로부터 학문적 의미의 경험들이 이루어질 수 있다.

39. 소박하게 경험에 주어진 것을 기술하는 것은 개념들의 도움으로 일어난다. 그러나 그 개념들의 뜻(Sinn)과 의미(Bedeutung)는 기술로부터 연유하지 않으며, 경험을 통해서 조사될 수도 없다.

40. 심리학은 '무게', '온도' 등의 일상적 의미로 만족하는 물리학의 경우와 같이, 대상들을 규정하는 개념의 근본 토대없이는 정밀하게 될 수 없다.

41. 의식의 영역에서 경험을 개념적으로 이끄는 것은 여전히 갈릴레이 시기 이전의 물리학과 같은 상태에 있다. 여기서는 경험의 의미, 또는 경험에 주어진 '존재'의 의미를 심사 숙고하지 않았다.

42. 경험의 개념들은 경험으로부터 받아들여진 것이 아니라 그것에 적용된다. 그것들은 경험에 대립하여 아 프리오리하다.

43. 그러므로 심리적인 것의 의미에 있어서의 존재(의식의 존재)는 **자기 자신으로부터** 방법들에 대해 어떠한 요구를 제기하는가 하는 점이 심사 숙고되어야 한다.

44. 이렇게 추구된 방법들에 관해서는 그것이 물리학적 방법들을 모방한다면, 의식의 현상학에 대해 충분하지 못하리라는 점이 언급되어야만 한다.

45. 자연 과학의 모형을 따른다는 것은 거의 불가피하게 의식을 사물화하는 것(verdinglichen)을 의미한다. 그러나 의식에 대한 의식을 경험하는 것은 사물을 경험하는 것과 근본적으로 다르다.

46. 사물을 경험하는 것의 특징. a) 동일자 또는 상호 주관적인 동일자. b) 사물은 하나의 시간의 통일 속에, 하나의 공간의 통일 속에서만 그것이 존재하는 바 그대로 존재한다. c) 모든 다른 사물 현상들과의 인과 관계나 결합 속에 있다. d) 실재적 특성들은 동일자의 변화에 관해 인과 법칙상 미리 묘사된 가능성들에 대한 명칭이다.

47. 따라서 자연 과학은 사물 자체가 경험된 것으로서 그 자체로부터 나타나는 바의 의미를 논리적 일관성에 따라 추구한다.

48. 심리적인 것(의식)의 영역에서의 관계들은 전적으로 다르다. 심리적 존재, 현상으로서의 존재는 a) 동일하게 경험 가능한 통일로서의 관계가 아니며, b) 그것은 현상이 아니다. 왜냐하면 현상과 존재 사이에는 어떠한 구별도 없기 때문이다. 사물 현상들 속에는 나타나는 '하나의 자연'만이 존재한다. 그러나 의식의 현상은 단순히 나타나는 것이 아니다.

49. 현상은 어떠한 '실체적' 통일도 아니며 어떠한 '실재적 특성'도 가지지 않고, 어떠한 실재적 부분들이나 실재적 변화 그리고 어떠한 인과성도 알지 못한다. 현상은 어떠한 지속적이고 동일한 존재도 간직하고 있지 않다.

50. 심리적인 것은 나타난 것으로서 경험되지 않고, 반성 속에서 간파되는 체험이다. 심리적인 것(의식)의 통일은 자연, 시간과 공간, 실체성 그리고 인과성 등과는 전혀 관계가 없다. 그것의 통일은 하나의 일관된 지향적 방향을 통해 형성된 흐름이다.

51. 내재적인 직관 작용 속에서 현상들의 흐름을 조사해 보면, 우리는 현상으로부터 현상에로 이행하지, 결코 다른 것에로 이행하지는 않는다.

52. 의식의 현상들은 작용들의 이러한 흐름 속에서, 또한 상응하는 주의 양상들이 그러그러하게 변화하고 변형하는 것과 마찬가지로, 태도들

의 변화 속에서 커다란 다양성을 지닌다. 그것에 의해서 작용들은 결합되어 있다. 그것들은 '~에 대한 의식'의 모든 것이며, 그것들은 "사념된 것 그 자체"로서 기술되고 사념 작용의 양상 속에서 하나로 사념되는 하나의 '대상적인 것'을 '사념한다.'

53. 따라서 현상학적 탐구의 일관성과 순수성은 a) 자연주의적 태도의 배제와 b) 현상들이 그것을 간단히 단순하게 볼 수 있고 직접적 개념 속에서 기술될 수 있도록 하기 위해서 오직 그 자신에로 돌아가야만 한다는 점에 달려 있다.

54. 그렇게 환원되면, 현상들은 직접적인 직관 작용 속에서 파악할 수 있고 게다가 충전적으로 파악할 수 있는 **본질**을 갖는다. 본질 개념들은 간단하고 단순한 현상들을 확고하게 지니기 때문에 직접적 직관(본질 직관)에로 이행될 수 있으며, 또 이행되어야만 한다.

55. 따라서 본질 탐구는 의식 작용의 분석이다. 직관적인 의식 작용을 직관이라 부른다. 직관이 미치는 그 범위까지 그에 상응하는 '이념화 작용' 혹은 '본질 직관'의 가능성도 미치게 된다. 직관이 순수하고 전적으로 그 자신 속에 머물러 있는 한, 간파된 본질은 절대적으로 명증적인 것이고 그것은 개념들로 확정된다. 이 개념들은 명백하고 객관적이며 절대적으로 타당한 언표들의 가능성을 제공한다.

56. 이러한 위대한 종류의 포괄적인 학문을 형성하고 구축하는 것은 경험 작용과는 다른 종류의 직관 작용이 수행된다는 점에 달려 있다. 그러나 순수한 직관 작용은 (이미 제시된 바와 같이) 아 프리오리하지만, 또한 그것이 경험의 경험, 지각의 지각, 의식의 의식이란 점에서 초월적이다.

57. 경험에 관하여 경험을 언표하는 판단들은 절대적이며 보편적으로 타당한 인식이다. 그런데 이러한 판단들을 새로운 경험을 통해 다시 정초하려는 것은 배리적이다.

흄에 대한 비판. 흄의 회의는 현상학의 테두리 안에서 이루어지고 있다. 그러나 현상학 자체는 어느 경우에나 아 프리오리한 '의식 분석'이다. 그의 순수한 문제들을 통해서 비로소 인간 의식의 사건에 대한 경험적 문제들은 학문적으로 파악될 수 있는 의미를 유지한다.

58. 그러나 이 모든 것은 우리가 직관 작용에서 본질 판단을 내리며, 우리가 현상학적 직관을 '내성', 즉 본질 대신에 본질에 상응하는 개별적인 개체들을 정립하는 작용들과 혼동하지 않는다는 점을 '파악하여' 배우는 것에 달려 있다.

59. 개별자는 그 내재성에 있어서 '바로 이것'으로서만, 즉 이렇게 저 먼 곳으로 흘러가 버리는 지각, 상기 등으로서만 정립될 수 있다. 그것은 그 자체로서는 우연적이며 본질이 아니지만, 본질을 '갖는다.' 본질 관계들을 천명함으로써 지도적인 '원리들'은 그것을 통해 '존재'와 '의식'의 상관 관계의 방식이 규정되듯이 보여질 수 있다.

60. '심리적인 것'은 신체에, 그리고 물리적 자연의 통일에 종속된 채 결합되어 있다. 물리적인 것에 관한 의존성은 현상학에 대립하고 있는 "경험 과학인 자연 과학으로서의 심리학"의 영역에 속한다.

61. 그러므로 여전히 구별이 수행되어야만 한다. 신체적 자연 현상으로서, 즉 자연의 사물성으로서 심리적인 것은 신체적이 아니지만, 그때 그때의 의식의 흐름에 대한 삶의 통일, 의식의 통일에로 돌아가는 통일성을 지닌다.

62. 이 새로운 확증은, 일상적 의미에서 모든 심리학적 인식이 심리적인 것에 대한 아 프리오리한 본질 인식을 전제한다는 것, 그리고 그 원리들이 경험적 심리학에 대한 기본 토대를 형성한다는 것에 관한 논증이다.

63. 이러한 기초 정립의 관계는 기대될 만한 곳에서도 주목되지 않았다. 우리의 연구에는 "직관적 태도에서 파악되고 기술된 것은 오직 직관적 태도에서만 이해되고 음미될 수 있을 뿐"이라는 사실이 중요하다.

64. 그러므로 학문적 심리학을 위한 전제는 체계적 현상학을 통한 정초이다. 그것은 경험적 심리학의 경험들을 표현으로 이끄는 데 적당한 개념의 학문적 의미와 내용들에 대한 규범들을 제공한다. 이러한 경험들은 적어도 일반적인 자연 경험들과 같이 확실히 그 내용이 풍부하다.

그것은 현상학적 정초가 수행되었을 때 비로소—자연 경험과 유사하게
—학문적으로 이용할 수 있다.

65. 현상학적 탐구는 최고의 의미에서 아 프리오리한 탐구이다. 이것
은 선천주의의 모든 정당화된 동기들을 철저히 고려하고 있다. 심리학
적 방법과 현상학적 방법에 대한 비판적 구별은 현상학적 방법에 있어
서 이성의 학문적 이론에로의 길을 제시하고, 학문적 심리학을 가능하
게 해준다.

역사주의와 세계관 철학

66. 역사주의는 경험적인 정신 생활의 사실 영역 안에서 이루어진다.
그 상대주의는 역사주의를 고유한 회의주의에 결합시킨다.

67. 모든 정신 형태는 정신 생활의 흐름 속에 파묻혀 있다. 그것은 그
흐름 속에 자신의 내적인 구조, 자신의 유형 그리고 자신의 동기들을 갖
는다. 우리는 이 동기들을 추후로 감지할 수 있다. 역사적 '이해'는 정
신적 발전 동기들로부터 개별적인 형태들을 제시하는 것이다. '이해' 또
는 '설명'은 '정신적 존재'를 드러내 준다. 이러한 존재의 직관적 탐구에
서 예술, 종교, 도덕 등이 탐구된다. 정신적 존재 속에 있으며, 동시에
그 속에서 표현될 수 있는 세계관도 마찬가지이다. 그것의 본질을 규정
하고 있는 정신의 동기들은 가장 내적인 추체험을 통해서 이해된다.

68. 《세계관》(Weltanschauung)이란 총서에서 딜타이는 모든 과거들을 포
괄하는 고찰을 통해 생활 제도, 종교 그리고 철학의 그 어떤 개별적 형
식의 절대적 타당성도 사라졌다고 논급한다.

69. 그러나 우리는 학문의 역사적 발전에 대해서도 동일한 것을 말할
수 있다. 그럼에도 불구하고 유동적으로 타당하다는 것과 객관적인 타
당성, 즉 문화 현상으로서의 학문과 타당한 이론 체계로서의 학문 사이
를 구별짓는 것이 중요하다. 이것은 철학에 있어서도 정확히 들어맞는
다. 우리는 이러한 통찰에서 많은 것을 획득하지 못하였다. 왜냐하면 역
사적 결과들을 지닌 역사적 근거들은 단지 사실의 경험을 통해서만 명

백하게 될 수 있기 때문이다. 그러나 사실들은 그것의 가능성을 위한 정
초에 대해 아무 것도 수행하지 않는다.

70. 따라서 철학적 비판 역시 그것이 실제로 타당성에 대한 요구를 제
기해야만 하는 한, 그 의미상 엄밀한 학문으로서의 체계적 철학의 이상
적 가능성을 함축한다는 것이 명백하다.

71. 과학의 역사와 같이 철학의 역사는 그 위대함에서 개별적인 수행
작업의 가치를 인정할 수 있으나, 그것은 단지 그 경험적 동기와 결과
로부터이다. 또한 그와 같은 상대적 가치들의 원리는 가치를 **평가하는** 역
사가가 정초할 수 없는 이념적 영역 속에 놓여 있다.

72. 왜 심리 물리적 심리학이 정신 과학의 기초에 토대를 부여할 수 없
는가 하는 딜타이의 서술은 단지 현상학적 본질학만이 정신의 철학을 정
초할 수 있다는 것으로 보완되어야만 한다.

73. 세계관 철학의 의미와 정당성. 세계관 철학은 완결적이고 통일적
이며, 모든 것을 파악하고 모든 것을 이해하는 인식에 대한 우리의 요
구에 부합한다. 이 철학은 세계 속에 멈추는 태도를 취하는 것으로서,
특히 역사주의의 회의가 세계에 관한 학문을 능가하기 때문에 세계에 관
한 학문으로서 본질적으로 그러한 태도를 취하려는 것처럼 보인다.

74. 따라서 세계관은 한 시대의 생활 경험, 교양, 지혜 등을 최상으
로 고양시킨 것으로서 그의 독특한 목적론적 기능을 갖는다.

75. 생활 경험, 교양, 지혜, 세계관 사이의 구별.

76. 인간이 태도를 결정하는 모든 가능한 방향에 관련된 관습적 숙달,
이와 함께 그와 같은 태도를 결정하는 대상적인 것들에 대해 판단하고
또는 태도의 결정을 명백히 정당화할 수 있는 매우 잘 형성된 능력이 훌
륭히 제휴해 나간다.

77. 일정한 한 개인의 교양과 세계관에 대해서뿐만 아니라 그 시대의
교양과 세계관에 대해서 논의하는 것은 정당한 의미가 있다.

78. 학문의 총체적 내용으로부터, 그리고 공동체의 가장 설득력있는

교양의 동기로부터 특별한 확장과 고양이 생기고, 이와 함께 거대한 체계 속에서 인생과 세계의 수수께끼에 대한 상대적으로 가장 완전한 대답이 부여된다.

79. 상대적으로 완전한 숙달, 즉 **인간성의 이념**에 대한 상대적으로 완전한 음영은 가능한 태도의 결정, 즉 세계 속에서 독특한 위치를 받아들이는 근본 방식에 부합한다.

80. 최선의 방법에 대한 자연적 반성으로부터 초주관적이고 구속적인 타당성을 요구하는 기술학(Kunstlehre)이 생긴다. 이것은 또한 그것을 통해 가장 중요한 교양 에너지의 분출점이 되는 세계관 철학 속에 나타난다.

81. 세계관 철학의 커다란 의미는 정초지우는 엄밀한 철학에 대한 요구를 과잉되지 않게 만드는 것이다. 세계관은 각 시대에 서로 다른 개별적 생활에 제한된다. 그러나 학문의 이념은 초시간적이다.

82. 그러므로 세계관 철학과 학문적 철학은 어떤 방식에서는 서로 관련된, 그러나 혼동될 수 없는 두 가지 이념으로서 서로 각기 예리하게 나타난다.

83. 세계관을 획득하려는 노력은 엄밀한 학문적 철학을 전제하기는 하지만, 그러나 이 철학이 그것을 획득하려는 일관된 노력을 방해해서는 안 된다.

84. 어떤 한 종류 혹은 다른 종류의 철학적 사색을 함에 대한 보편 타당한 실천적 결정이 주어질 수 없다. 실제의 생활에서 이러한 결정이 순수하게 이루어질 수는 없다. 우리 시대의 철학에 대한 커다란 위험이 특히 그 속에 놓여 있다.

85. 왜냐하면 그 문제는 실로 인간성과 역사의 관점으로부터 제기되어야만 하기 때문이다.

86. 다른 한편 인생의 절박함에서, 그리고 실천적 필요성과 태도를 취함에 있어서 인간은 엄밀한 학문의 이념이 실현될 때까지 기다릴 수도 없었고 또 기다릴 수도 없다.

87. 실천가로서의 기술자는 학문적 이론가와는 다르게 결정한다. 이

론가로부터 기술자는 학설을 받아들이고 '인생'으로부터는 '경험'을 받아들인다.

88. 우선 세계관과 이론적 인식이 구별되어 있지 않고, 혼동된 상황을 극복해야만 할 학문적 철학에 있어서 사정은 다르다.

89. 우리 시대의 정신적 급박함은 사실상 견디기 어렵게 되었다. 그 이유가 자연과 역사의 현실에 대한 존재의 문제와 '절대적' 존재로서 간주된 것에 관한 문제가 미해결된 상태 때문만은 아니다. 오히려 결정적인 것은 우리의 근본적인 인생의 급박함이다. 인생은 **태도를 결정함**이다. 이것은 단지 순수한 원리들의 토대 위에서만 가능하다. 이에 반해서 자연주의자들과 역사가들은 모든 현실, 즉 모든 인생을 이해할 수 없는 '사실들'에 관한 혼합물로 변형시키는 작업을 수행하고 있다.

90. 확실히 우리는, 비록 비학문적인 것이라 하더라도, 이성적인 '세계관과 인생관'을 상실해서는 안 된다.

91. 그러나 자연주의자들과 역사가들은 애매하고 전도된 문제들을 통해 현실에 대한 이해와 태도를 결정할 수 없도록 방해하기 때문에 우리는 아래로부터 근본적으로 시작하는, 즉 보다 확실한 기초들에 정초하고 엄밀한 방법에 따라서 전진하는 학문을 추구하고자 노력해야만 한다. 우리는 여기서 이 철학적 학문을 보증한다.

92. 또한 세계관 철학이 철학적 문제의 엄밀한 학문적 요구에 대한 모든 가능성을 아무리 자명하게 기꺼이 파악한다고 하더라도, 그 둘의 구별은 관철되어야만 한다.

93. 엄밀한 기초를 부여하는 문제들에 있어서와 같이 여기 이 둘 사이에는 어떠한 절충도 없다.

94. 특히 세계관의 가치가 독특한 토대 위에 서 있다는 점, 그러나 세계관은 개별적 인격들의 관습과 업적으로서 고찰되어야 한다는 점은 여실히 드러났다. 이에 반하여 학문은 비인격적이며, 가장 높은 정도로 그것은 엄밀한 학으로서의 철학이다.

95. 우리 시대는 그 독특한 위대성을 지닌다. 우리 시대는 철학의 발전과 그 세력이 너무 미약하다는 데 있어 병들어 있다. 즉 철학은 회의

적 부정주의(스스로는 실증주의라 부르는)를 참된 실증주의를 통해 극복할 수 있기 위해서는 아직 충분히 엄밀하지 않다. 철학의 학문적 정밀성은 우리 시대에서 가장 필요로 하는 것이다.

96. 그러므로 유일하게 가능한 철학적 태도가 절박하게 필요하다. 즉 전해 내려오는 어떠한 것도 원리로서 간주하기를 멈추고, 오히려 문제 자체와 그 문제로부터 나오는 지시들에 따르는 자유로운 헌신 속에서 기초를 부여하는 원리들(출발점들)을 획득하려고 노력해야만 한다.

97. 우리가 역사적인 철학 속에 깊이 들어가 응시할 수 있다면, 철학으로부터 아주 풍부하고 생생한 동기를 지닌 힘찬 철학적 생명력을 얻을 수 있다. 그러나 철학으로부터가 아니라, 사태와 문제 자체로부터 탐구의 추진력은 출발해야만 한다. 철학은 근원적 단초의 학문, 정초하는 원리들의 학문, (또는 데카르트가 주장했던 바와 같이) 인간의 지식과 태도의 뿌리에 관한 학문이다. 뿌리로부터 올라가는 철학의 근본적인 수행 과정은 지배적인 출발의 원리들에 의해 미리 지시된 절대적으로 명백한 단초들과 방법들을 필요로 하며, 아주 넓은 범위에서 직접적 직관 속에 절대적으로 주어진 사태에 대한 명백한 통찰을 필요로 한다. 철학의 고유한 업적은 철학이 최종적인 근원들에로 돌아간다는 것, 그리고 그것이 철학적 직관, 다시 말해 추론과 논증의 도구를 사용하지 않는 현상학적 본질 파악에 의해서 직접적인 직관의 도움으로 가장 엄밀한 기초를 부여하는 풍부한 인식을 획득하는 것임에 틀림없다.

훗설의 연대표

1859년 4월 8일 당시 오스트리아령인 메렌 주 프로니스츠(현재 체코 슬로바키아의 프로스초프)에서 유대인 부모 밑에서 출생.

1876년 올뮈츠에서 고등 학교를 다녔으며 고등 학교 졸업 시험에 합격. 이어서 라이프니츠 대학에서 3학기, 베를린 대학에서 6학기를 수학. 이때에 바이어슈트라스(K. Weierstraß) 교수와 크로네커 (L. Kronecker) 교수의 지도하에 수학을 공부. 파울센(F. Paulsen) 교수 밑에서 철학 강의 청강.

1878년 1881년까지 4년간을 특히 위의 두 교수의 지도하에 수학 공부에 전념.

1881년 1883년까지 변수 계산(Variationskalkül)에 관한 학위 논문 완성. 그 후 바이어슈트라스 교수의 조교로 베를린 대학에서 연구에 몰입.

1884년 비인 대학에서 브렌타노(F. Brentano) 교수의 강의를 청강. 그의 영향하에 수학의 학적 기초 성립에 관심을 가짐. 이를 위하여 브렌타노의 기술 심리학적 분석 방법을 수의 개념 분석에 원용함. 프레게(G. Frege)의 《수학의 기초》(*Die Grundlagen der Arithmetik*) 출간.

1887년 철학에 대한 본격적인 관심이 싹틈. "수 개념에 관하여"라는 교수 자격 논문을 완성. 할레 대학 사강사로 대학 강단에 섬. 첫

　　　　　　　번째 강의 제목은 "인식론과 형이상학 서론"이었음. 이때 동대
　　　　　　　학의 동료이며 심리학자인 스툼프(K. Stumpf)와 친교. 특히 그
　　　　　　　의 《음향 심리학》(*Tonpsychologie*)과 그의 논문 "공간 표상의 심
　　　　　　　리학적 근원에 관하여"에 깊은 영향을 받음. 이 영향의 결과가
　　　　　　　훗설의 처녀 저서인 《산술의 철학》임. 8월에 보석 조각사인 말
　　　　　　　비네 샤로테(Malvine Scharotte)와 결혼. 슬하에 2남 1녀를 둠.
1889년　　　　9월 26일 하이데거(M. Heidegger) 출생. 《산술의 철학—심리
　　　　　　　학적·논리학적 연구》, 제1권을 출간. 이 저서는 그의 교수 자
　　　　　　　격 논문의 확대임. 현재 훗설 전집, 제12권으로 엘라이(L. Eley)
　　　　　　　교수에 의해 편집되어 출간됨. 계획된 제2권은 그의 생전에 출
　　　　　　　간되지 않았음. 훗설은 이 책을 브렌타노 스승에게 바치고 있음.
1893년　　　　프레게의 《대수의 기본 법칙》(*Grundgesetze der Arithmetik*) 출간.
　　　　　　　여기서 그는 훗설의 《산술의 철학》을 비판. 이 비판이 훗설에게
　　　　　　　깊은 영향을 줌. 보이크트(E. Voigt)의 《기초 논리학》(*Elementare
　　　　　　　Logik*) 출간. 여기서도 훗설의 위의 저서를 비판적으로 평함.
1897년　　　　《체계적 철학을 위한 문헌》(*Archiv für die systematische Philoso-
　　　　　　　phie*)에 "1894년부터 1899년까지의 독일에서 발표된 논리학에 관한
　　　　　　　보고"를 게재하기 시작함(제3권[1897], 제9권[1903], 제10
　　　　　　　권[1904]에 계속하여 기고함).
1900년　　　　그의 초기 대저 《논리 연구 : 순수 논리학 서설》, 제1권 출간.
　　　　　　　여기서 자신의 이전 입장인 심리학주의를 비판하고, 그 결과 학
　　　　　　　계에 명성을 떨침. 자신의 철학적 입장을 확고히 함. 괴팅겐 대
　　　　　　　학의 원외 교수로 부임.
1901년　　　　《논리 연구 : 현상학과 인식론 연구》, 제2권 출간. 이 책은 현
　　　　　　　상학의 인식론적 전제에 관한 연구임. 학구적 생활이 정상 궤도
　　　　　　　로 들어가 안정됨.
1905년　　　　"내적 시간 의식의 현상학"에 관하여 강의함. 이 강의는 1928년
　　　　　　　하이데거에 의해 편집 출간됨. 제펠더 블레터를 완성. 이 초고
　　　　　　　는 심리학주의적 입장을 취하는 립스(T. Lipps)의 제자들인 뮌
　　　　　　　헨 대학의 철학과 학생들과 그들의 제안에 의하여 스위스 알프
　　　　　　　스 산중에 있는 휴양지 제펠트에서 철학 토론회를 갖고 여기서

형성된 것임. 이 초고에서 선험적 현상학의 싹이 분명해지기 시작하여, 현상학적 구성(Konstitution)과 환원(Reduktion)에 관하여 언급하고 있음. 이 뮌헨의 학생들이 후에 소위 뮌헨 현상학파를 형성함. 구성 회원은 대충 다우베르트(J. Daubert), 라이나하(A. Reinach), 콘라트(Th. Conrad), 가이거(M. Geiger) 등등임. 1901 년부터 시작된 칸트 연구가 완성되기 시작함.

1906년   괴팅겐 대학 정교수가 됨. 칸트 연구의 결과 그의 선험적 철학이 형성되기 시작함.

1907년   4 월 26 일부터 5 월 2 일까지의 일련의 5 개의 강의를 행함. 후에 이 강의 내용이 《현상학의 이념》으로 출간.

1911년   《로고스》(Logos)지 제 1 권에 《엄밀한 학으로서의 철학》을 게재.

1913년   뮌헨 현상학파와의 긴밀한 접촉의 결과 현상학파의 기관지 《철학 및 현상학적 연보》(Jahrbuch für Philosophie und phänomeno-logische Forschung)를 창간. 제 1 권과 제 2 권에 《순수 현상학과 현상학적 철학의 이념들》을 발표. 이 원고의 완전한 형태가 훗설 전집 제 3, 4, 5 권으로 1952 년에 출간(제 3 권이 이 잡지에 게재되었던 것임). 초기의 기술 심리학적 측면에서부터 완전히 선험적 현상학으로의 이행이 이루어짐. 《논리 연구》의 개정판이 3 권으로 출간됨. 《철학 및 현상학적 연보》, 제 1 권에 현상학파의 또 다른 거장 셸러(M. Scheler)의 《윤리학에 있어서 형식주의와 실질적 윤리》(Der Formalismus in der Ethik und die materiale Werteth-ik)의 일부가 게재됨.

1914년   제 1 차 세계 대전 발발.

1916년   리케르트(H. Rickert) 교수의 후임으로 프라이부르크 대학의 정교수로 취임.

1917년   브렌타노 교수가 취리히에서 사망. 러시아 혁명 발발.

1923년   베를린 대학의 정교수로 초빙되었으나 이를 거절함.

1927년   하이데거의 《존재와 시간》(Sein und Zeit)의 전반부가 《철학 및 현상학적 연보》에 게재됨.《대영백과 사전》(Encyclopaedia Britannica) 제 14 판, 제 17 권에 "현상학" 항목을 기고.이때에 벌써 훗설과 하이데거의 현상학에 대한 이해의 상치점이 발견됨.

1928년 셸러의 《우주에 있어서 인간의 위치》(*Die Stellung des Menschen in Kosmos*)가 출간. 하이데거에 의해 편집된 《내적 시간 의식의 현상학 강의》(*Vorlesung zur Phänomenologie des inneren Zeitbewußtseins*)가 출간.

1929년 프라이부르크 대학에서 정년 퇴직함. 《훗설 기념 논문집》 출간. 《형식 논리와 선험 논리》를 《철학 및 현상학적 연보》, 제 13 권에 발표. 훗설의 강력한 비판자인 슐리크(M. Schlick)를 중심으로 한 비인 서클의 "실증주의 선언"이 공표됨. 2 월 23 일과 25 일, 2 회에 걸쳐 프랑스 한림원의 초청으로 소르본느 대학에서 "선험적 현상학 입문"을 강연. 귀국 도중 슈트라스부르크 대학의 요청으로 같은 논지의 강연을 두 차례에 걸쳐 행함. 이 강의 내용이 1931 년에 《데카르트적 성찰》로 그 일부가 출간됨. 일반의 요청에 호응하여 프랑스어 판 출간을 동대학 헤링 교수에게 일임함.

1931년 프랑스어 판 《데카르트적 성찰》 출간. 훗설은 이 책의 완전한 원고를 준비하였으나 계속하여 수정을 가하다가 생전에 완본 출간을 보지 못함. 1950 년에 훗설 전집, 제 1 권으로 출간됨.

1933년 1 월 31 일 히틀러가 수상에 취임. 소위 독일 제 3 제국 형성. 유대인 박해가 시작됨. 미국의 캘리포니아 대학의 초빙을 받았으나 거절.

1935년 5 월 7 일 비인 문화 연맹의 초청으로 "유럽 인간성의 위기에 있어서의 철학"을 강연. 5 월 10 일 재강연. 11 월 프라하 철학회의 초청으로 프리하의 독일계 대학과 체코계 대학에서 각각 2 회에 걸쳐 "유럽 학문의 위기와 심리학"을 강연.

1936년 이 비인 강연과 프라하 강연이 《유럽 학문의 위기와 선험적 현상학》으로 출간. 이때에는 1 부와 2 부만이 출간됨. 완전본은 1954 년 훗설 전집, 제 6 권으로 출간됨.

1937년 8 월에 발병.

1938년 4 월 27 일 사망. 8 월 29 일 반 브레다 신부가 훗설 미망인을 방문하여 훗설의 유고의 피난과 "훗설 아르키브" 설립에 관하여 의논. 3 일 후 부인의 승낙을 얻어, 루뱅 대학으로 약 4 만 5 천여

장에 이르는 속기 원고와 약 1만 페이지의 수고(手稿), 그리고
2,700여권의 장서를 이전함. 이것이 현재의 "훗설 아르키브"의
성립임.

출간된 훗설 작품표

훗설 전집

제 1 권   데카르트적 성찰, *Cartesianische Meditationen und Pariser Vorträge,*
          hrsg. v. S. Strasser(1963).

제 2 권   현상학의 이념, *Die Idee der Phänomenologie. Fünf Vorlesungen,*
          hrsg. v. W. Biemel(1958).

제 3 권   순수 현상학과 현상학적 철학의 이념들 Ⅰ, *Ideen zu einer reinen*
          Phänomenologie und phänomenologischen Philosophie I : Allgemeine
          Einführung in die reine Phänomenologie, hrsg. v. W. Biemel
          (1950). 1976 년 K. Schuhman 의 편집으로 새 판이 나옴. Erstes
          Halbband. Texte der 1. 2. 3. Auflage ; Zweites Halbband.
          Erǧanzende Texte(1912~1929).

제 4 권   이념들 Ⅱ, *Ideen zu einer reinen Phänomenologie und phänome-*
          nologischen Philosophie II : Phänomenologische Untersuchungen
          zur Konstitution, hrsg. v. M. Biemel(1952).

제 5 권   이념들 Ⅲ, *Ideen zu einer reinen Phänomenologie und phänome-*
          nologischen Philosophie III : Die Phänomenologie und die Funda-
          mente der Wissenschaften, hrsg. v. M. Biemel(1971).

제 6 권   유럽 학문의 위기와 선험적 현상학, *Die Krisis der europäischen Wissenschaften und die transzendentale Phänomenologie*, hrsg. v. W. Biemel(1962).

제 7 권   제1철학 I, *Erste Philosophie (1923/24) I : Kritische Ideengeschichte*, hrsg. v. R. Boehm(1956).

제 8 권   제1철학 II, *Erste Philosophie (1923/24) II : Theorie der phänomenologischen Reduktion*, hrsg. v. R. Boehm(1959).

제 9 권   현상학적 심리학, *Phänomenologische Psychologie*. Vorlesungen Sommer Semester 1925, hrsg. v. W. Biemel(1968).

제 10 권   내적 시간의식의 현상학, *Zur Phänomenologie des inneren Zeitbewußtseins (1893~1917)*, hrsg. v. R. Boehm(1966).

제 11 권   수동적 종합의 분석, *Analysen zur passiven Synthesis. Aus Vorlesungs-und Forschungsmanuskripten*, 1918~1926, hrsg. v. M. Fleischer(1966).

제 12 권   산술의 철학, *Philosophie der Arithmetik*. Mit ergänzenden Texten(1890~1901), hrsg. v. L. Eley(1970).

제 13 권   상호 주관성의 현상학 I, *Zur Phänomenologie der Intersubjektivität*. Texte aus dem Nachlaß, I, 1905~1920, hrsg. v. I. Kern(1973).

제 14 권   상호 주관성의 현상학 II, *Zur Phänomenologie der Intersubjektivität*. Texte aus dem Nachlaß, II, 1921~1928, hrsg. v. I. Kern(1973).

제 15 권   상호 주관성의 현상학 III, *Zur Phänomenologie der Intersubjektivität*. Texte aus dem Nachlaß, III, 1929~1935, hrsg. v. I. Kern(1973).

제 16 권   사물과 공간, *Ding und Raum*. Vorlesungen 1907, hrsg. v. U. Claesges(1973).

제 17 권   형식 논리와 선험 논리, *Formale und transzendentale Logik*, hrsg. v. P. Janssen(1974).

제 18 권   논리 연구 I , *Logische Untersuchungen I. Prolegomena zur reinen Logik,* hrsg. v. E. Holenstein(1975).

제 19 권   논리 연구 II, *Logische Untersuchungen II,* hrsg. v. U. Panzer(1982).

제 21 권   산술과 기하학 연구, *Studien zur Arithmetik und Geometrie,* hrsg. v. I. Strohmeyer(1981).

제 22 권   논문과 평론들, *Aufsätze und Rezensionen*(1890∼1910), hrsg. v. B. Rang(1970).

제 23 권   상상 · 상의식 · 기억, *Phantasie, Bildbewußtsein, Erinnerung : Zur Phänomenologie der anschaulichen Vergegenwärtigungen.* Texte aus dem Nachlaß(1898∼1925), hrsg. v. E. Marbach(1980).

제 24 권   논리학과 인식론, *Einleitung in die Logik und Erkenntnistheorie.* Vorlesungen 1906∼1907, hrsg. v. U. Melle(1984).

*   *   *

논리 연구 I , *Logische Untersuchungen I : Prolegomena zur reinen Logik* (Halle : Max Niemeyer, 1900 : rev. ed. 1913)

논리 연구 II/1, *Logische Untersuchungen II/1 : Untersuchungen zur Phänomenologie und Theorie der Erkenntnis*(Halle : Max Niemeyer, 1901 ; rev. ed. 1922).

논리 연구 II/2, *Logische Untersuchungen II/2 : Elemente einer phänomenologischen Aufklärung der Erkenntnis*(Halle : Max Niemeyer, 1901 ; rev. ed. 1922).

엄밀한 학으로서의 철학, *Philosophie als strenge Wissenschaft,* hrsg. v. W. Szilasi(Frankfurt : Vittorio Klostermann, 1965).

경험과 판단, *Erfahrung und Urteil : Untersuchungen zur Genealogie der Logik,* hrsg. v. L. Landgrebe(Prague : Academia, 1939).

현상학의 이념 · 엄밀한 학으로서의 철학

E. 훗설 지음
이영호, 이종훈 옮김

펴낸이―김신혁, 이숙
펴낸곳―도서출판 서광사
출판등록일―1977. 6. 30.
출판등록번호―제 406-2006-000010호

(10881) 경기도 파주시 회동길 77-12 (문발동)
대표전화 · (031)955-4331 / 팩시밀리 · (031)955-4336
E-mail · phil6161@chol.com
http://www.seokwangsa.co.kr / http://www.seokwangsa.kr

제1판 제1쇄 펴낸날 · 1988년 1월 25일
제1판 제10쇄 펴낸날 · 2019년 9월 10일

ISBN 978-89-306-1503-7   93130